Die 100 schönsten Kulturschätze Russlands

Die 100 schönsten Kulturschätze Russlands

DÖRFLER · VERLAG

Herausgeber: Tobias Pehle

Autoren: Thomas Veser, Sylvia Jonas, Martina Handwerker

Produktion: Medien Kommunikation, Unna, Germany

Redaktion: Yara Hackstein (Ltg.), Lena Djattschina, Henning Mohr, Clarissa Conrad, Sabine Ringel, Raphael Pehle, Peter Richter

Herstellung: Mathias Hinkerode (Ltg.), Britta Wirth

Im Internet finden Sie unser Verlagsprogramm unter: www.doerfler-verlag.de

Vorwort

Liebe Leserinnen und Leser,

Russland ist unglaublich weit und reich - an beeindruckenden Kulturschätzen, an historischen Stätten, an faszinierenden Baudenkmälern. In der über 1300-jährigen Geschichte haben die verschiedensten Herrscher zu allen Zeiten ihre Spuren hinterlassen: Von den Großfürsten des Kiewer Rus im 9., über die Tataren im 13. und 14., bis zu den Sowjets im 20. Jahrhundert. Aber die kulturhistorischen Glanzlichter haben unbestritten die Zaren gesetzt. Unter ihrem Zepter entstanden von 1462 bis 1917 nicht nur unzählige Wehranlagen und Stadthäuser, Schlösser und Paläste, Klöster und Kathedralen, sondern ganze Städte und Kulturlandschaften. Allein in Moskau und Sankt Petersburg zählen mehr als hundert Einzelgebäude zur Unesco-Liste des Weltkulturerbes.

So könnte dieses Buch nicht nur hundert, sondern tausende faszinierend schöne, historisch wichtige und kulturell bedeutende Schätze vorstellen. Bei der Auswahl haben wir uns deshalb entschieden, ein möglichst umfassendes Bild zu zeichnen: von einzelnen Gebäuden und Museen über Klosteranlagen und Inselgruppen bis hin zu Städten und Kulturlandschaften. Zugleich berücksichtigt der Band alle wichtigen Landesteile, wobei der Schwerpunkt natürlich auf den westlichen, touristisch gut erschlossenen Orten liegt. Daneben finden sich aber auch kaum bekannte, wenig bereiste Ziele. Und nicht zuletzt ist die Auswahl von dem Bemühen bestimmt, einen Gesamtblick auf dieses Land zu werfen, der auch jüngere, weniger glanzvolle Aspekte widerspiegelt. So wird jeder Russlandkenner aus seiner Sicht Wichtiges vermissen, aber sicherlich auch Neues entdecken.

In diesem Sinne: Viel Spaß bei Ihrer persönlichen Entdeckungsreise.

Der Herausgeber

Der Moskauer Kreml

Die Kasaner Kathedrale in St. Petersburg

Inhalt

Der Schlossplatz in St. Petersburg

Das Solowezki-Kloster

Das Refektorium von Sergijew Possad

Darüber steht nur Gott

Der **KREML** – ein Weltkulturerbe, die Residenz einer Supermacht und das Herz Moskaus.

ADRESSE:
Kreml

ÖFFNUNGSZEITEN:
tägl. 10-17 Uhr,
Do Ruhetag; Eingang durch den Kutafja-Turm hinter der Manege

ANFAHRT:
Metro: Biblioteka Imeni Lenina, Borowizkaja, Aleksandrowskij Sad

Über Moskau ist nur der Kreml; und über dem Kreml ist nur Gott, sagt ein altes russisches Sprichwort. Und für die Russen selbst hat das auch heute noch Bestand. Zumindest was die Macht im Land betrifft, war und ist der Kreml das Zentrum schlechthin.

Dabei ist er nicht nur der Sitz der politischen Macht des Landes, sondern vor allem auch das städtebauliche Zentrum Moskaus. Die 28 Hektar große Gesamtanlage direkt an der Moskwa beherrscht mit ihren Palästen, Kathedralen und Prachtbauten die Stadtsilhouette.

Hier verknüpfen sich die Fäden der Gegenwart mit denen der Vergangenheit und ziehen fast magnetisch Macht und Geld, und heute vor allem die Touristen an.

Vom Holzzaun zum Prachtbau

Der Kreml ist seit seiner Geburtsstunde als Kern Moskaus – im Jahre 1147 – im Laufe vieler Jahrhunderte gewachsen: von einer einfachen Wehranlage aus Holz zu einer Festung mit einem 2235 Meter langen Mauerring und schließlich zu einem ehrwürdigen Regierungssitz.

Jeder Herrscher hat versucht, ihn nach seinen eigenen Vorstellungen zu gestalten: Der erste war Fürst Juri Dolgorukij, „die Langhand". Der Stadtgründer, dem in der Gorkistraße ein Denkmal gesetzt wurde, errichtete Mitte des 12. Jahrhunderts eine kleine befestigte Ansiedlung auf dem Hügel über der Moskwa. Ende des 15. Jahrhunderts erweiterte Zar Iwan III. diese um eine Festungsmauer mit 19 Türmen.

Seither haben viele Generationen und Nationen den Kreml vergrößert, umgebaut und verschönert. So waren es zum Beispiel italienische Architekten, die in der großen Bauperiode von 1474 bis 1530 die Anlage nach mailändischem Muster gestalteten: Sie bauten nicht nur ein schmuckvolles, aus beeindruckenden Mauern, Türmen und Wällen, Bastionen und Gräben bestehendes Verteidigungssystem, sondern auch einige der prunkvollen Kathedralen des Kremls.

Im 17. Jahrhundert erhielten beispielsweise die großen Kremltürme ihre schlanken Spitzen und der Spasski-Turm seine Uhr mit dem berühmten Glockenspiel. Zar Peter der Große wiederum lieferte zu Beginn des 18. Jahrhunderts höchstpersönlich den ersten Entwurf für das Arsenal, den größten Gebäudekomplex des Kremls. Katharina II. fügte den Senatspalast hinzu, den heutigen Sitz der Regierung. Und Stalin ließ 1937 die roten Sterne aus Rubin auf den Turmspitzen erstrahlen.

Unter der letzten Baumaßnahme aber litt die Schönheit des Kremls: Der damalige sowjetische Staatschef, Nikita Chruschtschow, errichtete 1961 den Kongresspalast, einen unattraktiven modernen Bau aus Glas, Aluminium, Beton und Marmor.

Machtposition wiedererlangt

So beeindruckend der Kreml stets war, so konnte er doch Peter den Großen nicht davon abhalten, das Machtzentrum des Reiches in die neue Hauptstadt St. Petersburg zu verlegen. Anfang des 18. Jahrhunderts verlor Moskau dadurch seine Position als

Nachts erstrahlt der Kreml in gleißendem Licht und ist so unübersehbares Wahrzeichen der Stadt (unten links).

MOSKAU

Regierungssitz. Rund 200 Jahre später verlegte Lenin dann nach der Revolution den Regierungssitz Russlands wieder in den Moskauer Kreml – ein symbolischer Akt: die Wiedergeburt der Hauptstadt und des Zentrums der Macht.

Heute vermischt sich im Inneren des Kremls die museale Atmosphäre mit der Geschäftigkeit des politischen Alltags. Neben Besuchern sieht man Politiker kommen und gehen, die die großen politischen Schlagzeilen beherrschen. Einige Teile des Kremls sind auch heute noch für Touristen unzugänglich wie das Lustschloss oder der Terempalast. Und: Wer den Kreml besucht, muss strenge Sicherheitschecks in Kauf nehmen.

Die Restaurierung des Kremls und die Nutzung als Regierungssitz und Repräsentationsgebäude beweisen, dass auch die heutige Regierung an einer historisch-nationalen Kontinuität interessiert ist.

Der Kreml überragt mit seinen Palästen, Kathedralen und Türmen die Moskauer Innenstadt und bestimmt so die Stadtsilhouette (oben).

Das Arsenal mit seiner gelb-weißen Fassade ist der größte Gebäudekomplex innerhalb der Kremlmauern (unten rechts).

Die schönste Festung der Welt

Die **MAUERN UND TÜRME DES KREMLS** sicherten nicht nur das Überleben der Festungsanlage – sie sind auch von ausgesprochener Schönheit.

ADRESSE:
Kreml

ÖFFNUNGSZEITEN:
tägl. 10–17 Uhr, Do Ruhetag; Eingang durch den Kutafja-Turm hinter der Manege

ANFAHRT:
Metro: Biblioteka Imeni Lenina, Borowizkaja, Aleksandrowskij Sad

Der Kreml ist eine Festungsanlage der Superlative – und das beginnt bereits bei seinen Mauern und Türmen. Natürlich kann man diskutieren, ob sie wirklich die schönste Festungsanlage der Welt rahmen. Unbestreitbar aber ist, dass die 19 Türme und die rund zwei Kilometer lange rote Mauer ein so imposantes wie faszinierendes Ensemble bilden, das man heute eher als Kunst- denn als Bollwerk wahrnimmt.

Dennoch diente die Festung in erster Linie dem Schutz der Mächtigen – und dies gilt auch heute noch. Seitdem der Terrorismus das Land heimsucht, schottet der Kreml die Regierenden genauso ab wie einst die Zaren. Wer heute den Kreml besuchen möchte, muss intensive Sicherheitskontrollen über sich ergehen lassen. Und bei wichtigen Anlässen wie beispielsweise Staatsbesuchen bleibt das Areal für Touristen vollständig gesperrt.

Lange Geschichte

Es war Zar Iwan III., der die Kremlanlage zum Zeichen seiner Macht Ende des 15. Jahrhunderts erbauen ließ. Dazu rief er italienische Architekten der Mailänder Schule nach Moskau – und so sind Einflüsse der italienischen Renaissance unverkennbar.

Zunächst entstand 1485 der Geheimgangturm an der südlichen Moskwamauer. Von ihm aus führte tatsächlich ein Geheimgang zum Fluss. Zwei Jahre später folgte der Moskwa-Turm, auch Beklemischewskaja-Eckturm genannt. Dieser Name bezog sich auf den benachbarten Hof eines Bojaren. Dass sein Name für alle Zeit verewigt wurde, bewahrte den Mann allerdings nicht vor einem traurigen Schicksal. Er wurde kurze Zeit später gehängt. Seinen Hof und auch den Turm funktionierte man zum Gefängnis um.

Mächtige Türme

Als Eckturm zum Südufer entstand einer der schönsten Türme, der strategisch wichtig gelegene Wasserturm. Er erhielt später eine Pumpe, die das Wasser aus der Moskwa bis in den Kreml pumpte und so die Wasserversorgung der Festung sicherstellte.

Dahinter, als südlichster Punkt der dreieckförmigen Anlage, erhebt sich der Borowizki-Turm. Sein Name bezieht sich auf den gleichnamigen Nadelwald-Hügel, auf dem der Kreml erbaut wurde.

Das Tor des mächtigen Turms ist heute der Eingang zum Kreml. Es bildet vor allem den Zugang zur Residenz der Staatspräsidenten. Aber nicht nur Kreml-Prominenz geht hier ein und aus – auch der Eingang für die Touristen befindet sich hier.

Im Westen führt der höchste Turm, der Dreifaltigkeitsturm, in den Kreml. Er ist fast eine Kopie des Erlösertor-Turms am Roten Platz. Ihm vorgelagert ist der Kutafja-Turm, was soviel wie „Turm der dick vermummten Frauen" bedeutet. Der wuchtige Arsenalturm bildet an der Mauer entlang des Alexander-Gartens einen Eckpunkt. Auch hier gab es einst einen Brunnen und ein Wasserreservoir für den Kreml.

Wie stolze Wachsoldaten erheben sich dann am Roten Platz der Erlöser- und der Nikolaus-Turm. Am Erlöser-Turm – benannt nach einer dort aufgehängten Ikone – erklingt auch das berühmte Glockenspiel. Einst spielte es die Hymne „Gott erhalte den Zaren". Nach der Oktoberrevolution ließen die Sowjets stattdessen die „Internationale" erklingen. Heute schlägt das Glockenspiel nur noch die Stunden an. Gebaut wurde der Erlöser-Turm 1491 von Antonio Solario – genau wie sein Nachbar, der Nikolaus-Turm. Ein Mosaik des gleichnamigen Heiligen über dem Eingang gab ihm seinen Namen.

Zuletzt entstand der Zarenturm, der durch die Pyramidenform malerisch wirkt und eine vergoldete Wetterfahne auf dem Zeltdach erhielt. Er wurde 1680 erbaut und diente der Zarenfamilie als Aussichts-Plattform bei Festen und Zeremonien auf dem Roten Platz.

Viele Türme wurden während des napoleonischen Feldzugs 1812 durch die Franzosen gesprengt, nach Kriegsende aber sofort wieder aufgebaut.

Der Erlöserturm seitlich der Manege bildet den offiziellen Eingang zum Kreml. Links und rechts davon befinden sich die Verkaufsstellen für die Eintrittskarten (oben inks).

Die Türme des Kremls erhielten von ihren Baumeistern zum Teil filigrane Verzierungen und wurden nach der Zerstörung durch die Franzosen im Napoleonischen Krieg zum Teil neu gestaltet (oben rechts).

Auf über zwei Kilometern Länge riegelt die rote Mauer des Kremls die Festungsanlage von der Stadt ab (unten).

Die großen Residenzen

In den reich geschmückten **PALÄSTEN DES KREMLS** wird seit Jahrhunderten Weltgeschichte geschrieben.

ADRESSE
Kreml

ÖFFNUNGSZEITEN
tägl. 10-17 Uhr,
Do Ruhetag;
Eingang Kutafja-Turm,
seitlich der Manege

ANFAHRT
Metro Biblioteka Imeni Lenina, Borowizkaja, Aleksandrowskji Sad

So viele Veränderungen Russland über die Jahrhunderte erlebt hat und so rasant sich das Land zur Zeit auch wandelt – eines scheint unumstößlich: Die Geschichte wurde in den Palästen des Kremls entschieden – sieht man einmal vom St. Petersburger Zwischenspiel ab. Gleich in drei Palästen haben hier Großfürsten und Zaren, Sowjetführer und Präsidenten residiert: im Großen, im Terem- und im Facettenpalast.

Jedes dieser Gebäude hat im Laufe der Geschichte tiefgreifende Umbauten und Zerstörungen, Wiederaufbauten und Restaurierungen erlebt. Heute erstrahlen sie in frischem Glanz, den die meisten Besucher allerdings nur von außen erleben können, denn die Tore zu den Prunkbauten öffnen sich in der Regel nur für Staatsgäste.

Riesige Prachtsäle

Die älteste der heute sichtbaren Residenzen ist der Facettenpalast, der Ende des 14. Jahrhunderts als erster Steinpalast innerhalb des Kremls errichtet wurde. Sein Name bezieht sich auf die Art der Außengestaltung: Die Hauptfassade schmücken facettenförmige Kalksteinplatten. Im Inneren des quadratischen Bauwerks beeindruckt vor allem der reich verzierte Festsaal, in dem die Herrscher auf 500 Quadratmetern Gäste empfingen, Siege feierten und Feste ausrichteten.

Unter dem ersten Zaren der Romanow-Dynastie folgte dann um 1635 der Terempalast, der nach tiefgreifenden Umbauten im 19. Jahrhundert sein heutiges Aussehen erhielt. Gut sichtbar sind seine elf kleinen Türme mit ihren goldenen Kuppeln. Der Terempalast beherbergte die Privatgemächer der Zaren, zu denen nicht nur Wohn-, sondern auch mehrere Andachtsräume zählten. Die sehenswertesten Gebäudeteile sind jedoch die Gemächer der Zarenfamilie, allen voran das golden ausgeschmückte Zarinnenzimmer.

Der Palast ist so märchenhaft ausgestattet, dass er an 1001 Nacht erinnert. Weltbekannt wurde er durch die Oper Boris Godunow von Modest Mussorgski, in der Schlüsselszenen des zu Grunde gehenden Zaren Boris in diesem Szenario spielen.

Der größte und bedeutendste Palast des Kremls entstand erst im 19. Jahrhundert: der Große Palast. Majestätisch erhebt sich das mächtige Gebäude an der der Moskwa zugewandten Kremlseite. Den Bau, der anstelle des ehemaligen Winterpalastes entstand, verwirklichten gleich mehrere Architekten nach einem Plan des Hofarchitekten Konstantin A. Thon.

In dem von klassizistischen und altrussischen Formen bestimmten Palast residierten die Mächtigen auf dem höchsten Punkt der Festungsanlage, der einen herrlichen Blick über die Stadt bietet. Mit über 700 Zimmern und Sälen ist die dreiflügelige Palastanlage ein äußerst imposantes Gebäude. Allein die Fassadenlänge beträgt 125 Meter. Die zweite Etage hat zwei übereinander liegende Fensterreihen, die von außen den Eindruck einer Dreistöckigkeit erwecken.

Im oberen Stock befinden sich die repräsentativsten Räumlichkeiten, darunter auch der Georgssaal. Mit 1250 Quadratmetern Fläche ist er nicht nur der größte, sondern sicherlich auch der schönste Saal der Kremlpaläste.

Die übereinander liegenden Fensterreihen täuschen eine Dreistöckigkeit vor. In Wahrheit hat der Palast aber nur zwei Etagen (unten links).

Majestätisch erhebt sich der große Palast über die begrünten Mauern des Kremls (oben).

Der Aufgang zum Facettenpalast wird von einer großen Freitreppe bestimmt (unten rechts).

Schaustücke der Superlative

Vor dem Kathedralenplatz streckt sich der über viele Jahrhunderte höchste Bau der Stadt in den Himmel: Der **GLOCKENTURM „IWAN DER GROSSE“**. Ihm zu Füßen stehen die schwerste **GLOCKE** und die größte **KANONE** der Welt.

ADRESSE
Kreml

ÖFFNUNGSZEITEN
tägl. 10–17 Uhr,
Do Ruhetag;
Eingang Kutafja-Turm,
seitlich der Manege

ANFAHRT
Metro Biblioteka Imeni Lenina, Borowizkaja, Aleksandrowskji Sad

Der Kreml Moskaus war lange Zeit nicht nur das weltliche Machtzentrum Russlands, sondern auch der geistliche Mittelpunkt des Landes. Davon legen vor allem die beeindruckenden Kathedralen und Sakralbauten innerhalb der Festungsmauern Zeugnis ab.

Diese entstanden nicht zuletzt, weil es den weltlichen Führern Mitte des 15. Jahrhunderts wichtig war, ihre Macht auch durch imposante kirchliche Bauwerke zu demonstrieren. Denn Zar Iwan III. meldete nach dem Untergang des Byzantinischen Reiches 1453 imperiale Ansprüche an und forderte zudem die Führung der orthodoxen Kirche. Er erklärte sich zum Schutzherren der orthodoxen Christenheit. Zugleich verkündete er, mit Moskau die Nachfolge Roms und Konstantinopels anzutreten. Sein großer Traum war es, ein „Drittes Rom“ zu errichten, dessen weithin sichtbare Wahrzeichen die unvergleichlichen Kirchen des Kremls sein sollten.

Ein Zar, der niemals etwas von sich hören ließ: Die „Zar Kolokol“ genannte, größte Glocke der Welt schlug nie, weil sie vor ihrem ersten Einsatz bei einem Brand herunterfiel (oben links).

Auch die größte Kanone der Welt, die dem Glockenturm zu Füßen steht, kam nie zum Einsatz (unten).

Der Bau des Glockenturms

Um dies zu erreichen, ließ Zar Iwan III. zunächst die alten Kirchen in Moskau abreißen. Dann gab er unter anderem den Neubau eines imposanten Glockenturms, der aufgrund seines Baustils auch „Brennende Kerze“ genannt wurde, in Auftrag. Der Turm sollte durch seine alles überragende Höhe und seine alles übertönende Glocke den Anspruch der Stadt Moskau auf den „richtigen“ Glauben lautstark verkünden. Der Architekt Bon Frjasin ließ über einem achteckigen Grundriss drei Geschosse mit jeweils offenen Schallarkaden errichten. Im untersten Geschoss befindet sich die weitgehend unbekannte Johannes-Klimakos-Kirche.

Späte Vollendung

Vollendet wurde der Bau erst im Jahr 1600 von Zar Boris Godunow, der die Nachfolge von Zar Iwan IV. an der Stelle von dessen verwirrtem Sohn Fjodor antrat. Boris Godunow wurde nicht nur durch den Glockenturm „Iwan der Große“ (Russisch: Iwan Welikij), sondern auch durch das nach ihm benannte Drama Puschkins und die Oper Mussorgskis unsterblich.

In dem Glockenturm ließ er unter der Goldenen Kuppel folgende Inschrift aufbringen: „Auf Wunsch der Heiligen Dreieinigkeit und des Zaren und Großfürsten von ganz Russland Boris Fjodorowitsch und seines Sohnes, des wohlgeborenen Zarewitsch und Großfürsten ganz Russlands, Fjo-

dor Borisowitsch, ist das Gotteshaus vollendet und vergoldet worden im Sommer ihrer Herrschaft 108 (nach heutiger Zeitrechnung dem Jahr 1600)". Danach durfte kein Gebäude in Moskau je wieder höher gebaut werden – zumindest zur Zeit der Zaren.

Mit seinen 81 Metern Höhe war so der Glockenturm lange Zeit das höchste Gebäude Moskaus. Von hier aus hat man einen herrlichen Blick auf die Stadt, den sicherlich auch viele Staatsbesucher genießen. Leider ist es seit der Oktoberrevolution im Jahr 1917 Touristen nicht mehr erlaubt, den Turm zu besteigen.

Die schwerste Glocke

Im politischen und geistlichen Zentrum Moskaus erhielt der Glockenturm die schwerste Glocke der Welt, die „Königin der Glocken", auch „Zar Kolokol" genannt. Sie hat aber nie lautstark die Gläubigen in die Kathedralen gerufen, denn vor dem ersten Glockenschlag brannte der Turm nieder. Zar Kolokol stürzte in den Wassergraben des Kremls. Dabei splitterte ein 11,5 Tonnen schweres Stück ab. Fast 100 Jahre blieb die Glocke in der Erde, bevor man das 200 Tonnen schwere Schmuckstück hob und auf einem Granitsockel zur Schau stellte.

Die Zarenkanone

Direkt neben der schwersten Glocke findet man die größte Kanone der Welt: „Zar Puschka", die Zarenkanone. Aber so wie die Glocke nie geschlagen hat, so hat auch die im Jahr 1586 gegossene Waffe nie einen einzigen Schuss abgegeben. Mit einem 890 Millimeter großen Kaliber, einer Länge von 5,34 Metern und 40 Tonnen Gewicht ist sie so gottlob kein Zeugnis der militärischen Zarenmacht, sondern nur ein Prunkstück der Geschützgießerei. Das Rohr der Kanone ziert ein Bildnis, das Zar Fjodor I. Iwanowitsch darstellt.

Der Glockenturm „Iwan der Große" war jahrhundertelang das höchste Gebäude in Moskau. Davor findet man die größte Glocke und die schwerste Kanone der Welt (oben rechts).

Glanzvolle Höhepunkte des Kremls

Die **MARIÄ-GEWANDNIEDERLEGUNGS-** und die **MARIÄ-VERKÜNDIGUNGS-KATHEDRALE** waren die Hauskirchen der weltlichen und der geistigen Macht.

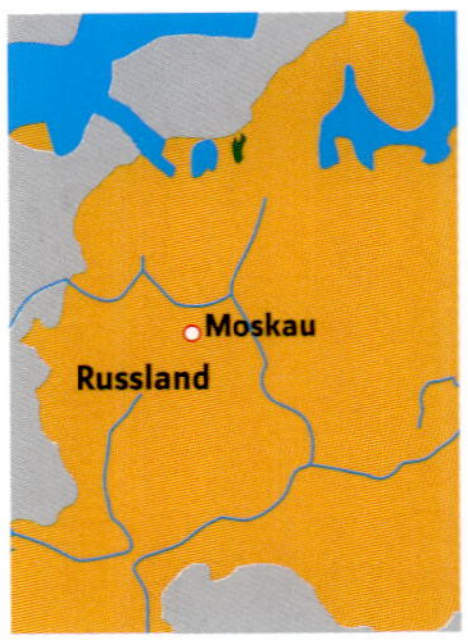

ADRESSE
Kreml

ÖFFNUNGSZEITEN
tägl. 10-17 Uhr,
Do Ruhetag;
Eingang Kutafja-Turm, seitlich der Manege

ANFAHRT
Metro Biblioteka Imeni Lenina, Borowizkaja, Aleksandrowskji Sad

Nicht die weltlichen Bauten überragen vom Kreml aus die Stadt – es sind die goldenen und silbernen Kuppeln der Kirchen, die hier im wahrsten Sinne des Wortes glanzvolle Höhepunkte setzen. Es sind gleich sechs Kathedralen und mehrere weitere Sakralbauten, die sich um einen kleinen Platz, den Kathedralenplatz, sammeln. Darunter finden sich auch die Hofkirchen der weltlichen und der religiösen Macht Russlands: die Mariä-Verkündigungs-Kathedrale als die der Zaren sowie die Mariä-Gewandniederlegungs-Kathedrale als die der Patriarchen. Die Geschichte beider Gotteshäuser beginnt dabei im Jahre 1485. Im Zuge des umfassenden Neubaus des Kremls wurden sie auf den Fundamenten älterer Gebäude errichtet.

Die Goldgedeckte

Das eher verspielt und malerisch wirkende Gebäude wurde nach den Plänen großer Baumeister aus Pskow erbaut. Nach einem Brand Mitte des 16. Jahrhunderts ließ Iwan der Schreckliche die Kirche nicht nur restaurieren, sondern auch ausbauen. Die Mariä-Verkündigungs-Kathedrale wird seither auch die Goldgedeckte genannt, da sie seit der Erweiterung mit vier zusätzlichen Kapellen und insgesamt neun goldenen Kuppeln im Sonnenlicht erstrahlt – zum Gedenken an die neuntägige Schlacht gegen die Tataren in Kasan.

Die mit Szenen aus dem Alten Testament ausgemalten Galerien führen heute in das Innere der Kathedrale. Ein Säulenpaar mit korinthischen Kapitellen und den klassisch sich nach oben richtenden Akanthusblättern säumt das himmlisch blaue Portal, dessen Ornamente stilistische Elemente der italienischen Frührenaissance aufweisen. Das königliche Ambiente erhält die Kathedrale durch einen mit wunderschönen Halbedelsteinplatten, Achat und rotem Jaspis, belegten Fußboden.

Diese Hofkirche nutzten die Zaren und Großfürsten besonders gern für Hochzeiten und Taufen ihrer Familien. Eine prunkvolle Ausstattung war für diese Anlässe natürlich unerlässlich. Deshalb ließen die Zaren ihre Hauskathedrale mit einem besonderen Schatz ausstatten: der ersten und einer der schönsten Ikonostasen Russlands.

Der Mönch Andreij Rublijow und Theophanes der Grieche, die großen russischen Ikonenmaler, entwickelten damals in dieser Kirche eine – nach einer inhaltlich festen Bildfolge – mit Ikonen geschmückte hölzerne Wand mit drei Türen, die den Altarraum vom Gemeinderaum trennt.

Nur eine Kuppel krönt die schlichte Mariä-Gewandniederlegungs-Kathedrale. Sie liegt vor den elf goldenen Kuppeln des Terem-Palasts (unten links).

Der Hofkirche des Patriarchen ist ein kleines Museum angegliedert, das wertvolle Ausstellungsstücke wie diese Kreuzigung Christi zeigt (oben links).

Hoch über den Kreml ragen die Kuppeln der Mariä-Verkündigungs-Kathedrale, der Tauf- und Hochzeitskirche der Zarenfamilie (oben rechts).

Die Künstler gehörten zu der großen Moskauer Schule der Ikonenmaler und zeichneten sich durch den Einsatz von leuchtenden Farben und transparenten Lichts sowie durch eine feine Pinselführung aus. Die Namen von Andreij Rubljow und Theophanes dem Griechen sind in Russland auch heute noch so bekannt wie beispielsweise die von bedeutenden Malern im Westen.

Schlichte Schönheit

Während sich die Zarenkirche besonders prunkvoll gibt, betonten die Patriarchen mit einer überraschenden Schlichtheit und den klaren Proportionen ihrer Hauskapelle eher das Volkstümliche und den puristischen Stil der orthodoxen Kirche. Die Mariä-Gewandniederlegungs-Kathedrale wird deshalb als klassische Vierpfeilerkirche mit Kreuzarmen nur von einer Kuppel gekrönt. Trotzdem ist das Gotteshaus mit seinen pastellfarbenen Fresken von eigenwilliger Schönheit, die die damaligen Kirchenführer zu tiefer Andacht und stillem Gebet inspirierte.

Der Kathedrale ist heute ein kleines Museum angeschlossen, das Ausstellungsstücke aus der Zeit der Patriarchenresidenz im Kreml zeigt.

Die Ruhestätte der Zaren

In der **ERZENGEL-KATHEDRALE** stehen die Sarkophage der Zaren

ADRESSE
Kreml

ÖFFNUNGSZEITEN
tägl. 10–17 Uhr,
Do Ruhetag;
Eingang Kutafja-Turm, seitlich der Manege

ANFAHRT
Metro Biblioteka Imeni Lenina, Borowizkaja, Aleksandrowskji Sad

Zar Iwan Kalita, der Ende des 15. und Anfang des 16. Jahrhunderts Russland regierte, wünschte für sich und seine Nachfolger eine würdige Begräbnisstätte. Und natürlich kam für einen echten Zaren wie ihn dafür nur eine neue Kathedrale in Frage. Mit deren Bau beauftragte der Zar 1505 den Italiener Alovisio Nuovo. So entstand auf den Fundamenten eines alten Gotteshauses aus dem 14. Jahrhundert die Erzengel-Kathedrale, die dem Erzengel Michael geweiht wurde, dem Beschützer der Moskauer Herrscher. Die jüngste der prächtigen Kremlkirchen am Kathedralenplatz sticht dabei in vielerlei Hinsicht aus dem Ensemble der Kremlkirchen heraus.

Der aus Venedig stammende Architekt errichtete in nur drei Jahren Bauzeit einen palastartigen Sakralbau, den er im traditionellen russischen Stil als Kreuzkuppelkirche ausführte. Die Kirche besitzt eine Haupt- und vier Nebenkuppeln, und nur diese schimmern im glanzvollen Bauensemble der Kremlkirchen silbern.

Ein Baustil, der Schule machte

Einmalig an dieser Kremlkirche ist auch, dass die Fassade mit klassischen Motiven der italienischen Renaissance versehen ist. Blüten, Fabeltiere, Arabesken und Kandelaber – beliebte Motive der Antike – zieren die Portale aus weißem Kalkstein. Mit dieser Art der Außengestaltung der 1508 fertiggestellten Kathedrale setzte man einen neuen Trend – in den folgenden Jahrzehnten wurden viele weitere Kirchenfassaden in ganz Russland ähnlich ausgeschmückt.

So prächtig und einladend sich das äußere Erscheinungsbild gibt, so schlicht und eher düster präsentiert sich das Innere dieser Kathedrale. Das Gewölbe wirkt trotz seiner beeindruckenden Höhe eher bedrückend. Die tragenden Säulen stehen sehr eng zusammen und alle Kirchenwände sind mit Fresken bemalt. So vermittelt die Innengestaltung eine düstere Atmosphäre, die eher an die zahlreichen Totenfeiern in dieser Kirche denken lässt, als an freudig gefeierte Gottesdienste.

Einige der Ikonen der Kathedrale an den Nord- und Südwänden sind dem Erzengel Michael und seinen Taten gewidmet. Er sollte die Sterbenden ins Jenseits geleiten, wenn ihre Seelen die Körper verließen. Michael wurde auch als Anführer der himmlischen Heerscharen verehrt; man verewigte ihn hier in verschiedenen Fresken, die ihn mit erhobenem Schwert entschlossen gegen die Tataren kämpfend zeigen.

Den größten Teil der Wandmalereien nehmen allerdings die Portraits der hier Begrabenen ein. Sechzig Herrscher sind unter ihren Namensheiligen abgebildet. Iwan Kalita war der Erste, der hier nach seinem Tod 1341 feierlich aufgebahrt wurde. Ihm folgten alle weiteren Großfürsten bis hin zu Fjodor Alexejewitsch – der Bruder Peter des Großen wurde 1682 als letzter in einem Fürstensarkophag im Kircheninnenraum aufgebahrt. Die sehenswertesten Grabstätten dieser über 300-jährigen Geschichte sind die des Zarewitsch Dmitrij und Iwan des Schrecklichen. Nach dem Umzug Peter des Großen 1712 nach Petersburg fanden dann alle weiteren Zaren in der dortigen Peter-und-Paul-Kathedrale ihre letzte Ruhestätte.

Das Kircheninnere schmücken vor allem Portraits der hier beigesetzten Großfürsten sowie Fresken, auf denen Erzengel Michael mit erhobenem Schwert zu sehen ist (unten links).

Die Erzengel-Michael-Kathedrale, die Begräbniskirche der Zaren, ist die jüngste unter den Kreml-Kirchen (oben).

Die silbernen Kuppeln der Erzengel-Kathedrale stehen in einem reizvollen Kontrast zu den goldenen der anderen Sakralbauten – wie hier zu denen des Glockenturms (unten rechts).

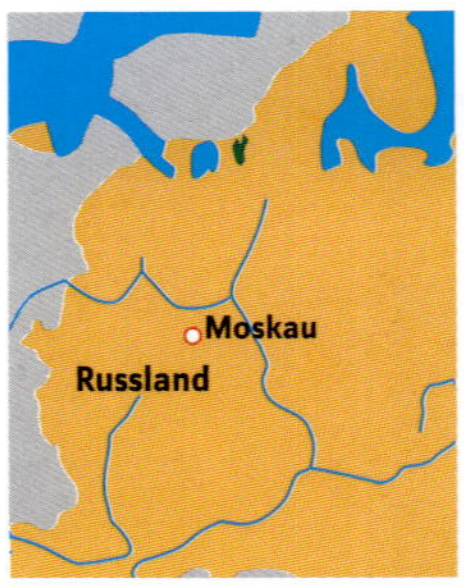

Die Krönungs-Kathedrale

Die **MARIÄ-ENTSCHLAFENS-KATHEDRALE** – die größte und prächtigste der Kreml-Kirchen – war einst religiöser Mittelpunkt.

ADRESSE
Kreml

ÖFFNUNGSZEITEN
tägl. 10-17 Uhr,
Do Ruhetag;
Eingang Kutafja-Turm,
seitlich der Manege

ANFAHRT
Metro Biblioteka Imeni
Lenina, Borowizkaja,
Aleksandrowskji Sad

Keine andere Kirche innerhalb der Kremlmauern war so bedeutend wie die Mariä-Entschlafens-Kathedrale. Hier wurden die Zaren gekrönt, die Metropoliten inthronisiert und die russischen Feldherren vor jedem Krieg gesegnet. Und hier schlug einst das Herz des russisch-orthodoxen Glaubens, war die Kathedrale doch lange Zeit religiöses Zentrum Russlands. Vor allem befand sich hier das größte Heiligtum der orthodoxen Christen: Die wundertätige Ikone der Gottesmutter von Wladimir, die heute in der weltberühmten Tretjakow-Galerie zu bewundern ist.

Der ungewohnt klingende Name der Kirche bezieht sich auf das Fest „Entschlafen unserer Allheiligen Herrin, der Gottesgebärerin und immerwährenden Jungfrau Maria". Dies ist mit dem katholischen „Mariä Himmelfahrt" vergleichbar. Aus diesem Grund bezeichnet man sie auch als Mariä-Himmelfahrts-Kathedrale.

Der beeindruckende Bau, für den Ende des 15. Jahrhunderts Iwan III. den Grundstein auf dem Fundament der ersten Steinkirche Moskaus legte, war von Beginn an den Krönungszeremonien zugedacht. Der Zar beauftragte den Italiener Aristotele Fiovaranti, eine besonders prachtvolle Kirche nach Vorbild der gleichnamigen Kathedrale von Wladimir zu entwerfen. Und das aus gutem Grund, denn Wladimir war bis dahin das kirchliche Zentrum der russischen Fürsten-

Prächtige Kronleuchter beleuchten das Innere der Kathedrale, in der einst die Zaren gekrönt, die Metropoliten inthronisiert und die Feldherren gesegnet wurden (oben links).

Durch das reich geschmückte Südportal zogen einst die Zaren in die Kathedrale ein, die altrussische Baukunst mit Einflüssen der italienischen Renaissance verbindet (oben rechts).

An der heute sichtbaren dritten Ausmalung von 1642/43 waren mehr als Hundert Ikonenmaler beteiligt. Alte Fresken wurden dabei abgezeichnet und erneuert (unten).

tümer. Jetzt sollte Metropolit Pjotr seinen Herrschaftssitz im Kreml einnehmen und Moskau zur Nachfolgerin als Metropolitenstadt werden. Die Grundorientierung des Kirchenbaus am traditionellen russischen Stil sollte Respekt vor der Kirchengeschichte ausdrücken, die Einflüsse der italienischen Renaissance sollten aber auf die neue Zeit hinweisen.

Das Innere der reich ausgemalten und so wunderbar ausgeschmückten Kathedrale eröffnet sich dem Besucher als weiter Saal, der durch rhythmisch angeordnete Säulen gegliedert ist. Ein besonderer Blickfang ist neben der wertvollen Ikonostase der Zaren-Betstuhl Iwan des IV. mit seinen einzigartigen Schnitzereien. Hinzu kommen zahlreiche sehenswerte Ikonen wie die des heiligen Georgs aus dem 12. Jahrhundert.

Sitz der geistlichen Herrschaft

Das Oberhaupt der russisch-orthodoxen Christen residierte im **PATRIARCHEN-PALAST** mit der angrenzenden **ZWÖLF-APOSTEL-KATHEDRALE**.

ADRESSE
Kreml

ÖFFNUNGSZEITEN
tägl. 10-17 Uhr,
Do Ruhetag;
Eingang Kutafja-Turm, seitlich der Manege

ANFAHRT
Metro Biblioteka Imeni Lenina, Borowizkaja, Aleksandrowskji Sad

Die wertvolle Ikonostase der Zwölf-Apostel-Kathedrale stammt aus einem der Klöster, die Stalin abreißen ließ, dem Himmelfahrts-Kloster (oben links).

Sie waren zwar nie so mächtig wie die Zaren, aber unglaublich einflussreich – die Patriarchen, die geistlichen Führer der orthodoxen Kirche. Immer wieder haben sie im Laufe der Jahrhunderte die Geschichte Russlands maßgeblich mit beeinflusst. So wundert es nicht, dass die Zaren immer wieder versucht haben, sie stark an sich zu binden – und umgekehrt strebten die Patriarchen oft danach, möglichst großen Einfluss auf die weltlichen Herrscher auszuüben.

Die russischen Bischöfe, die zunächst dem Patriarchen von Konstantinopel unterstanden, beschlossen nach dem Zerfall des byzanthinischen Reichs die Abspaltung von ihrer Mutterkirche. Nach der Übersiedlung der Metropoliten nach Moskau existierte nördlich der Mariä-Entschlafens-Kathedrale ein Metropolitenhof, der zum Patriarchensitz wurde.

Zu einem besonders intensiven Zusammenspiel der weltlichen und geistlichen Mächte kam es im 17. Jahrhundert: Der Metropolit Filaret hielt als Vater des Zaren Michael zu Beginn dieses Jahrhunderts die Fäden der Moskauer Politik fest in seiner Hand.

Von ihm übernahm 1652 Nikon das Patriarchenamt. Auch er sicherte sich von Anfang an mächtigen Einfluss auf den noch jungen Alexander I., der gerade den Zarenthron bestiegen hatte. Er stand ihm in allen wichtigen Fragen als väterlicher Berater zur Seite.

Zeichen der Macht

Als sichtbares Zeichen seiner Macht ließ Nikon den alten Holzpalast im Kreml abreißen und eine ganz neue, prachtvolle Residenz errichten: Es entstand der Patriarchen-Palast mit der angegliederten Zwölf-Apostel-Kathedrale, die, vom Haupteingang des Kremls aus gesehen, dem Kathedralenplatz vorgelagert ist.

Nikon war ein streitbarer Mann, der eine ganze Reihe von liturgischen Reformen durchsetzte. Das allerdings stieß auf erbitterten Widerstand. Deshalb kam es zu einer vorübergehenden Spaltung der orthodoxen Kirche, die auch den Anfang vom Ende der Herrschaft Nikons bedeutete. Er fiel bei dem mittlerweile erstarkten Zaren in Ungnade, nicht zuletzt auch deshalb, weil er immer mehr auch nach weltlicher Macht strebte. So konnte ihn 1666 die Moskauer Synode seines Amtes und seiner Würde entheben. Die von ihm initiierten Reformen allerdings behielten ihre Gültigkeit.

Die Synode fand ausgerechnet im so genannten Kreuzsaal statt, dem 250 Quadratmeter großen Prachtraum des Patriarchenpalastes, den Nikon gerade hatte errichten lassen. Die überaus sehenswerte, stützenlos überwölbte Halle diente aber nicht nur den Bischöfen als Konferenzort – hier fanden z. B. auch Staatsbankette statt. Heute kann man den Kreuzsaal und direkt angrenzende Räume des Patriarchenpalastes besichtigen. Hier ist ein kleines Museum eingerichtet, das Zeugnisse der russischen Kirchengeschichte zeigt.

Der Palast geht nahtlos in die Zwölf-Apostel-Kathedrale über. Sowohl ihr Grundriss als auch ihre Gestaltung greifen auf altrussische Vorbilder zurück. Nikon hatte auf diese Weise ausdrücken wollen, dass er trotz seiner Reformen zur Tradition des orthodoxen Glaubens stand. Die Kirche, von fünf Kuppeln gekrönt, ist die kleinste der Kreml-Kathedralen. Ein besonderes Prunkstück ist ihre Ikonostase – diese stammt aus dem nach der Oktoberrevolution abgetragenen Himmelfahrts-Kloster.

Die Zwölf-Apostel-Kathedrale mit dem angrenzenden Patriarchenpalast greift altrussische Stilelemente auf (oben rechts).

Im Patriarchenpalast ist ein kleines Museum eingerichtet, das Sammelstücke aus der russischen Kirchengeschichte zeigt wie diesen wertvollen Patriarchen-Schreibtisch (unten rechts).

Die Schätze der Zaren

In der **RÜSTKAMMER** ist das sagenumwobene Gold der Zarenfamilie zu bestaunen.

ADRESSE
Kreml

ÖFFNUNGSZEITEN
tägl. 10-17 Uhr,
Do Ruhetag;
Eingang Kutafja-Turm, seitlich der Manege

ANFAHRT
Metro Biblioteka Imeni Lenina, Borowizkaja, Aleksandrowskji Sad

Die Rüstkammer öffnet eine der größten Schatztruhen der Welt mit unbeschreiblich wertvollen Ausstellungsstücken. Dazu zählen nicht nur die Kronjuwelen, sondern auch Möbelstücke wie dieser goldbeschlagene Tisch (unten links).

Zobelbesetzte Kronen und mit Edelsteinen übersäte Herrschaftsinsignien. Diamantene Schmuckstücke und feinste Farbergé-Eier. Teller aus purem Gold und mit Rubinen geschmückte Kelche. Prachtgewänder Katharinas und Peters aus feinsten, kostbar bestickten Stoffen. Prunkvolle Kutschen und edelsteinbesetztes Zaumzeug. Meisterhaft gefertigte Rüstungen und aufwändig geschmiedete Waffen. Unvergleichliche Ikonen und wertvollste Handschriften. Die Rüstkammer, das Zaren-Museum im Moskauer Kreml, beherbergt Schaustücke von unermesslichem Wert. So kann sie von sich behaupten, eine der größten Schatzkammern der Welt zu sein – wenn nicht die größte überhaupt.

Nahezu alle ausgestellten Stücke waren einst im Privatbesitz der Zaren. Und wenn man sie genau betrachtet, scheint es fast so, als hätten die russischen Herrscher stets versucht, sich in Prunk und Schmuck gegenseitig zu übertreffen: So nahm beispielsweise Iwan IV. auf einem Elfenbeinthron Platz, Boris Godunow residierte auf einem blattgoldbezogenen, mit 2000 Edelsteinen besetzten Herrschersitz und Michail Fjodorowitsch triumphierte auf einem Diamantenthron aus Persien. Ein Besuch der Schatzkammer ist deshalb immer auch ein Ausflug in die Geschichte Russlands und der Zarenfamilien.

Das Blutgold Iwans

Die Geschichte dieses sagenumwobenen Schatzes beginnt mit Iwan dem Schrecklichen, der von einer schier unstillbaren Gier nach Gold und Zobelpelzen – zu seiner Zeit genauso wertvoll wie Gold – besessen war. Und diese Gier brachte dem Zaren zu Recht seinen abschreckenden Beinamen ein. Denn wie kein Herrscher vor und oder nach ihm plünderte er systematisch sein Land aus, nur von dem einen Gedanken besessen, seine Schatzkammer zu füllen. Und er war es auch, der innerhalb des Kremls ein erstes Gebäude anlegen ließ, um sein „Blutgold" zu horten.

Die Zaren trugen aber nicht nur Schätze aus Eroberungen und Ausbeutungen zusammen, sondern beschäftigten natürlich auch selbst Waffenschmiede und Kunsthandwerker. Ihre Werkstätten, die vor allem Mitte des 17. Jahrhunderts eine besondere Blüte erlebten, lagen in der Rüstkammer.

Das heute sichtbare Gebäude, das in der Mitte des 19. Jahrhunderts errichtet wurde, war zugleich Schatzkammer und Zarenwerkstatt. Vor allem aber diente der Komplex der Waffenherstellung – hier befand sich einst die größte Waffenschmiede Russlands. Und so erklärt sich auch der eher nüchtern wirkende Name Rüstkammer.

Als 1851 Nikolaus I. seinen Hofarchitekten Konstantin A. Thon das Gebäude im russischen Stil errichten ließ, gab er aber nicht nur eine neue Produktionsstätte in Auftrag. Es sollte zugleich das erste Museum Russlands für die schon damals weltberühmten Schätze entstehen.

Schau der Verschwendung

Nach der Oktoberrevolution ließ Lenin in einem seiner ersten Dekrete den Reichtum der Rüstkammer vor Plünderungen schützen. Kurze Zeit später öffnete man die Schatztruhe für die Öffentlichkeit. Ziel war es weniger, die kunsthistorischen Werte zu würdigen. Vielmehr wollten die Sowjets dem Proletariat die Verschwendungssucht der Zaren vorführen.

Die wertvollsten Stücke sind im so genannten Diamanten-Fond zu sehen. Streng bewacht kann man dort hinter Panzerglas die Kronjuwelen bewundern. Zu den herausragenden Stücken zählt zum Beispiel die mit 5000 Diamanten besetzte Krone Katharinas II.

Die Rüstkammer, das Zaren-Museum des Kremls, befindet sich in einem 1851 von Konstantin A. Thon im russischen Stil errichteten Gebäudekomplex (oben).

Hinter den Vitrinen sieht man das reich geschmückte Tafelsilber und -gold der Zaren – ein Beleg sowohl ihres Reichtums als auch ihrer Verschwendungssucht (unten rechts).

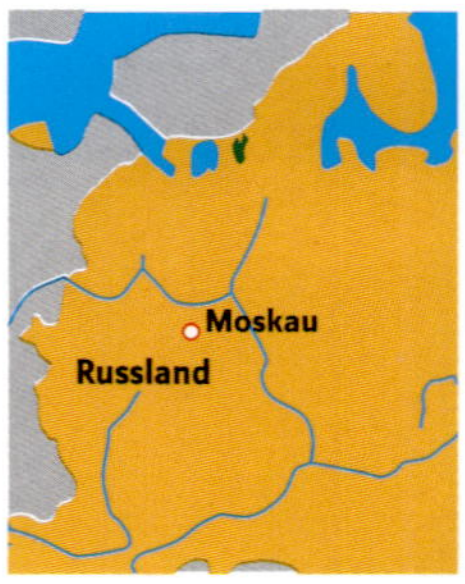

Der grüne Gürtel des Kremls

Zwischen Kreml und Manege liegt der **ALEXANDERGARTEN** - eine grüne Oase mitten in der hektischen City.

ADRESSE:
Maneschnaja Uliza; entlang der westlichen Kremlmauer

ANFAHRT:
Metro: Biblioteka Imeni Lenina, Aleksandrowskij Sad

Der Garten umgibt den Kreml wie ein grüner Gürtel (oben links).

Das Mahnmal für den unbekannten Soldaten (oben rechts).

Berittene Poliziei sorgt für Ordnung (unten links).

Im Winter fahren Kinder hier Schlitten (unten rechts).

Vor den Toren des Kremls zur Manege hin erstreckt sich ein schmaler Grünstreifen: der Alexandergarten. Die Assoziationen, die der Begriff Garten normalerweise auslöst, treffen hier allerdings nur bedingt zu: Denn der Alexandergarten ist Park, Gedenkstätte, Friedhof und Skulpturenschau zugleich.

Seine Ursprünge gehen auf Iwan IV. zurück. Der Zar ließ hier für seine Hofapotheke Kräuter und Heilpflanzen züchten. Diese stand damals nur unweit entfernt, nämlich dort, wo sich heute das russische Museum befindet.

Anfang des 19. Jahrhunderts war Alexander I. an der Macht. Der Zar wünschte sich eine grüne Flaniermeile und beauftragte den Architekten Osip Beauvais mit der Umgestaltung des Geländes. Um mehr Raum zu gewinnen, ließ dieser zunächst den kleinen Fluss Neglinnaja kanalisieren, der damals noch den Kreml umfloss. Beauvais beschränkte sich nicht nur darauf, Grünflächen anzulegen. An der Kremlmauer entstand die schwülstige „Grotte“, ein lauschiges Plätzchen, das vor allem Verliebten als Treffpunkt diente.

Flanier- und Gedenkmeile

Rasch avancierte der nach seinem Auftraggeber benannte Alexandergarten zu einem beliebten Zentrum des höfischen und gesellschaftlichen Lebens. Nach der Oktoberrevolution wandelten die Sowjets die Flanier- in

eine Gedenkmeile um. Im oberen Teil des Gartens entstand das Denkmal des unbekannten Soldaten.

Das Grabmal wurde zum 25. Jahrestag des Sieges über die Deutschen errichtet. Es steht über den Gebeinen von im Zweiten Weltkrieg gefallenen Soldaten und ist mit der Inschrift versehen: „Dein Name ist unbekannt, aber deine Tat ist ewig".

Vor dem Mahnmal auf dem das „ewige Feuer des Ruhms" lodert, halten zwei Soldaten Ehrenwache. Ihre stündliche Ablösung ist ein vor allem bei Touristen beliebtes Schauspiel.

Neben dem Mahnmal ragen Gedenkblöcke aus rotem Porphyr hervor, die mit Erde der „Heldenstädte" gefüllt sind. Dies sind die einst stark umkämpften Orte Leningrad, Kiew, Minsk, Wolgograd, Sewastopol, Odessa, Kertsch, Noworossisk, Tula und Prest.

Grünes Zentrum

Der schmale Grünstreifen, der sich vom Historischen Museum bis zum Arsenalturm erstreckt, ist heute eine kleine grüne Oase inmitten des ansonsten so lauten und hektischen Großstadtzentrums. Wie zu Zeiten Alexander I. kann man sich hier im Schatten der Kremlmauer erholen. Im Sommer spielen Kinder mit dem Wasser der Brunnen, im Winter nutzen sie das geringfügige Gefälle zum Kreml hin als Schlittenbahn. Und wie eh und je sieht man Verliebte die breiten Parkwege entlang schlendern.

Paradebeispiel

Die **MANEGE**, Paradehalle der Armee, spiegelt Stadtgeschichte.

ADRESSE:
Maneschnaja Ploschtschad; an der nordwestlichen Seite des Kremls

ANFAHRT:
Metro: Ploschtschad Revoluzij, Ochotnyj Rjad

Im Zentrum des unterirdischen Einkaufszentrums beeindruckt ein großer, vergoldeter Brunnen (oben links).

Pferdestatuen vor der langgestreckten Säulenreihe erinnern auch heute noch an den ursprünglichen Sinn der Manege als Parade- und Exerzierhalle (unten links).

Direkt hinter Kreml, Alexandergarten und Russischem Museum erstreckt sich der große Manegenplatz – das geschäftige und beliebte Zentrum des Moskauer Lebens. Hier trifft man sich, um im großen unterirdischen Einkaufszentrum zu shoppen, einen Bummel über die Einkaufsmeile Twerskaja zu beginnen oder einen der größten kulturellen Gebäudekomplexe der Stadt zu besuchen: die Manege.

Das den Blick beherrschende imposante Gebäude verdankt seine Existenz dem größten Einschnitt in die Architekturgeschichte Moskaus: 1812 steckten die Moskauer Bürger ihre Stadt selbst an, um Napoleon einen unrühmlichen, vermeintlichen Sieg zu bescheren. Der Brand zerstörte drei Viertel der Bausubstanz. Napoleon fand Moskau in Schutt und Asche vor – der Anfang vom Ende seines Russlandfeldzuges.

Als Napoleon ausgehungert und zermürbt Russland verlassen musste, ließ Zar Alexander I. 1817 zu Ehren des Sieges über die Grande Armée ein bauliches Großprojekt verwirklichen: Eine Paradehalle für die Offiziersschule. So entstand die Manege, in der eine Kompanie von 2000 Mann Reitvorführungen abhalten konnte.

Alexander I. ließ dazu den spanischen Ingenieur und russischen General Augustin de Betancourt y Molina einen klar gegliederten Bau errichten, der auf Grund seines Zweckes ungewöhnliche Ausmaße annahm: Über dem 170 mal 45 Meter großen Gebäude erstreckt sich eine gewaltige, säulenlose und so einzigartige Dachkonstruktion. Noch heute faszinieren die Einfachheit, Mächtigkeit und Strenge dieses einmaligen Bauwerks. 1823 bis 1835 wurde das Gebäude dann noch einmal im klassizistischen Stil von Osip Beauvais überarbeitet.

Bereits seit 1831 wurde die Manege für Ausstellungen und Messen genutzt – der Grundstein für die heutige Nutzung als Kulturzentrum war damit gelegt. Es wird vor allem als Ausstellungskomplex für wechselnde Schauen und Kunstmessen sowohl russischer als aber auch ausländischer Künstler genutzt.

Am 14. März 2004 brannte die Manege erneut nieder. Es gilt als sicher, dass man den Brand absichtlich legte, um an ihrer Stelle lukrative Neubauten hochziehen zu können. Aber der böse Plan ging nicht auf: Der Denkmalschutz setzte sich durch und das Kulturdenkmal wurde wieder aufgebaut – keine Selbstverständlichkeit in einer Stadt, in der nach wie vor Baudenkmäler einfach verschwinden.

Trotz vielfacher Brände wurde die Manege immer wieder neu aufgebaut – zuletzt 2004, als Brandstifter den Abriss des Gebäudes initiieren wollten (oben rechts).

Die als Weltkugel gestaltete Glaskuppel des unterirdischen Einkaufszentrums liegt inmitten des begrünten Platzes vor der Manege (unten rechts).

Das Zentrum

Der **ROTE PLATZ** ist zugleich der schönste der Stadt.

ADRESSE:
Krasnaja Ploschtschad; an der nordöstlichen Seite des Kremls

ANFAHRT:
Metro: Ploschtschad Revoluzij

Krasnaja ploschtschad – bedeutet so viel wie „Schöner Platz". Und wer je auf dem berühmtesten Areal Russlands gestanden hat, der weiß, dass dieser Name zu Recht gewählt wurde. Denn – umrahmt von den Kremlmauern, der Basilius-Kathedrale, dem Kaufhaus GUM und dem Historischen Museum – ist der Platz das architektonisch Spektakulärste, was die Hauptstadt zu bieten hat.

Dass man den Ort heute Roter Platz nennt, ist der sowjetischen Führung zu verdanken. Die machte sich nämlich nach der Oktoberrevolution die Doppeldeutigkeit des Wortes „krasnyi" zunutze, das nicht nur „schön", sondern auch „rot" bedeutet.

Einst Marktstätte, später Standort feiner Geschäfte, diente Moskaus bekannteste Platzanlage den Sowjets jedes Jahr als Aufmarschfläche für Militärparaden. Doch Defilées mit Waffen- und Truppenparaden gehören längst der Vergangenheit an. Jetzt gehört der gepflasterte Platz mit seinen symbolträchtigen Denkmälern wieder überwiegend der Bevölkerung, die ihn gerne für einen innerstädtischen Spaziergang nutzt.

Ort der Geschichte

Mit einer Fläche von fast 75 000 Quadratmetern ist der Rote Platz durchaus keine Riesenfläche, doch kein anderer Platz hat in der Geschichte Russlands eine wichtigere Rolle gespielt. Hier huldigten schon die Truppen des Zaren ihren Herrschern. Diese ließen hier ihre Dekrete verkünden oder aber die Köpfe Aufständiger purzeln.

Lenins letzte Ruhestätte am Roten Platz hatte eine weitere Funktion: Auf den Balustraden des Mausoleums nahmen die Sowjetführer ihre Paraden ab (unten links).

Die Kirche beging hier feierliche Prozessionen und das Volk seine Feste.

Auch die Sowjets feierten sich auf dem Traditionspflaster: Als der Zweite Weltkrieg zu Ende war, brachte man die Standarten der geschlagenen Wehrmacht hierher und ließ sie in Flammen aufgehen. Natürlich zeigte sich auch Jurij Gagarin, erster Mensch im Weltraum, 1961 seinen jubelnden Landsleuten auf dem geschichtsträchtigen Platz.

Lenins letzte Ruhestätte

Entlang der Kremlmauer haben die Potentaten der kommunistischen Ära ihre letzte Ruhestätte gefunden. Der berühmteste unter ihnen ist Wladimir Iljitsch Ulanjow: Lenin. Er liegt im gläsernen Sarkophag seines aus dunkelrotem Porphyr und schwarzen Labradorsteinen errichteten Mausoleums. Für den Schutz seines einbalsamierten Leichnams ist seit Jahrzehnten ein eigenes Institut zuständig.

Die Zeiten, als sich vor seinem Mausoleum lange Schlangen bildeten, sind allerdings vorbei. Überhaupt wirkt der verkehrsberuhigte Platz, der seit 1990 zum Welterbe zählt, heute eher entspannt und ruhig.

Die zwei Seiten eines der berühmtesten Plätze der Welt: Zur City hin grenzt das Historische Museum den Roten Platz von Verkehr und Großstadthektik ab (oben).

Die bekanntere Blickrichtung geht jedoch zur Basilius-Kathedrale, dem schönsten Bauwerk an dieser historischen Stätte (unten).

Die Basilius-Kathedrale wurde von 1990 an sechzehn Jahre lang vollständig restauriert. Seit 2006 strahlt sie wieder in neuem Glanz. Vor allem die Kuppeln wirken so, als seien sie erst gestern errichtet worden (oben links).

Das Wahrzeichen Moskaus

Kein anderes Gebäude Moskaus ist weltweit so bekannt wie die märchenhafte **BASILIUS-KATHEDRALE** auf dem Roten Platz.

ADRESSE:
Krasnaja Ploschtschad 4, auf der Südseite des Roten Platzes

ÖFFNUNGSZEITEN:
tägl. 11-16 Uhr,
Di Ruhetag

ANFAHRT:
Metro: Ploschtschad Revoluzij, Ochotnyj Rjad

Sie ziert die Titel der Moskaubücher, wird täglich tausendfach fotografiert und schmückt die meisten Ansichtskarten: Die bunte, faszinierend schöne Basilius-Kathedrale auf dem Roten Platz. Nicht der Kreml, sondern diese Kirche ist das eigentliche Wahrzeichen Moskaus – und damit ganz Russlands. Denn kein anderes russisches Gebäude ist weltweit so bekannt wie diese Kathedrale.

Iwan der Schreckliche ließ das mächtige Gotteshaus nach seinem historischen Sieg über die Tataren erbauen. Die Kathedrale erinnert so an einen der wichtigsten Wendepunkte der russischen Geschichte: die Eroberung Kasans am 1. Oktober 1552. Diese besiegelte das Ende der Jahrhunderte langen Tatarenherrschaft und legte so den Grundstein für den künftigen Vielvölkerstaat Russland.

Dem Wunsch des Zaren entsprechend sollte die Kathedrale in Größe und Formensprache dem triumphalen Sieg entsprechen. Als Architekten des mit seinen bunten Kuppeln so ganz unrussisch wirkenden Baus werden zwei Herren überliefert: Postnik und Barma. Aber es nicht klar, ob es sich nicht doch nur um eine Person namens Postnik Barma Jakowlew gehandelt hat.

Die Kathedrale besteht aus acht Kapellen, die eine neunte Kirche, die mittlere Turmkirche umringen. Dies ist die eigentliche Mariä-Schutz- und Fürbitten-Kirche, die der Kathedrale ihren ursprünglichen Namen gab. Der Blick in ihren Turm offenbart die Höhe des Baus (unten links).

Ob bei Tag oder Nacht, die Basilius-Kathedrale ist das am meisten fotografierte Gebäude der Metropole. Die Kirche, um die sich viele Geschichten ranken, wurde von Iwan dem Schrecklichen zum Gedenken an den historischen Sieg über die Tataren errichtet (oben rechts).

Geschichten und Mären

Dazu würde dann die Geschichte passen, dass der böse Zar Iwan seinem Baumeister nach Fertigstellung des Gotteshauses die Augen blenden ließ. Er sollte nie wieder ein derartig schönes Bauwerk erschaffen können.

Aber auch das kann eine Mär sein. Der selbe Baumeister soll nämlich ein paar Jahre später auch die kleine Kapelle angebaut haben, die der Kathedrale ihren heutigen Namen gab, die Basilius-Kapelle. Ursprünglich hieß die Kirche nämlich Mariä-Schutz-und-Fürbitte-Kirche am Graben, weil die Eroberung Kasans auf das Fest Mariä-Schutz fiel.

Der Name Basilius bezieht sich auf einen Heiligen, der in der besagten Kapelle seine letzte Ruhe fand. Es ist Wassilij Blaschennyj „Basilius der Selige“. Er soll als Narr im Kreml gelebt haben, um so den Zaren ungestraft auch auf Missstände ansprechen zu können. Die Bürger Moskaus verehrten ihn dafür so sehr, dass man schon bald nach Fertigstellung der Kapelle nur noch von der Basilius-Kathedrale sprach.

Strenges Grundmuster

Auf den ersten Blick scheint es, als ob die Kirchenbauer ein willkürliches Bauschema entworfen hätten. Doch das Gegenteil ist der Fall: die Kirchenräume sind streng geometrisch angeordnet.

Die Grundanlage basiert auf einem gleichförmigen Kreuz. An jedem Eckpunkt und in der Mitte errichtete man eine Kapelle. Die äußeren Kapellen sind mit Zwischenräumen untereinander verbunden. Auch in ihnen ließ man noch einmal jeweils einen Altar aufstellen. Außerdem überdachte man die Übergänge mit Kuppeln. So ergibt sich ein Kapellen-Achteck, in dessen Mitte sich die Hauptkirche befindet.

Wenn man die Kathedrale genauer betrachtet, kann man die Grundstruktur deutlich erkennen: Die Mittelkirche wird vom höchsten, spitz zulaufenden Turm überdacht, den eine goldene Kuppel krönt. Die vier Kirchen an den äußeren Kreuzenden sind ein ganzes Stück größer als die kleineren Kuppeln über den Zwischenräumen. Dass diese Struktur nicht so schnell erfasst werden kann, liegt zum einen an der unterschiedlichen Farbgebung der Kuppeln, zum anderen an den unregelmäßigen Fassadengestaltungen.

Symbolhafte Architektur

Diese Grundanlage der Basiliuskathedrale hat eine tiefgreifende Bedeutung – wobei man darüber streiten mag, ob sie von Anfang an so gedacht war oder später in sie hineininterpretiert wurde. Die insgesamt neun Kirchen sollen aus folgendem Grund so angeordnet worden sein: Die Belagerung von Kasan dauerte acht Tage – das entspricht den acht äußeren Kapellen. Die Hauptkirche symbolisiert den neuten Tag, an dem die Tatarenhauptstadt in die Hände des Zaren fiel.

Ein anderes Erklärungsmuster für die acht äußeren Kirchen bezieht sich auf die Summe aus Drei – für Dreifaltigkeit – und Fünf – Triumphzahl des Pantokrators (Christus als Weltenherrscher).

Kleine Innenräume

Auch wenn die Kirche von außen prachtvoll, märchenhaft und überaus reich erscheint, gibt sie sich im Inneren doch eher unspektakulär. Den Besucher erwartet kein gewaltiges Kirchenschiff, sondern ein Rundgang durch kleine Kapellen. Längst finden hier keine Messen mehr statt – die Basilius-Kathedrale ist seit der Oktoberrevolution ein Museum. Gleichwohl lohnt der Besuch Moskaus berühmtester Kirche, nicht zuletzt wegen der schönen Ausblicke auf den Kreml und den Roten Platz.

Das Innere der Kathedrale wird von den acht kleinen Kapellen bestimmt, die heute als Museum dienen (unten rechts).

Ein Palast zum Shoppen

Das GUM bereichert das spektakuläre Gebäudeensemble am Roten Platz um das größte Kaufhaus Russlands und einen der schönsten Konsumtempel.

ADRESSE:
Krasnaja Ploschtschad 3, auf der Ostseite des Roten Platzes

ÖFFNUNGSZEITEN:
tägl. 10-22 Uhr

ANFAHRT:
Metro: Ploschtschad Revoluzij, Ochotnyj Rjad, Kitaj-Gorod

Es gibt nur wenige Kaufhäuser auf dem Globus, die Weltruf genießen – Das „Staatliche Allgemein-Kaufhaus", auf russisch Gossudartwennyl Universalnyl Magasin, kurz GUM genannt, gehört mit Sicherheit dazu. Und das nicht nur wegen seiner spektakulären Lage am Roten Platz: Das GUM ist ein architektonisch überaus beeindruckender Handelspalast, in dem sich heute so einzigartig wie exklusiv shoppen lässt.

Schon die Maße des Gebäudes, das mit seinen Miniaturstraßen, Brücken und Galerien wie eine kleine Stadt wirkt, sind beeindruckend: Auf einer Länge von 250 Metern und einer Gesamtfläche von über 75 000 Quadratmetern bieten 150 Geschäfte ein märchenhaft anmutendes Kauferlebnis, in dem kein Wunsch unerfüllt bleiben muss.

Das war allerdings nicht immer so. Denn in der zentralen Planwirtschaft der Sowjets wurde der Bedarf der Hauptstadtbewohner vorausberechnet. Die Zuteilungen pro Kopf waren allerdings meistens nur sehr knapp bemessen. Trotzdem war das GUM von jeher für alle Sowjetbürger der ersehnte Konsumtempel, in dem die Auswahl natürlich größer war, als etwa in den entfernten Winkeln des Riesenreichs. So kauften die Inlandsreisenden immer wieder den verärgerten Moskauern die ihnen zugeteilten Waren vor der Nase weg.

Handelsplatz mit Tradition

Das GUM ist aus einer Reihe von einzelnen Handelshäusern entstanden, die einst hier standen. Im Jahre 1888 beauftragte Nikolaus II. den Petersburger Baumeister Pomeranzew mit ihrer Neuerrichtung, die bis 1894 andauerte. Es entstand ein prachtvoller Gebäudekomplex, welcher einerseits den Anforderungen des Warenhandels entspricht und andererseits Schönheit und Glanz in das bauliche Zentrum Moskaus bringt.

Die drei nebeneinander liegenden Ladenpassagen mit jeweils zwei Etagen sind durch ein feingliedriges Glasdach verbunden. Diese Architektur verleiht dem großen Gebäude sogar eine gewisse Leichtigkeit.

In Moskau wohnen heute mehr Millionäre als anderswo auf der Welt. Und wenn sie shoppen gehen, dann ist das GUM erste Wahl: Es beherbergt heute die Läden der feinsten und angesagtesten Modemarken. Hier bekommt man alles, was gut und sehr teuer ist: von der Luxusuhr bis zum Designerkleid.

Das GUM ist nicht nur eines der größten, sondern sicherlich auch eines der schönsten Kaufhäuser der Welt (oben).

Die reich verzierte Fassade wird zur Weihnachtszeit mit Tausenden von Glühbirnen erleuchtet (unten links).

In den drei großen, glasüberdachten Passagen haben sich die großen Luxusmarken und viele Edelboutiquen eingemietet (unten rechts).

Zeugnis lebendigen Glaubens

Die **KIRCHE DER GOTTESMUTTER VON KASAN** ist ein Ort der Besinnung und des Gebets am Rande des Roten Platzes.

ADRESSE:
Nikolskaya ul. 3

ÖFFNUNGSZEITEN:
tägl. 8-19 Uhr

ANFAHRT:
Metro Ochotnyj Rjad

Die Kirche der Gottesmutter von Kasan am Roten Platz wirkt zwischen den Prachtbauten des Historischen Museums und des GUM klein und geduckt – und trotzdem selbstbewusst. Mit ihrer fast fröhlichen rotweißen Fassade will sie gar nicht so recht in das ansonsten monumentale Umfeld passen – und tut es gerade deshalb. Am Rande des ansonsten bunt bevölkerten Platzes ist sie ein Ort der Stille und des Glaubens – und zieht gerade deshalb die Menschen besonders an.

Die Kasaner Kathedrale, wie die Kirche auch kurz bezeichnet wird, ist so ein Sinnbild für den lebendigen Glauben in Russland. Das Streben nach westlichen Standards, nach einem modernen Lebensstil mit Luxus und Statussymbolen ist in Moskau allgegenwärtig. Doch genauso unverkennbar ist, wie tief der orthodoxe Glaube in den Menschen verankert ist.

Daran haben auch die schweren Repressalien der Sowjets nichts ändern können. Nicht nur, dass die Kommunisten – genau wie Napoleon – Kirchen und Klöster als Pferdeställe und Gefängnisse missbrauchten: Die Christen wurden im ganzen Land von den Rotbrigadisten regelrecht verfolgt und in Lagern interniert. Mitte der 30er Jahre des letzten Jahrhunderts gab es gerade mal noch eine Hand voll Kirchen, in denen die Liturgie gelesen werden konnte. Und: Man riss Kirchen und Klöster ab, wo man nur konnte.

Das hat sich mit dem Niedergang der Sowjets drastisch geändert. Heute erlebt die russisch-orthodoxe Kirche eine regelrechte Renaissance. Nicht nur, dass verstaatlichter Besitz in die Kirchenhände zurück gelangte und allerorts Kirchen und Klöster renoviert werden – 2006 hat Präsident Putin, der sich betont gläubig gab, sogar den Religionsunterricht an den staatlichen Schulen wieder einführen lassen.

Die Kasaner Kathedrale ist – nicht nur wegen ihrer prominenten Lage – ein besonders ausdrucksvoller Beleg für die jüngere Geschichte der orthodoxen Kirche in Russland.

Eine Kirche für eine Ikone

1612 befreit Fürst Poscharskij Moskau und damit Russland von der polnisch-litauischen Fremdherrschaft. Mit sich führt er eine Ikone: die der Gottesmutter von Kasan. Fortan wird sie als wundertätig verehrt und man baut ihr 1635 eine eigene Kirche am Roten Platz. Diese wird im typisch russischen Stil errichtet.

Stalin allerdings fühlt sich durch sie bei seinen Mai- und Revolutionsparaden gestört. Er lässt die Kirche abreißen und die heilige Ikone geht vorübergehend verloren. Erst später erfährt man, dass das russische Heiligtum eine neue, sichere Heimat im Vatikan gefunden hat.

Mit der Perestroika kommt 1990 die lange Zeit für unmöglich gehaltene Wiederauferstehung der Kirche: Sie wird an ihrem ursprünglichen Platz originalgetreu neu aufgebaut. Und: 2004 gibt Papst Johannes Paul II. die von ihm sehr verehrte Ikone der Gottesmutter von Kasan an die russisch-orthodoxe Kirche zurück. Er setzt damit ein Zeichen der Versöhnung zwischen Ost- und Westkirche.

Heute verneigen sich die Gläubigen wieder vor ihrem Heiligtum. Die bewachte Tür der Kasaner Kathedrale steht täglich allen Menschen offen, die inmitten des hektischen Alltags der Metropole Fürbitte und Beistand suchen. Und das sind nicht nur alte Mütterchen: Auch viele junge Menschen leben hier ihren Glauben und zeigen, dass der orthodoxe Glaube nach wie vor lebt.

Über dem Eingang befindet sich ein großes Mosaik, das das Heiligtum der Kirche, die Ikone der Gottesmutter von Kasan, zeigt (oben links).

Fröhlich und selbstbewusst wirkt die kleine Kirche inmitten der großen Gebäude am Roten Platz (rechts).

Heute kann die heilige Ikone in der Kirche wieder verehrt werden (unten links).

Große Geschichte

Das **HISTORISCHE MUSEUM** zeichnet Russlands Werdegang von den Anfängen bis heute nach.

ADRESSE:
Kranaja pl. 1/2

ÖFFNUNGSZEITEN:
tägl. außer Di 11-19 Uhr, erster Mo im Monat geschlossen

ANFAHRT:
Metro: Ploschtschad Rewoljuzii

Die märchenhafte Basilius-Kathedrale findet auf der Gegenseite ein großes architektonisches Pendant: das Historische Museum. Der rote, mächtige Backsteinbau schließt den berühmten Platz zur belebten City hin ab. Seine verspielte Hauptfassade, die von vielen kleinen Türmchen, Vorsprüngen und Zeltdächlein bestimmt wird, mutet wie ein Märchenschloss an, das sich in die große Stadt verirrt hat.

Doch genau dieser Eindruck ist gewollt: Als 1872 die Archäologische Gesellschaft den Auftrag für ein neues Museumsgebäude auf dem Roten Platz gab, sollten sich die Baumeister an der gegenüberliegenden Basilius-Kathedrale orientieren. So entstand an dem Ort, an dem einst Moskaus erster Universitätsbau stand, eine mit unzähligen Gestaltungselementen geschmückte Fassade. Und das Gebäude selbst zählt zu den Stadtbild prägenden Architekturhighlights.

Moskaus Nationalmuseum

Im reich geschmückten Inneren erzählen fast 45 000 Exponate die Geschichte Russlands nach: Von den Anfängen des Kiewer Rus über Tataren- und Zarenherrschaft bis hin zur Oktoberrevolution wird in diesem Nationalmuseum die spannende Historie lebendig.

In den 48 Sälen ist dabei nur ein Bruchteil der gigantischen Sammlung von mehr als 4,5 Millionen Einzelstücken zu bewundern. Der größte Teil von ihnen gelangte erste durch die Verstaatlichungen nach der Oktoberrevolution in den Museumsbesitz.

So reich geschmückt sich das Äußere des Historischen Museums gibt, so aufwändig ist auch das Innere gestaltet. Besonders sehenswert sind die Deckenmalereien in der großen Eingangshalle, die russische Persönlichkeiten darstellen (unten links).

Beeindruckende Rückansicht

Zu den Besonderheiten dieses Gebäudes zählt, dass auch seine Rückseite von bestechender Schönheit ist. Das Historische Museum trennt nämlich den Roten Platz vom Manegenplatz. Die Rückansicht des Gebäudes liegt deshalb genauso prominent im Blickwinkel wie die Vorderseite. Allerdings gibt sich das Gebäude hier nicht ganz so verspielt, sondern klarer gegliedert.

Vor dem Museum steht hier ein großes Denkmal: die Reiterstatue Georgij Schukow, des legendären Generals der sowjetischen Armee. Er war es, der im Zweiten Weltkrieg die Wehrmacht stoppte, Berlin eroberte und die deutsche Kapitulation entgegennahm. Die Statue zeigt den später in Ungnade gefallenen Oberbefehlshaber, wie er richtungsweisend nach vorn zeigt. Sein Pferd zertritt dabei Hakenkreuz und Reichsadler.

Der Eingang zum Roten Platz

Seitlich des Historischen Museums – zur Kirche der Gottesmutter von Kasan hin – ist das beeindruckende Auferstehungstor angebaut. Es bildet zusammen mit dem Historischen Museum eine architektonische Einheit. Der große Bau wird von zwei spitz zulaufenden Türmen bestimmt, auf deren Spitzen russische Doppeladler sitzen.

Auch dieses Tor fiel dem vernichtenden Abrisswahnsinn Stalins zum Opfer. Der ursprünglich aus dem 16. Jahrhundert stammende Bau wurde in den 1990er Jahren wieder originalgetreu aufgebaut. Heute bildet das Doppeltor die Schnittstelle zwischen der hektischen City und dem verkehrsberuhigten Roten Platz.

Die Rückseite des Historischen Museums bietet ein genauso beeindruckendes Bild wie die Hauptfassade. Das Reiterdenkmal zeigt Georgij Schukow, den Bezwinger der Deutschen im Zweiten Weltkrieg (oben).

Der große Backsteinbau schließt den Roten Platz zur City hin ab. Zusammen mit dem Erlösertor, dem Haupteingang zu dem berühmten Platz, bildet es eine architektonische Einheit (unten rechts).

Die größte Kirche Russlands

Die **ERLÖSER-KATHEDRALE**, die 1997 wieder aufgebaut wurde, ist ein Neubau mit Tiefgarage und Restaurant.

ADRESSE:
Uliza Wolchonka

ÖFFNUNGSZEITEN:
tägl. 10–18 Uhr

ANFAHRT:
Metro: Kropotkinskaja

Russische Herrscher haben sich immer Denkmäler gesetzt – ganz gleich, ob sie Zaren oder Patriarchen, Provinzfürsten oder Stadtregenten waren. Und ohne diese Denkmäler wäre Russland nicht eine der weltweit bekanntesten Kulturlandschaften.

An dem Geltungsdrang hat sich bis heute nichts geändert. Vor allem die Stadtregenten Moskaus sehen sich nach wie vor dieser Tradition verpflichtet – allen voran Oberbürgermeister Jurij Luschkow. Er ließ ein riesiges Denkmal für Peter den Großen errichten und die Erlöser-Kathedrale neu aufbauen – die größte und modernste Kirche Russlands.

Westlich des Kremls, direkt an der Moskwa, erhebt sich das gigantische Gotteshaus über die Dächer der Stadt – genau an der Stelle, an der auch der ursprüngliche Sakralbau stand. Das Original wurde 1838 bis 1888 als Gedächtniskirche für den russischen Sieg über Napoleon errichtet. Der renommierte Architekt Konstantin Thon vollendete mit dem 103 Meter hohen Kuppelbau seinerzeit nicht nur eines der ehrgeizigsten, sondern auch prachtvollsten und teuersten Bauprojekte der Stadtgeschichte. Allein die goldenen Kuppeln waren mit 425 kg Gold verziert.

Ein Dorn im Sowjetstaat

Doch die Monumentalität der Kathedrale als weithin sichtbares Symbol des orthodoxen Glaubens wurde ihr nach der Oktoberrevolution zum Verhängnis. Für Stalin war sie ein Dorn im Auge des neuen sozialistischen Russlands. Der Diktator ließ die Kirche – aller Schönheit und der kulturhistorischer Bedeutung zum Trotz – 1931 kurzerhand sprengen.

An ihrer Stelle sollte ein Symbol des neuen Geistes und eine Demonstration sowjetischer Macht entstehen: das gigantische Gebäude des Palasts der Sowjets. Angeblich ließ Stalin die Säulen der gesprengten Kathedrale beim Bau der Universität verwenden und ihren Marmor in der Metro verbauen.

Die Pläne des Diktators scheiterten jedoch zunächst an einem zu schwachen Fundament. Wegen der technischen Probleme, aber auch auf Grund des Eintritts der Sowjets in den Zweiten Weltkrieg, wurden die Arbeiten an dem Palast eingestellt – und so verschwand das Gigantomanieprojekt des 1953 verstorbenen Sowjetführers in der Versenkung.

Auf dem exponiert mitten in Moskau gelegenen Areal realisierte man stattdessen 1960 ein anderes Großprojekt: das größte Schwimmbad der Welt. Als 1993 das Bad wegen Baufälligkeit geschlossen wurde, meldete die inzwischen wieder erstarkte russisch-orthodoxe Kirche Ansprüche auf ihr ehemaliges Eigentum an. So nahm der Wiederaufbau der Erlöser-Kathedrale konkrete Gestalt an.

Unübersehbar und erhaben thront der Neubau der Erlöser-Kathedrale an den Ufern der Moskwa (oben links).

Das Kircheninnere beeindruckt vor allem mit seiner 103 Meter hohen Kuppel, die nach klassischen Vorbildern ausgeschmückt wurde (oben rechts).

Abends strahlt die Kathedrale in gleißendem Licht – einer der schönsten Anblicke des nächtlichen Moskaus (unten).

Zeichen einer neuen Zeit

Für Oberbürgermeister Jurij Luschkow galt es als Prestigeprojekt und als „Symbol der geistig moralischen Wiedergeburt Russlands“. Unermüdlich warb er für die finanzielle Unterstützung des Wiederaufbaus und sammelte allein über 200 Millionen Dollar private Spendengelder.

So konnte am 7. Januar 1995 Patriarch Alexeij II. den Grundstein für die neue Kirche legen. Pünktlich zum 850. Stadtjubiläum wurde dann der Bau nach nur vier Jahren Bauzeit fertiggestellt. Bis jedoch auch das letzte Fresko angebracht war, dauerte es noch einmal zwei Jahre.

Entstanden ist dabei allerdings keine Eins-zu-Eins-Kopie des Originals, sondern ein in vielerlei Hinsicht außergewöhnlicher Neubau. Im Inneren der beeindruckenden Kirche sind beispielsweise Namen verstorbener Soldaten neben denen der beteiligten Sponsoren in Alabaster eingraviert. Unter dem Gebäude befinden sich eine Tiefgarage mit Zugang zum Altarraum, eine Hostienbäckerei sowie ein Museum und außerdem ein Restaurant.

Besonders beeindruckend ist der Blick von der Kirchenkuppel auf die Stadt, den man aber nur im Rahmen einer Führung genießen kann.

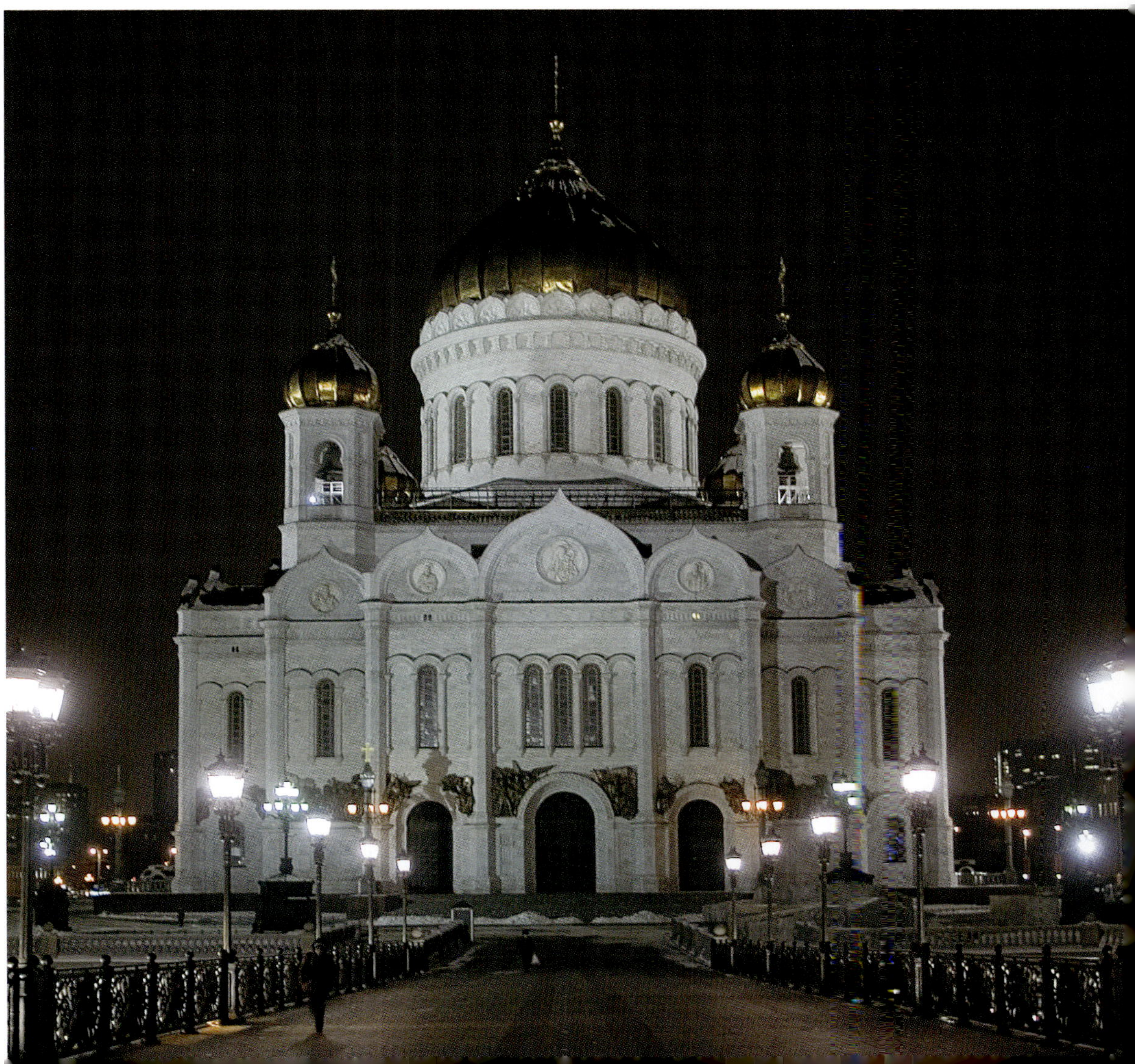

Stadt der Kirchen und Klöster

Auch jenseits von Weltkulturerbe und weltberühmten Sehenswürdigkeiten ist Moskau reich an faszinierenden und wertvollen Sakralbauten.

Ob eingezwängt zwischen Hochhäusern, einsam am Schnellstraßenrand oder geduckt hinter dicken Bauzäunen, ob freistehend auf grünen Wiesen, versteckt hinter Klostermauern oder majestätisch auf Hügeln thronend – überall in Moskau stößt man auf kleine romantische Kapellen, reichhaltig ausgestaltete Kirchen oder gar kathedralenartige Sakralbauten. Und selbst, wenn das dunkle Kapitel der sowjetischen Herrschaftszeit unzählige Kirchen vernichtet hat: Moskau ist und bleibt die Stadt der Kirchen und Klöster.

Lohnende Entdeckungsreisen

Wer sich auf den Weg macht, sie zu erkunden, findet architektonische Perlen und kulturhistorische Kostbarkeiten ersten Ranges. Anderswo würde man sich mit ihnen rühmen, doch in Reiseführern oder Stadtbeschreibungen zu Moskau fehlt oftmals selbst die kleinste Erwähnung. Häufig sind nicht einmal die Namen der sakralen Schätze aufgeführt.

Zu den zahlreichen Kirchen gesellen sich umfassende Klosteranlagen, vor allem in den Außenbezirken der Metropole. Standen sie einst als trutzige Wehranlagen allein auf weiter Flur, so sind sie heute von der enorm wachsenden Metropole einverleibt und drohen somit fast im Stadtbild unterzugehen.

Man muss sich also regelrecht auf die Suche machen und Zeit investieren, auch wenn man nur die kulturhistorisch wichtigsten von ihnen auffinden und entdecken möchte. Aber der Einsatz lohnt auf jeden Fall – wie z. B. bei der Weber-Kirche unweit des Kremls oder der Dreifaltigkeitskirche von Nikitniki in der Innenstadt.

Ein paradiesisches Kloster

Weiter draußen, etliche Metro-Stationen vom Kreml entfernt, stößt man auf größere Kirchen und Anlagen, wie zum Beispiel auf die Krutizkij-Klosterresidenz an der Moskwa. Auf einer kleinen Anhöhe hatte man bereits im 13. Jahrhundert ein Kloster errichtet, von dem aus später Kirchengeschichte geschrieben wurde: Hier hatte nämlich im 16. und 17. Jahrhundert der Metropolit der Donauregion seinen Sitz. In dieser Blütezeit des Klosters muss es einer der beeindruckendsten Orte Russlands gewesen sein, den man sogar als kleines Paradies umschrieb.

Niedergang unter Katharina

Aber das änderte sich mit Katharina der Großen, die das Kloster auflöste. Unter der Sowjetregierung setzte dann der absolute Niedergang ein: Die Kommunisten benutzten diese Anlage als Kaserne und Gefängnis. Heute finden in der zentralen Kirche des Klosters, der Mariä-Entschlafens-Kirche, wieder Gottesdienste statt. Überdies ist man dabei, die gesamte Anlage, deren Hauptfassade ein Meisterstück altrussischer Baukunst ist, zu restaurieren.

Märchenhafte Kirche

Am anderen Ende der Stadt wartet eine wunderschöne kathedralenhafte Turmkirche darauf, aus ihrem Dornröschenschlaf geweckt zu werden: die beeindruckende Mariä-Schutz-und-Fürbitte-Kirche in Fili.

Fast märchenhaft mutet der aus roten Ziegeln und weißem Kalkstein gebaute Gottespalast mit seinen goldenen Kuppeln, die sich hoch in den Himmel strecken, an. Nicht minder faszinierend ist der Innenraum, der von meisterhaften Holzschnitzwerken und einer überaus wertvollen Ikonostase beherrscht wird.

Dies sind nur wenige Beispiele für die enorme Vielfalt der zumeist faszinierenden Sakralbauten im Moskauer Stadtgebiet. Es lohnt sich fast immer, bei einem Bummel durch die Stadt auch einmal eine der weniger bekannten Kirchentüren aufzustoßen und die Pracht und Mystik der Gotteshäuser zu genießen.

Märchenhaft mutet die Mariä-Schutz-und-Fürbitten-Kirche in Fili an, deren Inneres dem faszinierenden Äußeren in nichts nachsteht (links).

Die kleine Dreifaltigkeitskirche wartet wie so viele andere Kirchen in Moskau darauf, entdeckt zu werden (oben rechts).

Die Krutizkij-Klosterresidenz beschrieb man einst als kleines Paradies. Heute arbeitet man daran, die Anlage wieder herzustellen (unten rechts).

Russlands Kunsttempel

Die berühmte **TRETJAKOW-GALERIE** schlägt das faszinierende Bilderbuch der russischen Kunstgeschichte auf.

ADRESSE:
Lawruschinskij Pereulok 10

ÖFFNUNGSZEITEN:
tägl. 10-19.30 Uhr, Mo Ruhetag

ANFAHRT:
Metro: Tretjakowskaja, Poljanka

Wenn es ein Museum in Moskau gibt, das man unbedingt gesehen haben sollte, dann ist dies die Tretjakow-Galerie: Nicht nur, dass sie das größte Museum Moskaus ist, die Galerie zählt zu den weltweit bedeutendsten ihrer Art.

Über hunderttausend Kunstwerke, die im Museumsbesitz sind und ausschließlich von russischen und sowjetischen Künstlern geschafften wurden, werden hier ausgestellt. Sie geben einen einmaligen Überblick von der mittelalterlichen Malerei bis zur Plastik des 20. Jahrhunderts.

Vor allem aber beherbergt der klassizistische Gebäudekomplex im Süden Moskaus die sicherlich größte und wertvollste Ikonen-Sammlung der Welt. Wer sich den Schätzen der Tretjakow-Galerie widmet, schlägt ein reich geschmücktes Bilderbuch der russischen Kunstgeschichte auf.

Pawels Vermächtnis

Der Name Tretjakow geht auf Pawel Tretjakow zurück, dessen Villa auch heute noch den Kern des Museums

Die Tretjakow-Galerie zeigt russische Malerei vom 11. bis zum 20. Jahrhundert, darunter viele im Westen weitgehend unbekannte Meisterwerke (unten links).

bildet. Er war der Sohn einer reichen Moskauer Familie und interessierte sich schon bald mehr für Kunst, als für die Textilbetriebe seines Vaters. Als der junge Kaufmann 1856 „Die Versuchung“ von Nikolaus Schilder kaufte, schlug die Geburtsstunde des bekanntesten Museums Moskaus.

Immer mehr Vermögen investierte Pawel in die moderne Kunst seiner Zeit. Bald musste er ein neues Gebäude an seine Villa anbauen, um die inzwischen enorme Anzahl gekaufter Meisterwerke unterzubringen.

Von der Privatsammlung zum bedeutenden Kunstmuseum

Was zunächst als wahllos zusammen getragene Sammlung begann, entwickelte sich Dank der Mithilfe des Künstlers Ilja Repin zu einer umfassenden Schau russischer Kunst. Repin gilt als einer der bedeutendsten Realisten der russischen Malerei. In seinem Werk finden sich auch herausragende Arbeiten, die der Historie Russlands gewidmet sind.

Bereits 1874 entschloss sich Pawel Tretjakow, sein Lebenswerk der Öffentlichkeit zugänglich zu machen. Nur kurze Zeit später brachte er seine gesamte Sammlung in ein Museum ein. Damit übereignete der kunstbesessene Kaufmann über 2000 Bilder und Skulpturen der Stadt Moskau. Selbstverständlich blieb die Museumsleitung in seiner Hand.

Auch wenn die Galerie schon zu Zeiten ihres Gründers ein sehenswertes Museum war: Ihre Weltbedeutung erlangte sie erst nach der Oktoberrevolution. Die Sowjets trugen hier die bedeutendsten Kunstwerke des ganzen Landes zusammen. Der Bestand der zwischenzeitlich Tretjakow-Museum genannten Sammlung wuchs vor allem durch die Verstaatlichung von Privat- und Kirchenbesitz.

Die bedeutendste Ikonensammlung der Welt

Durch diesen staatlichen Diebstahl entstand vor allem die bedeutendste Ikonsammlung der Welt. In einer Sonderabteilung sind die großen Heiligtümer der russisch-orthodoxen Kirche zu bewundern, allen voran die wohl berühmteste Ikone Russlands, die Gottesmutter von Wladimir.

Der Besuch des mittlerweile wieder Tretjakow-Galerie genannten Museums lohnt aber nicht nur ihretwegen: Seit 1995 sind in den über sechzig vollständig renovierten Sälen Meisterwerke vom 11. bis Anfang des 20. Jahrhunderts ausgestellt. Dabei kann man vor allem auch die Arbeiten von im Westen nahezu unbekannt gebliebenen Künstlern entdecken. Dazu zählt zum Beispiel Alexander Iwanow, dessen Werke mit denen Raphaels und Michelangelos vergleichbar sind.

Am Museumsgründer führt selbst heute – im wahrsten Sinne des Wortes – kein Weg vorbei: Direkt vor dem Haupteingang des Museums wurde Pawel Tretjakow ein Denkmal gesetzt. Die Büste, die den großen Kunstförderer zeigt, ist ein Werk des Moskauers Alexander Kibalnikow.

Die Säle des berühmten Museums sind in den 90er Jahren komplett renoviert und thematisch neu geordnet worden (oben links).

Die hier ausgestellten Ikonen zählen zu den wertvollsten Kulturschätzen Russlands. Sie stammen alle aus Kirchenbesitz, der nach der Oktoberrevolution von den Sowjets beschlagnahmt wurde (oben rechts).

Der Blick nach Westen

Im **PUSCHKIN-MUSEUM** ist die Welt der westlichen Kunst zu Gast: von der Antike bis zur Moderne.

ADRESSE:
Wolchonka 12

ÖFFNUNGSZEITEN:
tägl. 10-19 Uhr,
Mo Ruhetag

INTERNET:
www.museum.ru/gmii

ANFAHRT:
Metro: Kropotkinskaja,
Aleksandrowskij Sad
Borowizkaja

Schon seit Peter dem Großen richtete sich der sehnsuchtsvolle Blick der Russen gen Westen, der für die meisten Menschen unerreichbar weit und doch kulturell derart faszinierend war. Und nirgendwo sonst in Moskau als im Puschkin-Museum der Bildenden Künste konnte man diese Sehnsucht so intensiv ausleben: Vor allem während der Sowjetzeit bot die weltberühmte Sammlung die einzige Möglichkeit, westliche und besonders die von den Russen geliebte französische Kunst und Kultur zu erleben.

In der Wolchonki-Straße, nur wenige Schritte vom Borowizki-Torturm des Kremls, der Erlöserkirche und der Lenin-Bibliothek entfernt, befindet sich dieses äußerst reiche und sehenswerte Staatliche Museum der bildende Künste A.S. Puschkin, kurz Puschkin-Museum genannt. Der repräsentative, neoklassizistische Bau beherbergt zahlreiche bedeutende Werke vieler westeuropäischer Meister – im Original oder als Kopie. Seinen Weltruf verdankt es seinem Bestand an ausländischer, insbesondere französischer Kunst.

Anschauungsunterricht in Kunst

Doch als das Puschkin-Museum 1912 mit Hilfe von Spendengeldern gegründet wurde, sollte es zunächst nur Kopien berühmter Bildwerke aller Kulturen und Kunstepochen ausstellen. Man wollte den Studierenden des Lehrstuhls für Kunstgeschichte eine plastische Anschauung der westlichen Kunstgeschichte bieten. Seit damals ist ein Bestand von heute über Tausend Kopien und Originalen der Altertümer aus dem Vorderen Orient, aus Ägypten, Griechenland und Byzanz

Die antiken römischen und griechischen Statuen bildeten die Basis des ursprünglichen Museums der Bildenden Künste. Sie werden sowohl innen als auch im Außenbereich präsentiert (unten).

Die prunkvolle, neoklassizistische Architektur des Puschkin-Museums verbindet sich mit der üppigen Kunst seiner Sammlungen aus der Antike (oben).

Seinen Weltruf erlangte das Puschkin-Museum durch die Präsentation einer der besten Impressionisten-Sammlungen (unten rechts).

sowie aus der Antike und der Renaissance herangewachsen. Darunter finden sich bis ins kleinste Detail ausgearbeitete Gipsabdrücke von Originalen wie dem Pharaonensarg oder Michelangelos David.

Die Bedeutung des Museums vergrößerte sich erst nach der Oktoberrevolution: Durch die Verstaatlichung von Privatbesitz gelangten erhebliche Kunstbestände in den Besitz der Moskauer Museen. Der ursprünglichen Idee folgend konzentrierte sich das Puschkin-Museum auf nichtrussische und nichtsowjetische Kunst. Hier wurden auch nach der Auflösung des einzigen Moskauer Museums für moderne westeuropäische Kunst nach dem Zweiten Weltkrieg dessen Sammlungen der französischen Impressionisten und Kubisten aufgenommen.

Unter den französischen Werken des Puschkin-Museums befinden sich bedeutende Werke der Klassizisten David, Fragonard, Watteau, Poussin, der Impressionisten Cézanne, Manet, Monet und Vertreter der Moderne wie z. B. Matisse. Auch Italiener wie Botticelli, Perugino und Tiepolo sowie Spanier wie El Greco, Murillo, Velázquez, Zurbarán und Picasso sind hervorragend vertreten. Daneben zeigt das Puschkin-Museum auch Bilder der Flamen Rubens, Jordaens, und van Dyck und der Holländer Rembrandt, de Hooch und van Gogh.

Der Priamos-Schatz

Als feste Sonderausstellung präsentiert das Puschkin-Museum im siebten Saal einen der größten Kunstschätze der Welt: den jahrelang verschollenen und sagenumwobenen Priamos-Schatz – das Gold von Troja. Das Herzstück dieses Kulturerbes ist das Große Diadem aus purem Gold, das vor über 4500 Jahren aus 16 337 Einzelteilen gefertigt wurde.

Wie bei allen großen Museen dieser Welt ist in den Ausstellungsräumen nur ein Bruchteil der Sammlung zu sehen. Aber immer wieder bietet das Puschkin-Museum so brillante wie umfangreiche Sonderausstellungen zu bestimmten Epochen, Künstlern oder Werkreihen. Und immer wieder überrascht dabei die Museumsleitung die Kunstwelt mit Ausstellungsstücken, die man hier nicht vermutet. Ein Besuch dieses wunderbaren Museums lohnt allein schon deshalb immer wieder aufs Neue.

Erinnerung an Dichter und Denker

Die **JUGENDSTIL-VILLA VON MAXIM GORKI** – sicher das schönste unter den vielen Museen, mit denen Moskau seiner Dichter gedenkt.

Zu den erstaunlichen Seiten der russischen Seele zählt die Inbrunst, mit der dieses Volk seine herausragenden Dichter und Denker, aber auch Komponisten, Musiker und bildenden Künstler verehrt. Während man in den meisten anderen Kulturhauptstädten der Welt überwiegend auf Statuen berühmter Herrscher oder Feldherrn trifft, begegnet man in Moskau an vielen Ecken den Portraits weltberühmter Dichter und Denker wie Tolstoi, Puschkin oder Gorki.

Jedes Grundschulkind kennt bereits ihre Namen – und das bestimmt auch deshalb, weil Museumsbesichtigungen fester Bestandteil des Unterrichts sind. Und die führen nicht nur in die großen Galerien, sondern auch in die kleinen, aber feinen Museen, die den berühmten Kulturschaffenden gewidmet sind. So findet sich zum Beispiel im Herzen der Stadt, auf dem Arbat, ein Tolstoi-Museum.

Die architektonisch schönste unter den Gedenkstätten ist aber ohne Zweifel das Maxim-Gorki-Museum in der Villa Rjabuschinskaja, dem sogenannten Schechtel-Haus, eine der herausragendsten Jugendstil-Villen der Welt.

Auf Befehl Stalins war das architektonische Kleinod 1931 dem russischen Schriftsteller übergeben worden, der hier die letzten fünf Jahre seines Lebens verbrachte. Zu dieser Zeit war die freistehende, zentrumsnah gelegene Villa ein geistiger Mittelpunkt, gaben sich hier doch internationale Schriftsteller und Politiker die Klinke in die Hand. Auch Lenin soll hier zu Gast gewesen sein.

Detailreiches Gesamtkunstwerk

Die Villa selbst wurde zu Beginn des neunzehnten Jahrhunderts im Auftrag des Moskauer Kaufmanns Rjabuschinskij von dem Architekten Fjodor Schechtel erbaut. Dieser konzipierte das zwischen 1900 und 1902 errichtete Haus als ein Gesamtkunstwerk, das innen wie außen mit reicher Ornamentik ausgestaltet ist, die immer wieder die Form eines Lorbeerblattes aufgreift.

Dabei ist das Gebäude im Stadtbild nicht zu übersehen, sticht es doch mit seinen asymmetrischen Mauervorsprüngen, einem umlaufenden Mosaikfries und unterschiedlich gestalteten Balkonen aus dem sonstigen architektonischen Einerlei deutlich heraus.

Spektakuläre Treppe

Das eigentliche Highlight des Gebäudes ist das zentral angeordnete Treppenhaus mit seiner einzigartigen, organisch geschwungenen Treppe, die von einem reich verzierten, spitzen Glasdach belichtet wird.

Die gesamte Inneneinrichtung wurde von Schechtel persönlich und im Sinne eines Gesamtkunstwerkes konzipiert und besitzt von der Lampe bis zum Kamin das Grundmotiv eines Lorbeerblattes. Damit ist die Villa Rjabuschinskaja ein Musterbeispiel für die Jugendstil-Architektur. Diese Baurichtung wird auch als Stil Modern bezeichnet.

Wie in Moskau üblich, ist auch dieses Privathaus eines bekannten Künstlers, des revolutionären „Vorzeige-Schriftstellers" Maxim Gorki, als Museum der Öffentlichkeit zugänglich. Hier lässt sich ein Einblick in das Leben Gorkis gewinnen. Seine über 12 000 Bücher umfassende Privatbibliothek und viele Originalaufzeichnungen sind in den Jugendstilräumen einsehbar. Gorki hat sich während seines Lebens auch im Westen – vor allem in Italien und Deutschland – aufgehalten.

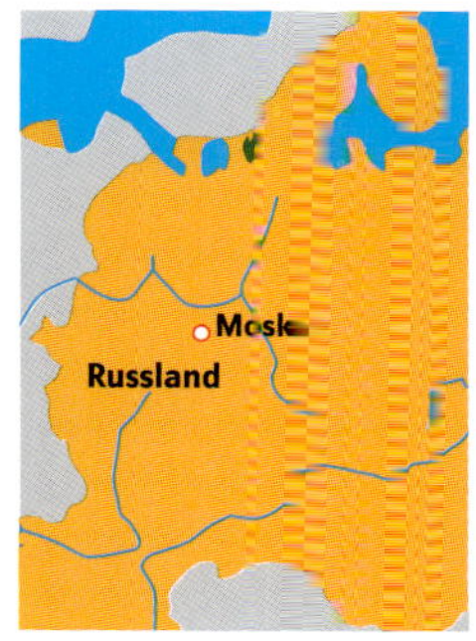

ADRESSE:
Malaja Nikitskaja Uliza 6/2

ÖFFNUNGSZEITEN:
tägl. 12-18.30 Uhr, Mo Ruhetag

ANFAHRT:
Metro: Arbatskaja, Puschkinskaja

Architektonisches Highlight ist die Jugendstiltreppe (links).

Diese Büste Gorkis steht heute in seinem Wohnzimmer (oben).

Die Villa Gorkis ist ein Juwel des russischen Stil Modern (unten).

Russlands Prima Ballerina

Das **BOLSCHOI-THEATER** zählt weltweit zu den ersten Adressen unter den Ballethäusern und ist zugleich Moskaus älteste Theaterstätte.

ADRESSE:
Theatralnaja Platz 1

INFO-HOTLINE:
+7 495 / 292 99 86
10-19 Uhr

TELEFON DER KASSEN:
+7 495 / 250 73 17
10-19 Uhr

ANFAHRT:
Metro: Theatralnaja, Okhotny Rjad

ÖFFNUNGSZEITEN
Hauptkasse: tägl.
Kasse Neue Bühne: Di-So, 11-19 Uhr

INTERENT:
www.bolshoi.ru

Bolschoi – schon der Name lässt weltweit Ballettliebhabern und Kulturkennern einen Ehrfurchtschauer über den Rücken laufen. Er ist der Inbegriff erstklassigen Balletts und Russlands bekanntester Kulturexport. Selbst zu Zeiten der Sowjets, als kaum ein Staatsbürger Russland verlassen durfte, gaben die Bolschoi-Tänzerinnen und Tänzer Gastspiele in allen Teilen der Welt. Sie zählten damit zu den wenigen Künstlern, die seinerzeit die russische Kultur im Ausland repräsentierten.

Ihre Heimat ist das Bolschoi-Theater in Moskau. Das klassizistische Bauwerk ist ein Highlight der städtischen Architektur und zählt zu den schönsten Theatern der Welt. Den Weltruf repräsentiert die Bronzequadriga, die den Bau krönt: Ihr Schöpfer, Pjotr Klodt, lässt den griechischen Gott der Musen und des Lichts, Apollo, mit seinem Wagen die Sonne aus dem Firmament ziehen.

Das Bolschoi-Theater blickt auf eine über zwei Jahrhunderte alte Geschichte zurück. Seit seiner Gründung erlebte es mehrere Zerstörungen durch Brände und folgende Wiederaufbauphasen. Fürst Urussow erhielt 1776 vom Zaren das Alleinrecht, in Moskau Schau- und Singspiele aufzuführen und ließ 1780 ein Theater am heutigen Standort erbauen. Das Gebäude wandte sich mit seiner Fassade der Petrowka-Straße zu und wurde nach ihr Petrowkij-Theater genannt. Damals spielten und sangen auf der Bühne die Leibeigenen des Fürsten – die Keimzelle des Balletts war geboren.1825 erbaute der Hofarchitekt Ossip Beauvais nach einem Brand an derselben Stelle ein neues Theater, welches nach 25 Jahren ebenfalls ein Opfer der Flammen wurde. Schließlich entstand 1856 das heutige Bolschoi-Theater nach dem klassizistischen Entwurf des Italieners Alberto Cavos. Seine Fassade wird von acht herrschaftlichen Säulen

Seit Jahrzehnten begeistert das Bolschoi-Ballett mit immer wieder gleichen Inszenierungen, die mittlerweile genau so berühmt sind wie die Stücke selbst. Dazu zählt auch die Nussknacker-Suite von Tschaikowsky (unten links).

dominiert und von der Apollo-Quadriga gekrönt.

Durch zwei mächtige Holztüren hinter den Säulen betritt man das Foyer aus weißem Marmor und mit Gold belegtem Stuck. Die Zuschauer finden ihre Plätze auf insgesamt 2300 Sitzen in fünf Rängen, in deren Mitte die prunkvolle Zarenloge thront. Hier atmet die Pracht des Theatersaals Geschichte: Große russische Namen wie Rubinstein, Tschaikowsky, Rachmaninow oder hochkarätige Ausländer wie Richard Wagner prägen seinen Geist.

In den 1920er und 30er Jahren konzentrierte sich das Bolschoi auf das Ballett und entwickelte sich zur besten Ballettbühne der Welt. Seitdem feiert man mit jahrzehntelang unveränderten Stücken wie Schwanensee große Erfolge. Der Erfolg liegt vielleicht darin begründet, dass das Ballett die widersprüchlichen Züge der russischen Seele verkörpert: Schwere und Leichtigkeit, Orthodoxie und Heidentum, Wildwuchs und grazile Arbeit an der Form.

Das klassizistische Theater zählt zu den architektonischen Highlights der Stadt (oben links).

Das bezaubernde Bühnenbild der Schwanensee-Inszenierung ist auch auf Gastspielen in der ganzen Welt zu sehen (oben rechts).

Die Bronze-Quadriga von Bildhauer Pjotr Klodt auf dem Dach des Bolschoi-Theaters zeigt Apollo, den Gott der Musen, im Sonnenwagen (unten rechts).

Moskaus Prachtstraßen

Der **ALTE ARBAT** und die **TWERSKAJA ULIZA** sind die Schlagadern der Stadt – hier pulsiert das Leben im Schatten historischer Fassaden.

ANFAHRT ARBAT:
Metro: Arbatskaja, Smolenskaja

ANFAHRT TWERSKAJA ULIZA:
Metro: Twerskaja, Majakowskaja, Ochotnyj Rjad

Wenn man Moskauer fragt, was neben Kreml und Kirchen zu den Hauptsehenswürdigkeiten der Stadt zählt, dann antworten sie mit Sicherheit: der Alte Arbat und die Twerskaja Uliza. Denn die beiden Prachtstraßen beherbergen nicht nur historischen Glanz, vielmehr sind sie der Stolz des modernen Moskaus: Hier befinden sich die schönsten Cafés und die beliebtesten Geschäfte, die meist besuchten Restaurants und viele der besten Hotels.

Dabei könnten die beiden Straßen nicht unterschiedlicher sein: Während der Arbat als einst erste Fußgängerzone mit Souvenirshops und fliegenden Händlern vor der Kulisse prachtvoller Villen hauptsächlich von Touristen besucht wird, ist die Twerskaja Uliza sechsspurig und vom Verkehr beherrscht. Dafür bietet sie den authentischeren Eindruck vom Leben der Metropole und der Geschäftigkeit des modernen Moskaus.

Die Inneneinrichtung des Delikatessengeschäfts Jelissejew gleicht eher einem Palast denn einem Ladenlokal (unten links).

Der Alte Arbat

Das Stadtviertel Arbat war schon im 15. Jahrhundert von orientalischen Siedlern bewohnt, die ihm mit dem arabischen Wort „rabat" seinen Namen gaben. Die Hauptstraße des Viertels war die wichtigste Haupthandelsstraße zwischen dem Kreml und Smolensk.

In der ersten Hälfte des 19. Jahrhunderts siedelten sich hier Künstler, Literaten, Schauspieler und Kaufleute an, die mit ihren Handelshöfen und Stadtpalais das Viertel prägten. Mit ihm sind so große Namen wie Gogol, Tolstoj, Tschaikowsky und Repin verbunden. Und: Im Arbat befand sich eine der intellektuellen Keimzellen, welche zur Oktoberrevolution führten.

Die Spuren der Künstler sind heute noch sichtbar: Im Palais Chitrowo auf dem Arbat Nr. 53, einem eleganten azurblauen Stadtpalais, hatte Puschkin seine Moskauer Wohnung bezogen. Auch Tschaikowsky lebte zeitweise in diesem Haus. Heute ist hier ein Puschkin-Museum eingerichtet. Daneben ist das Wohnhaus des Schriftstellers Andrej Belyj als Museum der Öffentlichkeit zugänglich.

Der Prachtbau des Konstruktivisten Konstantin Melnikow ist ein „Muss" beim Besuch einer Nebenstraße des alten Arbat, der Kriwoarbatskij Pereulok. Den Grundriss bilden zwei ineinandergreifende Zylinder, die damit einen Rundbau bilden. Die Fassade ist mit wabenartigen Fenstern durchbrochen.

Noch heute ist das Straßenbild des Alten Arbat von Künstlern bestimmt: Hier zeichnen sie Kohleportraits oder fertigen Scherenschnitte vornehmlich ausländischer Touristen. Oder sie verkaufen als Mitbringsel beliebte Tuschezeichnungen und Ölmalereien der Hauptsehenswürdigkeiten.

Die Twerskaja Uliza

Bereits im 14. Jahrhundert als Verbindungsstraße von Moskau nach Twer angelegt, war die Twerskaja Uliza die erste gepflasterte Straße Moskaus. Bereits Peter der Große zog auf ihr von der alten in die neue Hauptstadt. Im 18. Jahrhundert wird sie mehr und mehr zur beliebten Wohnstraße der feinen russischen Gesellschaft. Vor der Oktoberrevolution ist sie die prächtigste Straße Moskaus, geprägt von repräsentativen Bauten.

Doch der Glanz nimmt mit Stalin ein jähes Ende: Der Diktator lässt die inzwischen nach Maxim Gorki benannte Straße für seine Paraden auf vierzig Meter verbreitern. Ein kleiner Teil der historischen Gebäude wird „verschoben", viele werden einfach abgerissen. Trotzdem finden sich hier nach wie vor sehenswerte Bauten, wie das Hotel National und das Jermolowa-Theater, das Moskauer Rathaus oder das im Jugendstil erbaute, ehemalige Hotel Lux. Auf dem Puschkin-Platz, der die Straße unterbricht, steht ein großes Dichter-Denkmal.

Zu den unbestrittenen Highlights zählt ganz sicher das alte Moskauer Delikatessengeschäft Jelissejew. Im Inneren überaus reich mit Stuck und Blattgold ausgestaltet, gleicht es eher einem Palast, denn einem Ladenlokal. Wer hier einkauft, ahnt, welch elegante Prachtstraße die Twerskaja Uliza einmal gewesen sein muss.

Einige Prachtbauten an der Twerskaja Uliza lassen mit ihrem reichen Schmuck ahnen, welches Flair diese Straße einmal ausgestrahlt haben muss. Leider fielen zahlreiche der repräsentativen Bauten Stalins Vernichtungswahn zum Opfer (oben).

Im Palais Chitrowo auf dem Arbat hat man Puschkin ein Museum gewidmet, obwohl dieser nur kurze Zeit nach seiner Hochzeit hier lebte (unten rechts).

Stalins Zuckerbäckerei

Die sieben Schwestern heißen die **WOLKENKRATZER**, die lange alleine Moskaus Skyline prägten.

HOTEL UKRAINA: Kutusowskij Prospekt 2/1

HOTEL LENINGRADSKAJA: Kalantschewskaja Uliza 21/40

AUßENMINISTERIUM: Smolenskaja Ploschtschad

LOMONOSSOW-UNIVERSITÄT: Lomonossowskij Prospekt

MINISTERIUM FÜR SCHWERINDUSTRIE: Sadowaja-Spasskaja Uliza 21

APARTMENTGEBÄUDE: Kudrinskaja Ploschtschad

APARTMENTGEBÄUDE: Kotelnitscheskaja Nabereschnaja

Vor den Toren der Stadt steht die größte der sieben Schwestern: die Lomonossow-Universität (unten links).

Bereits 1933 hatte Stalin eine Vision: So wie die amerikanischen Wolkenkratzer den Kapitalismus verkörpern, sollte in Moskau eine neue Architektur entstehen, die der Größe des Sozialismus entspricht und seinen Geist widerspiegelt.

Aber es sollte noch bis 1947 dauern, bevor die Staatsmacht eine Verordnung zur Errichtung von entsprechenden Hochhäusern erließ. Darin heißt es: „Die Proportionen und Silhouetten dieser Gebäude sollen originell und in ihrer architektonisch-künstlerischen Komposition mit der historisch gebildeten Architektur der Stadt und der künftigen Silhouette des künftigen Palastes der Sowjets verbunden sein. Entsprechend sollen die Hochhäuser nicht die Muster der im Ausland bekannten Hochhäuser wiederholen."

Was daraus wurde, ist eine eigenwillige Hochhaus-Architektur mit vielen Aufbauten, Türmen, Türmchen und Dekorationen. Im Westen, wo man zu dieser Zeit bereits auf klare Sachlichkeit setzte, rümpften Kulturkritiker allerdings die Nase. Sie fühlten sich an Konditorwerk erinnert und taten so die neue sowjetische Architekturrichtung als „Zuckerbäckerstil" ab. Gleichwohl sind die Gebäude von einer ähnlichen Faszination wie die der amerikanischen Metropolen jener Zeit.

Zentraler Mittelpunkt der neuen Bauensembles sollte der Palast der Sowjets werden, von dem aus Standort, Höhe und Gestalt der Hochhäuser bestimmt wurden. An exponierten Plätzen, nach strategischen Gesichtspunkten wie bei einer gigantischen Festungsanlage, wurden die Monumente errichtet. Dafür durften die Architekten alles planieren, was sie für nötig hielten – ein unersetzbarer Verlust kulturhistorischen Baubestands war die Folge.

Das Projekt des gigantischen Palastes scheiterte jedoch an mangelnden bautechnischen Voraussetzungen. Stattdessen wurden 1947, anlässlich des bevorstehenden 800-jährigen Stadtjubiläums, acht Hochhäuser konzipiert, von denen man in den folgenden Jahren sieben verwirklichte: die Universität, das Außenministerium, je zwei Verwaltungsgebäude und Wohnhäuser sowie ein Hotel.

Wie die Gipfel eines Hochgebirges dominieren seitdem diese Symbole des sowjetischen Selbstbewusstseins als Silhouette die City und sind, gleichgültig aus welcher Perspektive, nicht zu übersehen. Mit ihrer Planung wurden nur die namhaftesten Architekten des Landes betraut. Nach dem Vorbild amerikanischer Wolkenkratzer aus den 1920er und 30er Jahren entstanden mit Ziegelsteinen ausgemauerte und mit Natursteinplatten verkleidete Stahlskelettbauten. Nur vier Jahre Bauzeit benötigte man, um die Mammutbauten fertigzustellen. Dies war allerdings nur möglich, weil man ganze Heerscharen von Zwangsarbeitern verpflichtete.

Das größte und bedeutendste dieser Hochhäuser ist die Lomonossow-Universität. Doch das Gebäude wirkt angesichts der vielen neuen Hochhäuser heute eher klein. So spricht der Volksmund auch nicht mehr von den „sieben Schwestern", sondern spöttisch von den „sieben Zwergen".

Das Außenministerium ist einer der Wolkenkratzer, die dem Wunsch Stalins entsprechend eine neue Architektur verkörpern sollten. Die Gebäude wurden bis ins letzte Detail geplant und mit eigenwilligem Schmuck ausgestattet. Westliche Architekturkritiker rümpften die Nase und sprachen von Zuckerbäckerei – zu Unrecht. Denn die „sieben Schwestern“ strahlen eine ähnliche Faszination aus wie die westlichen Wolkenkratzer der gleichen Jahre (rechte Seite).

Prachthallen des Handels

Moskau besitzt mit dem **ALLRUSSISCHEN AUSSTELLUNGS-GELÄNDE** eine der schönsten Messen der Welt. Einst repräsentierte es den Stolz der Sowjets.

ADRESSE:
GAO VVC, Estate 118, Prospekt Mira

ÖFFNUNGSZEITEN:
Mai-Oktober: 10-18 Uhr, Sa und So 10-19 Uhr; November-April: 10-17 Uhr, Sa und So 10-18 Uhr

ANFAHRT
Metro: WDNCh; Bus: 33, 56, 76, 93, 136, 154, 172,195, 239, 244, 803; Trolleys: 14, 48, 76; Straßenbahn: 11, 17

Die Sowjetführung war stets von sich selbst und ihren volkswirtschaftlichen Errungenschaften überzeugt. Und so wundert es nicht, dass man bereits kurz nach der Oktoberrevolution einen würdigen Rahmen schuf, um sich selbst, den Bürgern und der Welt zu zeigen, was man zu leisten im Stande war: das Allrussische Ausstellungszentrum.

Russland im Miniformat

Es war ein Russland in Miniaturform, was man dort der Welt auf einem goldenen Teller präsentierte: In 72 stalinistischen Ausstellungspalästen waren Sammelstücke aus Industrie, Wissenschaft und Kultur zu bestaunen. Sie stammten aus allen Regionen und Ländern der Sowjetrepublik. Nach dem Zweiten Weltkrieg wurde das Areal sogar noch einmal erweitert, so dass Architektur, Malerei, Film und Musik in einem einzigen Gesamtkunstwerk den sowjetischen Traum symbolisierten.

Eine riesige Allee führt auf den Pavillon Nr. 1 zu, einer 97 Meter hohen „Kathedrale“ im Zuckerbäckerstil. Dahinter folgt auf dem Platz der Kolchosen der Brunnen der Völkerfreundschaft, der spektakulärste seiner Art in Moskau: Hier tanzen fünfzehn vergoldete Bronzestatuen in den Trachten der Unionsrepubliken zu den Wasserspielen, die von 800 Fontänen aufgeführt werden.

Sechzehn Pavillons waren den Unionsrepubliken gewidmet und wurden mit landestypischem Schmuck ausgestattet: Kiefernzapfen schmücken den Bau Sibiriens, der Pavillon der Ukraine gleicht einer Kornkammer, und den Moskauer Pavillon ziert ein kleiner Kreml.

Ein besonderer Besuchermagnet war und ist der „Pavillon zur Weltraumausstellung“, der Exemplare der Sputnik-Satelliten, Raumanzüge oder Teile der Sojus-Raketen präsentiert. Hier kann man auch heute noch die wissenschaftlichen Glanzleistungen würdigen, die es der Raumfahrtlegende Juri Alexejewitsch Gagarin ermöglichten, als erster Mensch in den Weltraum zu fliegen.

Von der Schau zur Messe

Der Wind der Veränderung, der das alte Sowjetreich hinwegfegte, machte auch vor dem Allrussischen Ausstellungsgelände nicht Halt: Heute prä-

sentieren sich dort nicht mehr die Sowjetrepubliken, sondern internationale Konzerne. Hier hat die VVC, die Moskauer Messe, ihre Heimat gefunden. Moskau empfängt Hersteller und Besucher auf diesem außergewöhnlichen Messegelände, das es in dieser Art nirgendwo sonst auf der Welt gibt. Und der Andrang ist groß: Da Moskau eine Schlüsselfunktion in der Wirtschaft Russlands einnimmt und sich hier etwa 80 Prozent des Finanzpotenzials des Landes konzentrieren, ist das Allrussische Ausstellungsgelände einer der wichtigsten Handelsplätze Russlands. Hinzu kommt, dass die Region Moskau wichtigster Industriestandort des Landes ist und 60 Prozent der ausländischen Investitionen hierher fließen.

Das Areal ist aber weit mehr als nur ein klassisches Messegelände. Es ist zudem Vergnügungspark und Gartenschau zugleich.

Mit dem Gelände des Allrussischen Ausstellungszentrums besitzt Moskau eines der schönsten Messegelände der Welt (oben).

Jeder Pavillon ist individuell gestaltet und reichhaltig ausgeschmückt (unten links).

Am Brunnen der Völkerfreundschaft verkörpern bronzene Statuen mit ihrem Tanz um die Wasserfontänen die Union der Sowjetrepubliken (unten rechts).

Unterirdisches Kunstwerk

Die Stationen der Moskauer **METRO** gleichen kleinen Kunsthallen: Jede ist individuell gestaltet, reich und üppig ausgestattet.

STRECKENNETZ:
276 Kilometer, 12 Linien

STATIONEN:
170 Stationen, 22 unterirdisch

BEFÖRDERUNG:
transportiert tägl. ca. 10 Millionen Menschen

Der Schmuck der Station Kiewskaja verklärt in aufwändigen Mosaiken den sowjetischen Alltag (oben links).

Die Architektur der Majakowskaja wurde auf der New Yorker Weltausstellung mit dem Grand Prix geehrt (oben rechts).

Kämpferisch geben sich die bronzenen Brigadisten in der Station „Platz der Revolution" (unten links).

Mit atemberaubender Geschwindigkeit rasen die Züge über das 250 Kilometer lange Gleisnetz (unten rechts).

Atemberaubend stürzen sich die Rolltreppen in die Tiefe. Wenn man die unermüdlich laufenden Transportbänder betritt, lässt sich ihr Ende mehr erahnen als wirklich sehen. Vor den rollenden Bändern stauen sich die Menschenmassen zu Trauben. Dicht gedrängt, aber zügig und sehr diszipliniert, geht es in den Moskauer Untergrund.

Alle 20 Sekunden fährt hier ein neuer Schnellzug ab. Und trotzdem muss man sich zur „tschas pik", der Rushhour, in die Züge zwängen. Oft genug gelangt man gar nicht erst in die überfüllten Waggons.

Reise in die Vergangenheit

Mit einer Metro-Fahrt treten die Moskauer aber immer auch eine Reise in die Vergangenheit an. In der Station „Platz der Revolution" bekommt man einen ersten Vorgeschmack auf die unterirdische Kunstwelt aus elf historischen Stationen und über 250 Kilometern Gleisstrecke.

Bärtige Soldaten, Matrosen und Bauern aus Bronze recken dort ihre Gewehre und Revolver den Metrogästen entgegen. Die Gruppe aus halb gebückten, fast auf Knien gestützten Revolutionären mit ihren grimmigen Gesichtern, erinnert an die Revolution.

Gebaut wurde das verkehrstechnische Rückgrat der Mega-City auf Geheiß Stalins ab den 1930er Jahren. „Immer schneller, immer weiter, immer höher" sangen damals die Metro-Bauarbeiter und sie setzten diesen Anspruch zügig um.

Als erster Staat, der den Atheismus in seiner Verfassung verankert hatte, orientierte sich die Sowjetunion beim Bau dieser Verkehrsanlage am religiösen Erbe antiker Kulturen. Über weite Strecken mutet die Metro an wie ein unterirdischer Tempelkomplex. Manchmal fühlt man sich an römische Katakomben erinnert. Ausgeschmückt wurden diese Orte in oft verschwenderischer Manier mit Marmor, Granit, Halbedelsteinen und Kristallleuchtern.

Symbole der Sowjetkultur

Nicht selten sieht man in der Dekoration der Stationen die Symbole der Sowjetkultur: Hammer und Sichel und natürlich den fünfzackigen Stern. Daneben brachten die Künstler jedoch auch Mosaike an, in denen antike Symbole, kabbalistische Motive oder sogar Runen Eingang fanden.

Bisweilen fühlt man sich in die Frühzeit versetzt, etwa in der Station Kropotkinskaja. Dort erhebt sich im hellen Licht der schön gestalteten Lampen eine doppelte Kolonnade, die wie die Kopie einer ägyptischen Tempelanlage wirkt. Dort fehlen eigentlich nur noch echte Fackeln.

Preisgekrönte Architektur

Je weiter man sich vom Zentrum mit seinen prächtig verzierten Stationen in Richtung Vororte entfernt, desto schlichter wird der Schmuck. Nur im Zentrum errichtete man oberirdische Eingangsgebäude, die oft wie Mausoleen wirken. Damit knüpfte man an die letzte Ruhestätte des Sowjetführers Lenin an – nach ihm wurde die Metro schließlich auch benannt.

In der am tiefsten gelegenen Metro-Station haben ihre Erbauer auch die mit Abstand schönste Haltestelle geschaffen: die Majakowskaja. Ihre schlichte, aber ungemein elegante Architektur wurde sogar auf der New Yorker Weltausstellung 1938 mit einem der Hauptpreise gewürdigt. Sie ist zugleich Ort der Geschichte: Als 1942 die Deutschen vor Moskau standen, ließ Stalin aus Angst vor Bomben hier die Revolutionsfeierlichkeiten ausrichten.

Goldener Kloster-Käfig

In das prachtvolle **NEUJUNGFRAUENKLOSTER** verbannten die Zaren immer wieder ihre ungeliebten Ehefrauen.

ADRESSE:
Nowodewitschij Projesd 1

ÖFFNUNGSZEITEN:
tägl. 8-17 Uhr,
Di Ruhetag

GOTTESDIENSTE:
tägl. 8 und 17 Uhr,
außer So

ANFAHRT:
Metro: Sportiwnaja

Das Grab des umstrittenen Parteisekretärs Nikita Chruschtschow ist mit schwarzem und weißem Stein gestaltet, um seine guten und schlechten Seiten zu symbolisieren (unten links).

Es ist eines der schönsten Bauensembles Moskaus und ein kulturhistorisches Kleinod von Weltruf: das Neujungfrauenkloster.

Ein Gefängnis als Welterbe

Der wohlklingende Name dieser berühmten Unesco-Weltkulturerbestätte täuscht leicht darüber hinweg, dass die gewaltige und mit dicken Mauern abgesicherte Anlage eigentlich als Gefängnis für Frauen diente: Zaren, die ihrer Gemahlinnen überdrüssig geworden waren, schickten sie kurzerhand hierher in das Nowodewitschij-Kloster, um sich ungestörter andere Partnerinnen suchen zu können.

Die erste Frau, die dieses Schicksal erdulden musste, war Sophia, die Halbschwester Peters I. Wenige Jahre darauf musste auch Peters Ehefrau den schweren Gang hinter die Mauern antreten.

In der Gunst der Zaren nahm das Kloster stets einen besonderen Platz ein. Deshalb erhielten die Äbte fortwährend Grundbesitz. Zu den besten Zeiten des Klosters gebot man hier über rund 15000 Leibeigene, die auf den klostereigenen Gütern arbeiteten.

Das Kloster als Festung

Ursprünglich jedoch sollte die Anlage als Wehrkloster im 16. Jahrhundert das weitere Vordringen der Litauer und der Krimtataren aufhalten. Als der Krimtatarenkhan Mehmet Girai 1571 gegen Moskau zog, konnte ihm das Neujungfrauenkloster allerdings keinen Widerstand entgegensetzen. 20 Jahre später schlug man hier dann aber 1591 den letzten Angriff der ungläubigen Tataren zurück.

Wassilij III. hatte nach seinem Sieg über Smolensk 1514 die Kathedrale der Gottesmutter von Smolensk gestiftet. Ihre Gestaltung legt den Schluss nahe, dass italienische Baumeister maßgeblich beteiligt waren. Bei Erweiterungen fügten die Erbauer mehrere Galerien hinzu. Auch beim späteren Bau der Mariä-Verkündigungs-Kathedrale lehnte man sich an diese Architektur an.

Im Inneren fällt sogleich die mit Gold überzogene, fünfrangige Ikonostase ins Auge. Ihre Stifterin war die unglückliche Halbschwester Peter des Großen, Sophia, die Handwerker im Jahr 1683 damit beauftragt hatte. Auf den Fresken wird der Anschluss Smolensks an das Moskauer Reich dargestellt. Zudem befindet sich an der Wand die Ikone der Gottesmutter von Smolensk, der Wunderwirkung nachgesagt wurde.

Der große Hauptsaal im Refektorium umfasst eine Fläche von 390 Quadratmetern. Er diente den Nonnen nicht nur als Speisesaal: In dem Prachtraum wurden auch hohe Gäste wie die Mitglieder der Zarenfamilien empfangen. Gleich sechs Geschosse besitzt der 72 Meter hohe Glockenturm, der mit Fensterrahmungen, Balustraden und Säulen reich verziert ist.

Berühmte Ruhestätten

Einen Besuch lohnt auch der berühmte Friedhof des Klosters, der Ende des 19. Jahrhunderts für die Reichen, Berühmten und Schönen der Stadt angelegt wurde. Allerdings konnte man die vielen aufwändig gestalteten Grabmäler – unter anderen von Gogol, Tschechow, Tolstoi oder Tretjakow – lange

Zeit nicht besuchen. Der Grund: Hier liegt auch der einzige Sowjetführer begraben, der auf Beschluss des Politbüros nicht an der Kremlmauer beigesetzt wurde: Nikita Chruschtschow. Nachfolger Breschnew wollte mit der Sperrung des Friedhofs unliebsame Demonstrationen vermeiden.

Die Gestaltung der Gedenkstätte Chruschtschows durch seine Ehefrau Nina Petrowna ist eine Geschichte für sich. Sie beauftragte den von ihrem Mann ungeliebten Künstler Ernst Neiswestny mit dem Entwurf einer Büste. Der setzte den Toten zwischen einen weißen und einen schwarzen Marmorblock, um die guten und schlechten Seiten des Generalsekretärs zu veranschaulichen.

Die Grabdenkmäler vieler Verstorbener zeigen symbolisch, womit sie ihren Ruhm erlangten. Eine trauernde Frauengestalt ziert seit 1999 das Grab der ersten echten First Lady des Kremls, Raissa Gorbatschowa.

Das Neujungfrauen-kloster liegt malerisch an der Moskwa etwas außerhalb der Innenstadt. Es steht auf der Liste des Welterbes, obwohl die Zaren es als Frauengefängnis missbrauchten (oben).

Von den Wehrtürmen des Klosters aus wurden 1581 die Tataren zurückgeschlagen (unten Mitte).

An die barocke Maria-Entschlafens-Kapelle schließt sich das Refektorium an, in dem die Nonnen hohe Gäste wie den Zaren empfingen (unten rechts).

Wunder ohnegleichen

Mit der Zeltkirche von **KOLOMENSKOJE** findet die altrussische Kirchenbaukunst ihre eigene Stilrichtung.

ADRESSE:
Proletarskij Prospekt 31

ÖFFNUNGSZEITEN:
Museum: 11-18 Uhr,
Mo und Di Ruhetag;
Park: ganztägig

ANFAHRT:
Metro: Kolomenskaja

Die Hälfte seines Tages verbringt der 32-jährige Sascha üblicherweise mit dem Studium alter Quellen, wie es sich für einen Historiker gehört. Wenn aber kurz nach der Mittagspause ein Touristenbus nach dem anderen vor dem Erlösertor hält, eilt Sascha in die Rüstkammer des Kolomenskojer Museumsreservats und greift beherzt zu den Waffen.

Auf dem Kopf eine fellbesetzte Mütze, schreitet Sascha im weinroten Rock der Strelitzen durch den weitläufigen Eichenpark, den die Zaren im Mittelalter zur Sommerresidenz erwählt hatten. Sogleich wird der Kostümträger, der Hellebarde und Vorderlader betont lässig über den Schultern trägt, von Schülern aus dem nahen Moskau umringt.

Geschichtsunterricht vor Ort

Die Strelitzen, so erzählt Sascha den Kindern, dienten im Moskauer Großfürstentum seit dem 16. Jahrhundert als Schützentruppe. Sie lebten in eigenen Vorstädten. Weil sie nur wenig Sold erhielten, erlaubte ihnen der Zar, Handel, Gewerbe und Landwirtschaft zu betreiben. Als sie sich unter Peter dem Großen gegen ihren Dienstherren empörten, ließ dieser ihre Aufstände blutig niederschlagen. Danach löste er die Verbände auf.

Ganz freiwillig schlüpft der Historiker, der sich nur ungern an seinen Wehrdienst in der Sowjetarmee erinnert, nicht in die historische Strelitzenrolle. Weil sein Monatsgehalt aber schon lange mit den steigenden Preisen nicht mehr mithalten kann, lässt er sich in Kolomenskoje gegen Entgelt auf Erinnerungsfotos ablichten. Zudem bietet er den Besuchern tönerne Strelitzenminiaturen zum Kauf an.

Ein Wunder ohnegleichen

Auf dem Hügel im Süden der Stadt, von dem man einen fantastischen Blick auf die Metropole hat, steht eine aus Stein gemauerte Zeltdachkirche, die die Unesco zum Welterbe der Menschheit erhoben hat: Die schneeweiße Christi-Himmelfahrts-Kirche.

Mit dem Bau des 63 Meter hohen, inzwischen völlig restaurierten Gotteshauses feierte Großfürst Iwan III. 1530 die langersehnte Geburt seines Sohnes, den die Zeitgenossen als Iwan den Schrecklichen kennenlernen sollten. Die Architektur dieses Sakralbaus markierte zugleich den Bruch mit der byzantinischen Kirchenbaukunst. Sie ist von solch beeindruckender Schönheit, dass der französische Komponist Hector Berlioz sie „ein Wunder ohnegleichen" nannte.

Kaum eine russische Zeltdachkirche bestimmte in der Folgezeit die Sakralarchitekur in weiten Teilen Osteuropas stärker als das Meisterwerk

im alten Park der ehemaligen Sommerresidenz der Zaren. Sie ist das einzige Bauwerk, das von der Anlage erhalten ist.

Nach lediglich zwei Jahren Bauzeit konnte das Gotteshaus bereits geweiht werden. Von außen wirkt es imposant, bietet aber wegen seiner bis zu vier Meter dicken Mauern nur einen vergleichsweise bescheidenen Innenraum. Klar ist zu erkennen, dass hier eine eigene Stilrichtung in der russischen Kirchenbaukunst beginnt.

Zeltdach aus Ziegelreihen

Drei ausladende Treppenaufgänge führen zu den zweigeschossigen Galerien mit ihren malerischen Arkaden. Das 28 Meter hohe, spitz zulaufende Zeltdach besteht aus Ziegelreihen, die mit zunehmender Höhe nach innen versetzt wurden.

Durch halbkreisförmige Blendgiebel, sogenannte Kokoschniki, verbanden die Baumeister den Kuppelunterbau, den Innenraum und das Zeltdach. Im Dach der Christi-Himmelfahrts-Kirche befand sich ein Raum für einen Wächter. Dieser konnte von dort aus beim Herannahen von Tatarenhorden die Posten im Glockenturm des Moskauer Kremls durch Feuerzeichen warnen.

Die ursprüngliche Ikonostase, eine mit Ikonen geschmückte Wand mit drei Türen, die den Altarraum vom Raum der Laien abtrennt, wurde im 19. Jahrhundert durch eine Bilderwand aus dem Moskauer Himmelfahrts-Kloster ersetzt. Einziger Rest der originalen Wand sind die Zarentüren aus dem 16. Jahrhundert. Diese befinden sich allerdings in einem Museum des Museumsreservats von Kolomenskoje.

Auf dem Hügel befindet sich nicht nur die berühmte Zeltdachkirche: Zur Anlage gehören auch mehrere weitere, jüngere Sakralbauten. Durch das Erlösertor erreicht man zunächst die Kirche der Gottesmutter von Kasan, in der wieder regelmäßig Gottesdienste stattfinden. Zwischen den Gotteshäusern befindet sich ein kleines Museum, in dem ein Modell der ehemaligen Zarenresidenz zu entdecken ist. Und etwas abseits der Christi-Himmelfahrts-Kirche steht eine kleine Kapelle, St. Georg unter den Glocken.

Komparsen lassen für Touristen die Geschichte von Kolomenskoje lebendig werden (oben links).

Durch das massive Erlösertor führt der Weg in den Park der ehemaligen Zarenresidenz (oben rechts).

Während die ältere Bevölkerung Moskaus den Park am Stadtrand für Spaziergänge nutzt, schätzt ihn die Jugend wegen Open-Air-Konzerten mit Blick auf die Skyline der modernen Metropole (unten).

Holzgebäude aus dem Riesenreich

Als grüne Lunge am Rande der Mega-City Moskau geschätzt, birgt der Park von **KOLOMENSKOJE** Zeugnisse altrussischer Holzbaukunst aus dem ganzen Land.

Wenn auch die meisten Russen ihr Budget immer sorgfältiger kontrollieren müssen, gehört ein Besuch der uralten Zarenresidenz nach wie vor zum Freizeitprogamm der Moskauer. Denn dort stehen einige der schönsten Kirchen und Profanbauten Alt-Russlands.

Moskaus Jugend schätzt den Park am Rand der hektischen Zwöf-Millionen-Metropole vor allem wegen seiner Musikfestivals. Offiziell trägt der Park freilich die Bezeichnung „Museumsreservat".

Aus allen Teilen des Riesenreiches brachte man in den vergangenen Jahren in Einzelteile zerlegte Glockentürme, Wachhäuschen und sogar eine alte Metbrauerei in das Geschichtsreservat, dessen Museum um eine Boutique mit Keramik aus Geschel, Palecher Lackschatullen, Tüchern und hölzernen Gebrauchsgegenständen aus den Werkstätten von Chochloma erweitert wurde. Zu den schönsten Holzkirchen, die dorthin gebracht wurden, zählt die Kirche der Muttergottes von Kasan. Die mit zwei blauen Zwiebeltürmen gekrönte Kirche stammt aus dem 17. Jahrhundert.

Erinnerungen an Zar Peter

Zur Erinnerung an Peter den Großen richteten Bauleute ein kleines Holzhaus wieder auf, das der Zar auf der Insel Markow bei Archangelsk bewohnt hatte.

Der Torturm des Nikolaus-Klosters von 1692 stand einst am Weißen Meer im Norden Russlands. Und den mächtigen Ostrog, einen Wachturm aus dem 17. Jahrhundert, hatten die Museumsmitarbeiter aus Sibirien herbeigeholt. Einzelne historische Ausstellungstücke befinden sich in der dortigen Außenstelle des Historischen Museums.

Den ehemaligen Holzpalast, den die Zaren bewohnt hatten, kann man nicht mehr bewundern – er wurde komplett zerstört: Kaiserin Katharina II. verbrachte den Sommer lieber in ihrer Residenz Zarskoje Selo bei Sankt Petersburg. Auf ihren Befehl wurde das baufällig gewordene Meisterwerk russischer Zimmerleute 1768 abgerissen. Das einst mit Zeltdächern, Zwiebeltürmen, Arkaden und Balkonen verzierte Gebäude steht als Modell im Kolomenskoje-Museum.

Der nach Kolomenskoje gebrachte Torturm des Nikolaus-Klosters, das Ende des 17. Jahrhunderts fertiggestellt wurde. Die Kirche stand ursprünglich am Weißen Meer (links und unten links).

Blick auf das wieder-aufgebaute Holzhaus, in dem Zar Peter I. während seines Aufenthalts in Archangelsk gelebt hatte (oben rechts).

Auch Zeugnisse der altrussischen Steinbearbeitung finden sich in Kolomenskoje, wie der sogenannte Boris-Stein, der einst eine Grenze markierte. (unten rechts).

Das Ikonen-Kloster

Das geschichtsträchtige **ERLÖSER-ANDRONIKOW-KLOSTER** steht heute ganz im Zeichen des Ikonenmalers Andreij Rubljow.

ADRESSE:
Andronjewskaja Ploschtschad 10

ÖFFNUNGSZEITEN:
tägl. 11-17 Uhr
Mi Ruhetag

ANFAHRT:
Metro: Iljitscha Ploschtschad

Wie unglaublich schnell sich die russische Hauptstadt in ihr Umland ausgedehnt hat, lässt sich angesichts des Erlöser-Andronikow-Klosters gut ermessen. Die um 1390 durch den Mönch Andronik, einem Schüler des heiligen Sergius von Radonesch, gegründete Anlage befindet sich in einer stark befahrenen Gegend. Die Ruhe und Idylle früherer Zeiten sucht man heute hier vergeblich. Schreitet man jedoch durch das Heilige Tor in die große Anlage, gelangt man in eine überraschend stille Welt hinter dicken Schutzmauern.

Die Helden vom Schnepfenfeld

Eine besondere Rolle übernahm das Kloster nach der Schlacht auf dem Schnepfenfeld, bei der die Moskauer entgegen aller Prognosen das Mongolenheer in die Knie zwangen. Die gefallenen Kämpfer wurden auf Bahren in die Hauptstadt getragen. Beim Andronikow-Kloster erwies ihnen das herbeigeströmte Volk die letzte Ehre. Ihre letzte Ruhestätte fanden die Helden anschließend auf dem klostereigenen Friedhof.

Der Klosterbau dient seit 1947 als Museumskomplex für altrussische Geschichte. Schwerpunkt ist eine Ikonensammlung, die den Namen des berühmten Ikonenmalers Andreij Rubljow trägt. Ihm ist auch ein Denkmal vor den Klostertoren gewidmet.

Zu den wichtigsten Ausstellungsstücken zählen Meisterleistungen der Moskauer und Twerer Schule.

Eine zentrale Stellung in der Klosteranlage nimmt die Erzengel-Michael-und-Metropolit-Alexej-Kirche ein. Das Gotteshaus weist besondere Bezüge zu Peter dem Großen auf: Als der Bau der Kirche begann, befand sich das Kloster im Patronat der adligen Familie Lopuchin. Deren Tochter Jewdokija war Peters Gemahlin. Peter I. verstieß und verbannte jedoch seine Frau. Daraufhin ließen die Lopuchins die Arbeiten an der Kirche einstellen. Fast drei Jahrzehnte lang blieb die Kirche eine Bauruine. Erst 1739, vierzehn Jahre nach Peters Tod, wurde sie im barocken Naryschkin-Stil fertiggestellt.

Das älteste Baudenkmal im Klosterbezirk ist die Erlöser-Kathedrale aus Kalkstein. Von einer wohlhabenden Moskauer Kaufmannsfamilie gestiftet, wurde die früher im Inneren reich dekorierte Kirche beispielgebend für den Kirchenbaustil der Hauptstadt. Dort trifft erstmals die Tradition der frühen Moskauer Baukunst auf neue und dynamisch aufstrebende Elemente, die offensichtlich von der Gotik beeinflusst wurden.

Inmitten der malerischen Klosteranlage steht die Erzengel-Michael-und-Metropolit-Alexej-Kirche, deren Geschichte eng mit dem Liebesleben Peter des Großen verbunden ist (oben rechts).

Das Geläut, das heute wieder die Gläubigen zu Gottesdiensten in die Erlöser-Kathedrale ruft, hängt an einem hölzernen, frei stehenden Glockenstuhl (links).

Hinter den Klostermauern fanden die gefallenen Krieger, die die Tataren besiegten und Moskau befreiten, ihre letzte Ruhestätte. (unten rechts).

ADRESSE:
Danilowskij Wal

ÖFFNUNGSZEITEN:
tägl. 8–20 Uhr

ANFAHRT:
Metro: Tulskaja

Glocken-Odyssee

Nach 70 Jahren bekam das **DANILOW-KLOSTER** sein Glockengeläut zurück.

Als älteste und größte Klosteranlage auf dem Gebiet der heutigen Hauptstadt besaß das 1282 gegründete Kloster auch das mächtigste Glockengeläut weit und breit.

Nach der Oktoberrevolution nahm die Sowjetregierung der Kirche das Danilow-Kloster ab und missbrauchte es zunächst als Gefängnis. Später wurde eine Kühlschrankfabrik eingerichtet. Schließlich verkauften 1930 die Sowjets den Stolz des einstigen Klosters, die 18 Glocken, an einen US-Industriellen. Dieser wiederum schenkte das Geläut der amerikanischen Elite-Universität Harvard, wo es von dort an erklang.

Nach der politischen Wende war das Danilow-Kloster eines der ersten, welches der Staat wieder an die orthodoxe Kirchenführung zurückgab. Und so wurde es – nach langen Verhandlungen – auch möglich, dass nach über sieben Jahrzehnten die Glocken über den großen Teich wieder an ihren Ursprungsort zurückkehrten. In Harvard schlägt seitdem eine exakte Kopie des russischen Originals.

Sitz des Patriarchen

Kloster Danilow, das sein heutiges Erscheinungsbild den Baudenkmälern des 17., 18. und 19. Jahrhunderts verdankt, ist seit 1983 Sitz des Patriarchen von Moskau. Vor der Rückgabe des enteigneten Besitzes hatte die russische Regierung die gesamte Anlage sorgfältig restaurieren lassen.

So strahlen hier die herausragenden Zeugnisse russischer Sakralarchitektur wieder in neuem Glanz. Dazu gehören die 1560 fertiggestellte Väterkathedrale, die Torkirche des 17. Jahrhunderts und die im nachfolgenden Jahrhundert erbaute Dreifaltigkeitskathedrale.

Die Kapelle des heiligen Seraphim von Sarov ist im Kellergeschoss des Speisesaals untergebracht. Ikonen mit Reliquien, ein Rosenkranz und ein Teil seines Mantels erinnern an den populären Wunderwirker.

Aus der Mitte des 16. Jahrhunderts stammt im Klosterbezirk Danilow die Kirche der Sieben Heiligen Väter (oben links).

Als größte und älteste Klosteranlage besitzt Danilow auch einen eigenen Friedhof (oben rechts).

Der Eingangsbereich zum Kloster, das heute dem Moskauer Patriarchen als Sitz dient, ist durch einen Wehrturm geschützt (unten).

Falscher Traum

Katharina II. wollte einen neuen Palast. Aber mit ZARIZYNO bauten die Architekten den falschen.

ADRESSE:
Dolskaja Uliza 1, südlich des Stadtkerns bei Kolomenskoje

ÖFFNUNGSZEITEN:
11–16 Uhr, So 11–17 Uhr, Mo und Di Ruhetag

ANFAHRT:
Metro: Zarizyno, Orechewo

Im Süden der Stadt liegt einer der schönsten Landschaftsparks der russischen Metropole: Zarizyno. Hier steht der unvollendete Traum einer Zarin – die gleichnamige, aus mehreren Einzelbauten bestehende, weitläufige, märchenhafte Schlossanlage.

Katharina die Große erträumte sich ein neues Zauberschloss als Ausweichresidenz vor den Toren Moskaus – ganz nach dem Vorbild ihres Sommerpalastes außerhalb St. Petersburgs. Ihr Auge fiel auf ein sanft hügeliges Gelände, auf dem bereits im 16. Jahrhundert Zarin Irina einen Landsitz errichtet hatte. Für 25 000 Rubel kaufte Katharina II. das Gelände 1775 dem moldawischen Prinzen Kantemir ab, in dessen Besitz es zwischenzeitlich gelangt war.

Ein Gesamtkunstwerk

Mit dem Bau der Anlage beauftragte die exzentrische Monarchin einen der namhaftesten Architekten seiner Zeit: Vasily Bajenov. Von 1779 bis 1785 errichtete er ein zauberhaftes Gesamtkunstwerk im pseudo-gotischen Stil. Die weiß-roten Backsteinbauten umfassten nicht nur den eigentlichen Zarenpalast, sondern auch zahlreiche Brücken und Pavillons. Zudem bezog Bajenov die Landschaft mit ein.

Als die Zarin bei einer Inspektionsreise die neue Anlage sah, war sie entsetzt. Das war nicht das Zarizyno, das sie sich erträumt hatte. Vor allem die überladene Ornamentik störte sie.

Bajenov fiel in Ungnade und an seiner statt führte der Architekt M. Kazakov die Arbeit weiter. Mit dem Tode Katharinas im Jahr 1797 wurden dann die Arbeiten ganz eingestellt.

Zu Beginn des 19. Jahrhunderts besann man sich wieder auf die Anlage. Der Architekt I. Egotov erhielt den Auftrag neue Pavillons zu bauen. Nach deren Fertigstellung traf sich hier während der Sommermonate die russische Gesellschaft zu Musikfesten. Aber diese kleine Blütezeit war nur

von kurzer Dauer. 1860 stand Zarizyno ganz knapp vor dem endgültigen Aus. Man wollte die gesamte Anlage abreißen, überlegte es sich dann aber doch anders.

Von der Ruine zum Museum

Die erste große Wende kam nach dem Zweiten Weltkrieg: Die Sowjets nahmen sich Katharinas jäh geplatzten Traums an. Sie restaurierten die Baudenkmäler und richteten ein Museum ein.

Heute präsentiert sich der Park nicht zuletzt auf Grund des Engagements von Moskaus rührigem Oberbürgermeister Juri Michailowitsch Luschkow in neuem Glanz. Der Stadtherr kümmerte sich nicht nur um die Gebäude: Vor allem der Landschaftspark, der mit den pittoresken Gebäuden eine beeindruckende Einheit bildet, zeigt sich äußerst gepflegt und einladend. Sogar an Feiertagen sind unzählige Arbeiter dabei, Wiesen und Wege sauber zu halten. Das Engagement kommt nicht von ungefähr: Das heutige hier ansässige Museum beschäftigt sich mit historischer Landschaftsarchitektur.

Für die meisten Moskauer ist Zarizyno winter- wie sommertags ein beliebtes Ausflugziel. Dabei bleiben sie meist unter sich, denn Hinweise auf Park, Schloss und Museum finden sich nur in wenigen, aktuellen Reiseführern.

Den Eingang zum Schlossgelände markiert eine pittoreske Brücke. Der Weg vom Park zur pseudo-gotischen Anlage führt dabei unter den Bögen hindurch (oben).

Wegen seiner reichen Ornamentik fiel das neue Schloss bei Katharina der Großen in Ungnade (unten links).

Zu der Anlage gehört auch eine Kirche, in der auch wieder Gottesdienste stattfinden. Vor allem sonntags wird sie von Gläubigen aus der ganzen Stadt besucht, die dann anschließend ihre freie Zeit im Park verbringen (unten rechts).

Kleines Versailles

Der Herrensitz **KUSKOWO** vor den Toren Moskaus war einst die Erste Adresse für rauschende Feste.

ADRESSE:
Junosti Uliza 2, ca. 12 Kilometer östlich des Stadtzentrums

ÖFFNUNGSZEITEN:
10-18 Uhr (April-Oktober), Mo und Di Ruhetag

ANFAHRT:
Metro: Rjasanskij Prospekt, dann Bus: 133 oder 208

Eigentlich dachte die wohlhabende Familie Scheremetjew nur an einen Sommersitz, als sie Mitte des 18. Jahrhunderts im östlichen Stadtgebiet von Moskau einen entsprechenden Bau in Auftrag gab. Als die Anlage fertiggestellt war, zeigte sich die russische Öffentlichkeit allerdings etwas verblüfft: Obwohl nur als Holzgebäude auf steinernem Sockel errichtet, wehte in Kuskowo, wie der Herrensitz genannt wurde, ein Hauch von Versailles. Denn wie der königliche Sitz in Frankreich bestach die klassizistische Anlage durch ein großes Maß an Eleganz und Luxus.

Platz für 25 000 Gäste

Auch heute noch hat Kuskowo wenig von seinem faszinierenden Charme eingebüßt: Ionische Säulen zieren die Hauptfassade mit Portikus. In dem schlossartigen Gebäude fanden einst die gefragtesten Feste der feinen Moskauer Gesellschaft statt.

Wirkt der Bereich um das Vestibül majestätisch-feierlich, überrascht der Weiße Tanzsaal des Herrensitzes durch sein festliches Erscheinungsbild. Sage und schreibe 25 000 Gäste vermochte der Hausherr Graf Scheremetjew, der zu seiner Zeit einer der reichsten Männer Russlands war, bei den größten Veranstaltungen zu bewirten. Bei dieser Gelegenheit ließ seine Durchlaucht auf dem großzügigen Anwesen auch eine eigene Schauspiel- und Musikergruppe auftreten, die sich aus seinen Leibeigenen zusammensetzte.

Für jeden Raum hatten sich die Architekten etwas anderes einfallen lassen. Großzügig verwendeten sie Stuck, Säulen, flämische Gobelins, Möbel aus England sowie Skulpturen und Gemälde, um die Zimmer und Säle so stimmungsvoll wie möglich zu dekorieren.

Beliebter Landschaftspark

Symmetrie und Ebenmaß charakterisieren den Landschaftspark von Kuskowo, der in der Umgebung der Hauptstadt zu den ersten und größten Gartenlandschaften gehört. Auf skulpturenverzierten Wegen kommen die Besucher vorbei an künstlichen Wasserflächen, dem Holländischen Häuschen, in dem ein Keramikmuseum untergebracht ist und erreichen dann die Eremitage.

Am italienischen Teich schuf man eine künstliche Grotte und am Abschluss der Hauptallee erheben sich die Fassaden der Orangerie. Sie beherbergt heute die sehr sehenswerte Sammlung des Porzellanmuseums von Kuskowo.

Malerisch liegt das Hauptgebäude des Herrensitzes an einem kleinen See (oben).

Wer die Auffahrt zur Residenz der überaus reichen Familie Scheremetjew herauffahren durfte, gehörte zur feinsten Gesellschaft Moskaus (unten links).

Die Orangerie beherbergt heute ein kleines Porzellanmuseum (unten rechts).

Herrensitz vor den Toren Moskaus

Im Sommer zog es den russischen Adel aufs Land. Zu den schönsten Lustschlössern rund um die Hauptstadt zählt **ARCHANGELSKOJE.**

LAGE:
ca. 25 Kilometer westlich von Moskau, hinter Krasnogorsk

ÖFFNUNGSZEITEN:
10–17 Uhr, Mo und Di Ruhetag

ANFAHRT:
Metro: Tuschinskaja, dann Bus: 549 oder Marschrutka: 151

Archangelskoje zählt mit Gewissheit zu den schönsten Adelspalästen im Moskauer Umland. Die weitläufigen Parkanlagen mit ihren klassizistischen Palastbauten und opulenter Ausstattung sind eines der beliebtesten Ausflugsziele gestresster Metropolenbewohner. Hier lässt sich bei Spaziergängen und kleinen Wanderungen durchatmen und die Natur in Ruhe erleben. Und wer dann noch möchte, schließt einen kleinen Museumsbesuch an: Im Palast ist eine Kunstsammlung zu sehen.

Vom Palast zum Sanatorium

Obwohl der gesamte Schlosskomplex lange für Besucher offiziell geschlossen war, gab es stets eine Möglichkeit, einen Blick auf das wundervolle Ensemble zu erhaschen. Im großen Park des Anwesens war in den 1930er Jahren ein Sanatorium für Armeeangehörige eingerichtet worden, allerdings nur für prominente Patienten. Dennoch gelangten Ortskundige damals recht einfach auf das weitläufige Gelände: durch ein Loch im Zaun.

Mit Archangelskoje sind einige der bekanntesten Namen der russi-

schen Geschichte verbunden. Als erste Besitzer sind die Fürsten Odojewskij benannt, die dann durch das Geschlecht der Golizyn abgelöst wurden. Beide Adelsfamilien hatten im russischen Zarenreich höchste Posten inne.

Anfang des 19. Jahrhunderts übernahm Fürst Jusupow das Anwesen. Er blieb der Nachwelt als berühmter Mäzen in Erinnerung: Seine umfangreiche Gemäldesammlung kann heute im Puschkin-Museum besichtigt werden. Ihm verdankt die Anlage auch seine derzeitige Gestalt.

Erzengel als Namensgeber

Archangelskoje – darin ist das russische Wort für Erzengel enthalten – besitzt einen großen Palast aus dem 18. Jahrhundert. Dazu erbaute man verstreut liegende kleinere Gebäude, die von italienischen, französischen und russischen Baumeistern geschaffen wurden.

Unter anderem stößt man auf ein Teehäuschen, den Kaprise genannten Pavillon, eine Kirche aus dem 17. Jahrhundert und ein weiteres Gotteshaus, in dem die Jusupows ihre letzte Ruhestätte fanden. Alle liegen gut versteckt in einem Park, dessen künstliche Terrassen sanft zur Moskwa hin abfallen. Der Blick vom Palast auf die Uferlandschaft gehört heute leider der Vergangenheit an. Dennoch bietet das Gelände nach wie vor eine ganze Reihe von Spaziermöglichkeiten zu jeder Jahreszeit.

Vergangener Glanz

Während der Sowjetzeit bewusst vernachlässigt, zeigen sich die Gebäude heute in einem beklagenswerten Zustand. Von den Mauern lösen sich allmählich die Fresken ab und von den Balustraden hält man sich besser fern, da sie schon stark zerfallen wirken. Überall wuchert Gras aus den Ritzen des Palastes. Heute gehört das Ensemble dem russischen Kulturministerium, die Restaurierung schreitet nur sehr langsam voran.

Leider ist die umfangreiche Kunstsammlung, darunter Gemälde, Skulpturen, eine Porzellankollektion und eine gut bestückte Bibliothek, nur in Teilen öffentlich zugänglich.

Archangelskoje gehört mit seinem Palast, den Nebengebäuden und Kirchen sowie seinem liebevoll gestalteten Landschaftsgarten zu einem der schönsten Herrensitze außerhalb Moskaus.

Blühende Landschaften

Dank seiner Kunst- und Architekturschätze zählt der **GOLDENE RING** zu Europas größten Kulturlandschaften.

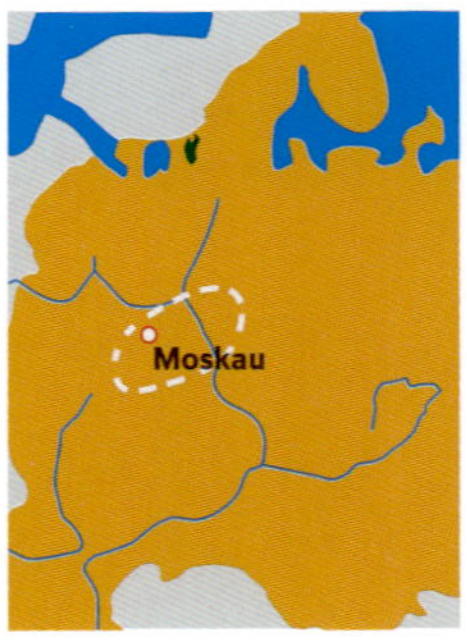

LAGE:
Nördlich und nordöstlich von Moskau

BESTE REISEZEIT:
während des Sommers

ANFAHRT:
von Moskau aus mit Zug, Bus oder Pkw

Weil die wichtigsten Kunst- und Kulturzentren des alten Russlands halbkreisförmig nordöstlich und nördlich der heutigen Hauptstadt angelegt sind, wird diese Kulturlandschaft mit dem Begriff „Goldener Ring“ bezeichnet. Er bezieht sich auf mehrere altrussische Städte, die im Mittelalter historisch und kulturell in enger Beziehung standen.

Einerseits verweist der Name auf die mit Gold überzogenen Zwiebelkuppeln der Gotteshäuser in diesen Städten. Andererseits bezieht er sich jedoch auch auf die sanfte mittelrussische Naturlandschaft, in die sich die städtebaulichen Perlen harmonisch einfügen.

Touristische Infrastruktur

Die Städte des Goldenen Rings zählen zu den bekanntesten Reisezielen in Russland. Im Vergleich mit anderen Orten besitzen sie eine ausgesprochen gut entwickelte touristische Infrastruktur. Schon während der kommunistischen Zeit konnten Ausländer – natürlich nur in offizieller Begleitung – einzelne Städte entlang des Goldenen Rings besuchen.

Als Ganzes jedoch konnte man diese Kulturroute zur Zeit der Sowjets nicht bestaunen. Die auf halbem Weg zwischen Susdal und Kostroma gelegene Stadt Iwanowo war beispielsweise bis zum Ende der Sowjetunion eine gesperrte Stadt, die Ausländer nicht betreten durften.

Kunst und Kultur in der Provinz

Heute aber kann man die Kunst- und Kulturschätze, die in den Städten entlang des Goldenen Rings den spätmittelalterlichen Tatarensturm und die neueren Kriege überstanden haben, komplett bereisen. Dabei lässt sich ermessen, welche großartigen Zeugnisse der russischen Kultur und des russischen Lebens hier – auch jenseits von Moskau und Sankt Petersburg – entstanden sind.

Zwischen dem 9. und 11. Jahrhundert als nordwestlichster Vorposten des mächtigen Kiewer Rus errichtet, besaßen alle Städte des Goldenen Ringes in ihrem Mittelpunkt eine Kreml genannte Stadtfestung. Mittelrusslands natürliche Ressourcen und ihre Lage an wichtigen Handelsstraßen sorgten für ein schnelles Wachstum der Ortschaften, die für mittelalterliche Verhältnisse beachtliche Einwohnerzahlen besaßen.

Rege Bautätigkeit

Als der Kiewer Rus unterging, zerfiel das Herrschaftsgebiet in eine Vielzahl selbstständiger Teilfürstentümer. Deren Herrscher wetteiferten darum, ihre Residenz zur prächtigsten Hauptstadt im ganzen Lande auszubauen. In dieser Zeit entstanden deshalb viele herausragende Gebäude.

Es galt, Befestigungsanlagen und Fürstenresidenzen zu bauen. Neue Klöster, Kathedralen und Kirchen vermittelten den Städten Wladimir, Susdal, Jaroslawl, Rostow-Weliki, Kostroma, Sergijew Possad und Pereslawl-Salesski ein unverwechselbares Aussehen, das die Besucher noch heute fasziniert.

Mit dem Einfall der tatarischen Heere 1237/1238 ging ihre außergewöhnliche Blütezeit unweigerlich zu Ende. Für die ganze Region brach eine anhaltende Phase der Stagnation an. Moskau, das bis zu diesem Zeitpunkt kaum von sich reden gemacht hatte, konnte im Kampf gegen die Eindringlinge bald die Führungsrolle an sich ziehen. Seit Ende des 14. Jahrhunderts überflügelte die heutige Hauptstadt die übrigen Orte, die allmählich zu Provinzstädten abstiegen.

Aber auch heute noch erinnert eine Vielzahl von Kunstschätzen an diese Blütezeit. Aus diesem Grund hat die Unesco neben Einzelmonumenten auch Altstädte entlang des Goldenen Rings in die Welterbeliste aufgenommen.

Vorbildlich renovierte Klöster

Tatsächlich findet man nirgends in Russland mehr gut erhaltene Klöster, Paläste und Profangebäude. Die architektonischen Meisterleistungen verkörpern in hohem Maße die Idealvorstellung des alten Russlands. Museale Orte sind diese Städte dennoch nicht geworden.

Viele Klöster, die während der Sowjetzeit zweckentfremdet oder leerstehend dem Zerfall preisgegeben waren, hat man bereits vorbildhaft restauriert. In den Besitz der Kirche zurückgekehrt, dienen sie heute wieder Mönchen als Lebensort. Trotzdem lassen sie sich besichtigen.

GOLDENER RING

Landschaft und menschliche Kulturleistungen bilden entlang des Goldenen Rings eine untrennbare Einheit (oben)

Die Christi-Verklärungskirche in Pereslawl war früher Begräbniskirche der Teilfürsten (unten links)

Blick auf das Dreifaltigkeitskloster von Sergijew Possad, Russlands wichtigster Klosteranlage (unten rechts).

Die Seele der Orthodoxie

SERGIJEW POSSAD, Russlands wichtigstes Kloster, zeichnet eine bemerkenswerte architektonische Geschlossenheit aus.

LAGE:
70 km nordöstlich von Moskau; Oblast Moskau

GRÖSSE:
ca. 120 000 Einwohner

ANFAHRT VON MOSKAU:
Vorortzug: vom Jaroslawler Bahnhof Richtung Sergijew Possad oder Alexandrow, Fahrtdauer ca. 1,5 Stunden

Auto: über die Jaroslawskoje Schosse, Fahrtdauer ca. 1 Stunde

Russlands bedeutendstes Kloster eint bis heute die gesamte Nation. In den schwersten Stunden des Landes schöpfte man hier stets neuen Mut. Als Symbol des nationalen Selbstbehauptungswillens der Russen überbrückt das Dreifaltigkeitskloster des heiligen Sergius von Radonesch seit jeher die Kluft zwischen Atheisten und Rechtgläubigen. Seine Äbte haben jahrhundertelang tatkräftig den Zusammenschluss der russischen Einzelreiche unter Moskauer Vorherrschaft gefördert.

Die Kirchen und Paläste der bedeutendsten russischen Klosteranlage, die 1991 bis auf das Museum der Kirche zurückgegeben wurden, wirkten durch ihre Vermischung traditionell russischer Bauformen mit westlichen Einflüssen in weiten Teilen Russlands richtungsweisend.

Von der Prunksucht seiner Zeitgenossen abgestoßen, war der Fürstensohn Sergius (vermutlich 1313 bis 1391) Mitte des 14. Jahrhunderts in den Wald von Radonesch gezogen. Dort gründete er eine Klause und erbaute eine schlichte Holzkirche. Seine Einsiedelei wuchs zu einer klösterlichen Gemeinschaft mit Küche, Refektorium, einer Bäckerei und zwei neuen Kirchen heran.

Durch den Moskauer Metropoliten zum Abt des Klosters der Dreifaltigkeit ernannt, schuf Sergius das Leitbild des idealen Mönchs, der sich für die Missionierung des Nordens einsetzt. Bald unwidersprochen als wichtigster kirchlicher Ideologe geachtet, unterstützte Sergius die „Sammlung der russischen Lande", wie die Konzentration der Teilfürstentümer unter Moskauer Vorherrschaft umschrieben wurde.

Sergius als wahrer Sieger

Für sich selbst wählte der Abt, der die ihm angebotene Nachfolge des gestorbenen Metropoliten ablehnte, den Rückzug aus der Welt in die religiöse Verinnerlichung. Nachdem der Großfürst Dimitrij Donskoj 1380 das als unbesiegbar geltende Heer der Goldenen Horde bezwungen hatte, betrachteten die Zeitgenossen Sergius als den wahren Sieger.

„Gott ist tot", dekretierten die Bolschewiken nach der Oktoberrevolution 1917. Drei Jahre später lösten sie Russlands traditionsreichstes Kloster auf und vertrieben alle Mönche und Priesterseminaristen der bedeutendsten theologischen Akademie des untergegangenen Zarenreichs aus dem befestigten Kloster am Ostrand des kleinen Städtchens Sergijew Possad. Viele der Kunstschätze wurden nach Moskau gebracht.

Kraft schöpfen für den Kampf

Zum Gedenken an den ermordeten Parteisekretär Wladimir Sagorskij benannte man Sergijew Possad 1930 in Sagorsk um. Die Erinnerung an den heiliggesprochenen Klostergründer Sergius von Radonesch konnten jedoch selbst die Kommunisten nicht ausmerzen. Als Hitlers Truppen 1941 die Sowjetunion überfielen, hatte Stalin den Beistand der orthodoxen Kirche nötiger denn je.

Hinter den Mauern des Dreifaltigkeitsklosters sammelten sich damals Rechtgläubige wie Atheisten, um in der Stunde der höchsten Not vor dem Grabmal des Heiligen Kraft für die Verteidigung der bedrängten „Rodina", der Heimat, zu schöpfen.

Selbstbehauptungswillen

Sagorsk erhielt 1991 den alten Namen zurück. Längst wieder finden im Dämmerlicht der Dreifaltigkeitskathedrale die vier- bis fünfstündigen Gottesdienste nach orthodoxem Ritus statt. Die weitläufige Klosterzitadelle über Sergijew Possad symbolisiert heute für viele Russen erneut den Selbstbehauptungswillen in schweren Zeiten.

Wenn die Zaren zu Gast in der Klosteranlage Sergijew Possad waren, logierten sie in ihrem eigenen Palast (oben ganz links).

Das bedeutende Kloster ist von einer wehrhaften Mauer umgeben, zu der auch der große Zimmermannsturm gehört (oben links).

Die vielfältigen Sakralbauten, wie beispielsweise die Brunnenkirche, sind bis ins letzte Detail reich ausgestattet (unten links).

Die Kirche der Gottesmutter von Smolensk ist einer der bedeutenden Sakralbauten innerhalb der weitläufigen Anlage (rechts).

Pilgerstrom am Sergius-Grab

Das Grab des Klostergründers von **SERGIJEW POSSAD** wird von den Gläubigen sehr verehrt.

In der Dreifaltigkeits-Kathedrale befindet sich das größte Heiligtum der russisch-orthodoxen Kirche: Das Grab des Heiligen Sergius (rechts).

Die Heiliggeist-Kirche ist das Werk von Baumeistern aus Pskow (oben links).

Das Kloster betritt man durch das Heilige Tor mit der nachfolgenden Torkirche. Hier finden sich zahlreiche Fresken (unten links).

Es gibt wohl nur wenige Orte auf der Welt, die so reich an Sakralbauten sind wie das Kloster von Sergijew Possad. Vor allem im Winter, wenn die Sonne am stahlblauen Himmel steht und der Schnee die Gebäude überzuckert, wird man förmlich von der Pracht der allein ein Dutzend Gotteshäusern geblendet. Und auch, wenn eines schöner als das andere zu sein scheint: Für die russisch-orthodoxen Christen ist die Dreifaltigkeits-Kathedrale die unbestrittene Königin unter den Kirchen.

Wünsche an den Heiligen

Hier befindet sich das Grab des Klostergründers und Glaubensstifters Sergius. Fast pausenlos strömen Menschenmengen in das Kircheninnere zum silbernen Sarkophag des Heiligen. Geduldig warten die Gläubigen in einer langen Schlange, die oft weit aus der Kirche herausreicht, bis sie an der Reihe sind. Viele der Pilger legen kleine Papierzettel auf sein Grab, um sich die Erfüllung ihrer Wünsche zu erbitten.

Wer um die Bedeutung der Kathedrale nicht weiß, nimmt das älteste Gotteshaus im Klosterbezirk zunächst kaum wahr. Die einkupplige Vierpfeilerkirche mit ihren schmalen Fenstern liegt etwas abseits des Klosterzentrums. Obwohl ihre Abmessungen nicht sehr groß sind, wirkt das Gotteshaus ausgesprochen monumental und feierlich. Lediglich drei Ornamentfriese lockern das durchgängig strenge Erscheinungsbild der Fassade etwas auf. Entworfen wurde die Kirche im 15. Jahrhundert. Seit dieser Zeit erhebt sich die aus weißem Kalkstein gemauerte Dreifaltigkeits-Kathedrale über alle anderen Kirchen des Landes.

Die Heiliggeist-Kirche

Die Heiliggeist-Kirche liegt hingegen direkt im Blickfeld der Besucher, wenn sie das Innere der Klostermauern betreten. Sie ist das Werk von Baumeistern aus Pskow. In der 1476 fertiggestellten Kirche sind noch nach alter Manier Gotteshaus und Glockenturm in einem Baukörper konzentriert.

Nach der Architekturtradition dieser nordrussischen Stadt versahen die Baumeister ihr Werk mit massiven Pfeilern in Zylinderform. Auf ihnen ruht die ganze Last des Glockengeschossgewölbes.

Die kleinere Kirche zeichnet sich durch einen schlanken kubischen Baukörper aus und wirkt wesentlich eleganter als die benachbarte Dreifaltigkeits-Kathedrale.

Eine Torkirche von Stroganow

An der Ostseite erhält man Zutritt zum Klosterkomplex über das Heilige Tor. Danach stoßen die Besucher auf die Torkirche Johannes des Täufers. Sie war 1692 von der wohlhabenden Kaufmannsfamilie Stroganow gestiftet worden.

Im Durchgang geschaffene Fresken zeigen Begebenheiten aus dem Leben des Klostergründers. Fast in ihrer ursprünglichen Pracht zeigt sich die von Andrej Rubljow und Daniil Tschornyj geschaffene Ikonostase. Wo Abt Nikon, der Sergius in seinem Amt nachfolgte, ruht, erhebt sich heute die benachbarte Nikon-Kapelle, die sich in ihrer Eleganz von der Kathedrale abhebt.

Blickfang

Von der Brunnenkapelle im Klosterbezirk von **SERGIJEW POSSAD** zu Glockenturm und Zarensitz.

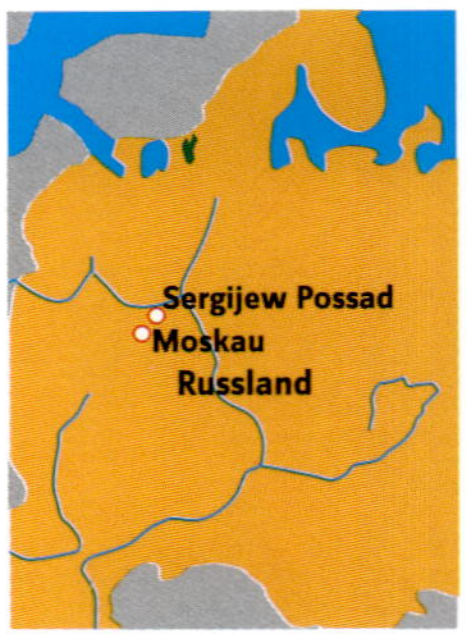

Majestätisch streckt sich der Glockenturm in die Höhe, der als schönster seiner Art in ganz Russland gilt (oben links).

Der Brunnen, aus dem die Pilger ihr heiliges Wasser entnehmen, ist märchenhaft gerahmt. Im Hintergrund ist der Zarensitz zu sehen (rechts).

Um die Heilkraft des Wassers zu ehren, hat man eine kleine Kirche errichtet: die rote Brunnen-Kapelle (unten links).

Aus allen Teilen Russlands pilgern Gläubige in den 1938 umfassend renovierten Klosterbezirk, dessen fast 1400 Meter lange Wehrmauer bis ins Detail rekonstruiert wurde. Sie erwerben von den Mönchen Opferkerzen und im Sommer das russische Nationalgetränk Kwass. Oder sie lenken ihre Schritte zur Brunnenkapelle.

Fast pausenlos füllen sie dort in ihre mitgebrachten Flaschen das Wasser des Heiligen Sergius ab, dem eine wundersame Heilkraft nachgesagt wird. Tatsächlich handelt es sich um Heilwasser, dessen Quelle dort schon 1644 entdeckt worden war. Darüber baute man im 17. Jahrhundert den kleinen Sakralbau, der durch seinen außergewöhnlichen Formen- und Farbenreichtum automatisch alle Blicke auf sich zieht.

Vorbild für Zarenresidenzen

Barock gestaltet wurden auch die Gemächer des Ende des 17. Jahrhunderts fertiggestellten Zarensitzes, der einen hölzernen Vorgängerbau ersetzte. Der im Stil des Refektoriums mit Schachbrettmustern und opulent ornamentierten Fenstern versehene Palast an der Nordmauer diente als Vorbild für spätere Zarenresidenzen im ganzen Land.

Auffallend hervorgehoben wurden bei diesem Baudenkmal vor allem die Fensterrahmungen des Hauptgeschosses. Dahinter liegen die aufeinander folgenden Wohn- und Repräsentationsräume des Herrschers. Zarin Elisaweta Petrowna verlieh dem Dreifaltigkeits-Kloster 1744 den Titel einer Lawra (Hauptkloster). Sie stellte es damit dem Kiewer Höhlenkloster, dem Kloster von Potschajewsk und dem Petersburger Alexander-Newskij-Kloster gleich. So konnte der Abt nach dem Zaren zum reichsten Grundbesitzer Russlands aufsteigen.

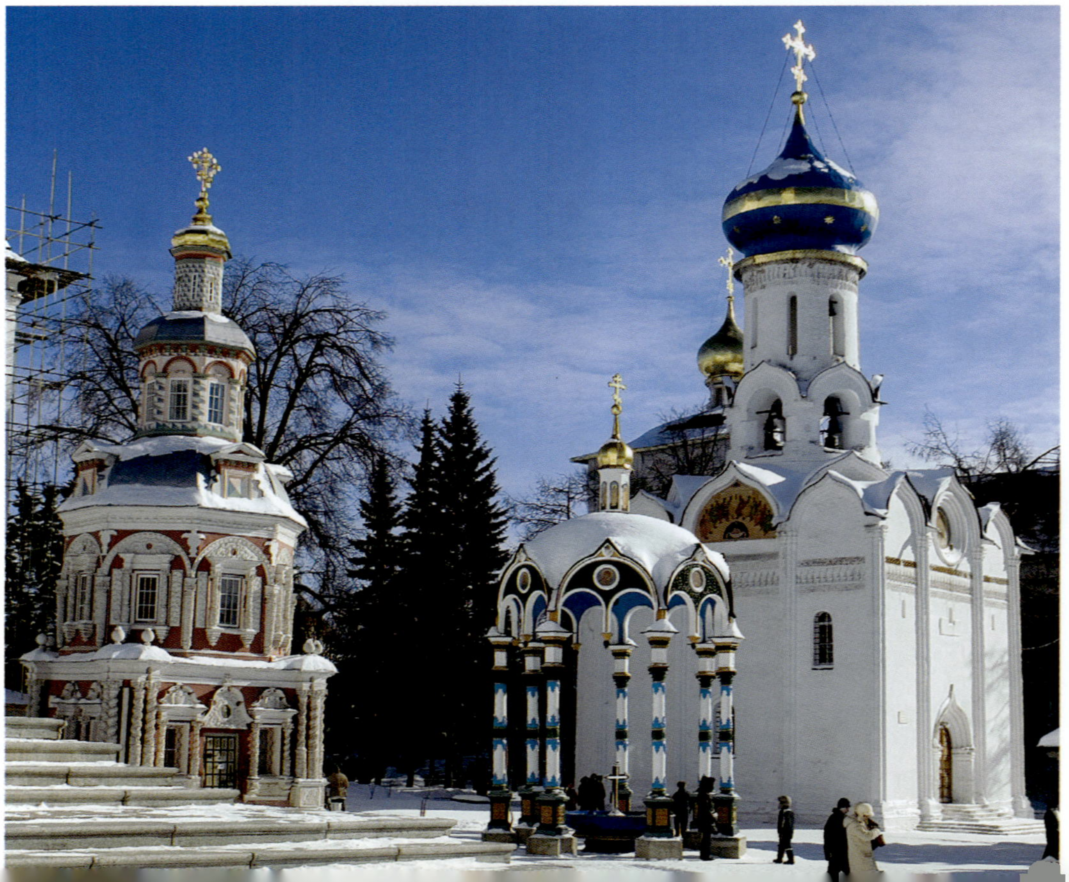

Auch in der Architektur sollte der Machtzuwachs zum Ausdruck kommen. Und so entwarf der italienische Architekt Bartolomeo Francesco Rastrelli im barock-klassizistischen Stil den 88 Meter hohen Glockenturm, der den Reichtum des Klosters symbolisierte.

Schönster Glockenturm

Der Legende nach sollte er sogar den Glockenturm im Moskauer Kreml um sechs Meter überragen. Den elegant aufstrebenden, blauweißen Turm, dessen vier Etagen auf einem quadratischen Unterbau ruhen, verklärt man als den schönsten Glockenturm Russlands.

Strenge Kirche

Die große Mariä-Himmelfahrts-Kirche von **SERGIJEW POSSAD** wirkt eher nüchtern.

Der auffälligste Kirchenbau des Klosters ist die Mariä-Himmelfahrts-Kathedrale, liegt sie doch mitten im Herzen des Klosters. Nicht nur rein äußerlich wirkt die Mariä-Entschlafens-Kathedrale, wie die Kirche auch genannt wird, etwas nüchtern. Auch im Inneren gibt sie sich eher zurückhaltend. Sie kontrastiert so deutlich mit der bunt-heiter wirkenden Nachbarbebauung wie der Brunnenkapelle oder dem Brunnen selbst.

Nach dem Vorbild der Mariä-Himmelfahrts-Kathedrale im Moskauer Kreml, Krönungsort der Zaren, ließ Iwan der Schreckliche 1584 den gleichnamigen Sakralbau errichten. Er stiftete den größten Sakralbau im Klosterbezirk nach seinem Sieg über die Tataren.

Schon wenige Jahre nach Baubeginn ließ das Engagement des Zaren allerdings deutlich nach, weil sich das Kloster immer stärker gegen seine Opritschnina stellte. Dieser Begriff bezog sich auf Iwans Leibgarde, deren Angehörige er in Klosternähe ansiedeln ließ.

Vorgeschmack auf den Barock

Fünf mächtige Kuppeln des im Inneren mit Wandgemälden verzierten Gotteshauses erstrahlen in zartem Hellblau, die fünfte Kuppel in der Mitte funkelt im Sonnenlicht golden. Sie sind eines der Wahrzeichen des Klosters.

Die betont strenge und nüchtern gehaltene Gestaltung des Äußeren findet im Inneren ihre Entsprechung. In den prächtigen Fresken, um 1648 von Jaroslawler Malern geschaffen, dominieren blau-violette Farbtöne, die den Werken einen zurückhaltenden Charakter verleihen. Der Überlieferung nach hatten die Männer nur 100 Tage benötigt, um die für ihre Schule typischen Monumentalwerke zu schaffen.

Beim Betrachten der Fresken kann man nachvollziehen, wie sich die Kirchenmalerei während dieser Kunstepoche von der idealen zur naturnahen Darstellung wandelte. Die reich verzierte Ikonostase darf bereits als Vorläufer der barocken Ausgestaltungen des 18. Jahrhunderts betrachtet werden.

Zar Boris' letzte Ruhestätte

Hinter der Mariä-Himmelfahrts-Kathedrale wurde Boris Godunow neben seiner Frau und seinen zwei Söhnen beigesetzt. Dem bei einem Attentat getöteten Herrscher war die Grablegung im Moskauer Kreml verweigert worden.

Die Mariä-Himmelfahrts-Kathedrale ist die größte Kirche innerhalb des Klosters. Ihre goldene Zentralkuppel ist ein weit sichtbares Wahrzeichen (links).

Die Kirche ist nicht nur innen, sondern auch außen mit Marien-Darstellungen geschmückt (oben rechts).

Im Inneren gibt sich die Kathedrale eher zurückhaltend. Dennoch entfaltet sie eine stimmige Atmosphäre (unten rechts).

Mehr Eremitage als Kloster

Verspielt und prächtig setzen die Sakralbauten von **SERGIJEW POSSAD** Akzente, vor allem das reich verzierte Refektorium.

Die Decken sind reich mit gold verzierten Fresken geschmückt (oben links).

Das große Refektorium gleicht eher einem Palast, denn einem Sakralbau (oben rechts).

Die Gesamtansicht der großen Halle offenbart den ganzen Reichtum, den das Kloster sein Eigen nennen konnte (unten rechts).

Die zierliche, aber beeindruckende Kirche der Gottesmutter von Smolensk wurde 1753 nach den Vorgaben des Petersburger Barocks fertiggestellt. Ihr Erbauer war Alexej Rasumowski, damals Favorit der Zarin Elisaweta, Tochter Peters des Großen. Dazu wurde zunächst die alte Klosterküche aus der Mitte des 18. Jahrhunderts abgebrochen. Blau und weiß gestrichen, besitzt das Gotteshaus einen achteckigen Grundriss. Konkave und konvexe Seiten wechseln sich dabei regelmäßig ab.

Bisweilen könnte man fast meinen, hier eher die verspielte Eremitage eines Landschaftsgartens als eine Stätte der Andacht und des Gebets vor sich zu haben.

Reich verzierter Speisesaal

Gleichfalls im Auftrag Iwans IV. entstand das Refektorium, dessen üppige Verzierungen eigentlich nicht mit dem einfachen Lebensstil der Einsiedler in Einklang stehen. Mit Rautenmuster verzierte Außenwände und Säulen, um die sich steinernes Weinlaub rankt, kennzeichnen den 510 Quadratmeter großen Speisesaal. Barocke Stuckarbeiten, Decken- und Wandfresken schmücken den Zeremoniensaal des Refektoriums. Auch außen setzte man auf verschwenderische Pracht: Die Fassade weist geometrische Muster in grün, blau, gelb und rot auf. Das breite Gesims ruht auf Halbsäulen. Und mit Muscheln versehene Segmentbögen schließlich bilden einen Kranz um die darüber angebrachte Attika.

Zarenresidenz als Vorbild

Barock gestaltet wurden auch die Gemächer des Ende des 17. Jahrhunderts fertiggestellten Zarensitzes, der einen hölzernen Vorgängerbau ersetzte. Der im Stil des Refektoriums mit Schachbrettmustern und opulent ornamentierten Fenstern versehene Palast an der Nordmauer diente als Vorbild für spätere Zarenresidenzen im ganzen Land. Auffallend hervorgehoben wurden bei diesem Baudenkmal vor allem die Fensterrahmungen des Hauptgeschosses. Dahinter liegen die aufeinander folgenden Wohn- und Repräsentationsräume des Herrschers.

Impressionen aus der alten Zeit

Wenn die Besucher, im vertraulichen Gespräch vertieft, Seite an Seite mit den Mönchen die Wege beschreiten, könnte sich der Betrachter tatsächlich für kurze Zeit im vorrevolutionären Russland wähnen. Die friedliche Szene täuscht allerdings leicht darüber hinweg, dass zwischen Kloster und Staat seit Jahren grundlegende Konflikte schwelen.

Moskau denkt nicht daran, die nach der Verstaatlichung des Klosterbesitzes in die Tretjakow-Galerie gebrachten Originale einiger Rubljow-Ikonen zurückzuerstatten. Und das gut ausgestattete Klostermuseum im Inneren des Spitals, dessen Leitung die Kirche seit Jahren beansprucht, wird weiterhin unter staatlicher Führung bleiben.

Altrussland in Bestform

Kaum eine andere Stadt Russlands ist so gut erhalten wie **SUSDAL.**

LAGE:
220 Kilometer nordöstlich von Moskau

GRÖSSE:
ca. 12 000 Einwohner

ANFAHRT VON MOSKAU:
Bahn: Vom Kurski Bahnhof mit dem Schnellzug bis Wladimir, Fahrtdauer ca. 2 Stunden, dann mit dem Bus

In der kleinen Stadt Susdal führt der Weg direkt in die altrussische Vergangenheit. Den Chroniken nach wurde sie im 12. Jahrhundert inmitten sanft gewellter Hügel und grüner Marschwiesen auf beiden Seiten des Flusses Kamenka gegründet. Die „von Gott geschützte Susdalstadt" als religiöser und auch künstlerischer Mittelpunkt Altrusslands konnte mehr Baudenkmäler als alle vergleichbaren Orte der Region erhalten. Nicht einmal der Straßenverlauf der Fürstenresidenz wurde im Laufe der Jahrhunderte angetastet.

Während der Blütezeit des Reiches von Wladimir-Susdal entstanden aus gewaltigen Kalksteinquadern die Kathedralen von Susdal und Wladimir. Die weißstrahlenden, vorbildlich renovierten Baudenkmäler beider Städte symbolisierten den Willen der Fürsten, sich vom byzantinischen Gängelband zu lösen. Kein modernes Betongebäude im Stil der Sowjetjah-

Susdal ist wie kaum eine andere altrussische Stadt erhalten. Selbst kleine Bauten wie dieser Pavillon sind aufwändig restauriert (oben links).

Die Stadt wurde einst durch dicke Kremlmauern und wehrhafte Türme geschützt. (oben rechts).

In den gut erhaltenen Holzhäusern kann man zum Teil übernachten (unten).

re und auch keine Fabrikanlage beeinträchtigen das Erscheinungsbild dieser faszinierenden Stadt, deren Ikonenmalschule einstmals zu den angesehensten des Reiches gehörte. Nicht nur die 25 Kirchen, fünf Klöster und der Kreml, die die Mongoleneinfälle, Plünderungen und den Stadtbrand von 1644 überstanden haben, sind mit Liebe und Sorgfalt restauriert worden. Auch die gebietstypischen, mit Schnitzarbeiten verzierten Wohnhäuser aus Holz sind in gutem Zustand.

Östlicher Vorposten

Der legendäre Fürst Jurij Dolgorukij (1125–1157) gründete zunächst Kiew und zog im Kampf gegen konkurrierende Fürstentümer in das Gebiet „hinter dem Wald“ zwischen Wolga und Oka. Hier ließ er als Vorposten am Rand der asiatischen Weiten den befestigten Ort Susdal erbauen. Über drei Jahrzehnte lang diente Susdal als Hauptstadt. 1157 übernahm dann allerdings Wladimir die führende Rolle im Großfürstentum von Wladimir-Susdal.

Zu Beginn des Jahres 1238 fielen beide Städte in die Hände der Mongolen unter Batu Khan, dem es bis 1240 gelingen sollte, alle russischen Städte außer Nowgorod zu bezwingen und bis in das Gebiet des heutigen Polens vorzustoßen. Susdals ältestes Gotteshaus ist die von 1222 bis 1256 erbaute Mariä-Geburts-Kathedrale im Kreml.

Im Grundriss zeigt sie nach dem Vorbild der Kiewer Sophien-Kathedrale das Motiv des einbeschriebenen Kreuzes mit romanischen Elementen. Seit Mitte des 17. Jahrhunderts krönen fünf blaue, mit Sternen übersäte Zwiebelkuppeln die Kathedrale. Ihre goldenen Türen zählen zu den ältesten und imposantesten Werken der Feuergusstechnik.

Nach dieser Methode wurden Kupferplatten mit schwarzem Lack überzogen, dann brachte man eine Schicht Bienenwachs auf. Nach dem Einritzen der Zeichnung goss der Meister Goldamalgam über die Platten. Während das Quecksilber verdunstete, gingen Kupfer und Gold eine feste Verbindung ein.

Verklärtes Altrussland

Hinter den Kremlmauern residierte der Erzbischof, in dessen Palast ein Museum eingerichtet wurde. Die mit einem flachen Zeltdach und einer grazilen Zwiebelkuppel gekrönte Nikolaus-Kirche, deren Fenster und Portale prächtig gestaltete Rahmen erhielten, entstand 1720.

Die aus dem Jahr 1766 stammende Nikolaus-Holzkirche ist eines der sieben hölzernen Gotteshäuser des Susdaler Kremls. Sie wurde 1960 aus dem Dorf Glotowo nach Susdal gebracht. Für Nostalgiker gibt es keinen schöneren Ort als Susdal. Viele sehen im unversehrt erhaltenen Stadtbild das perfekte Abbild des heute gerne verklärten Altrusslands.

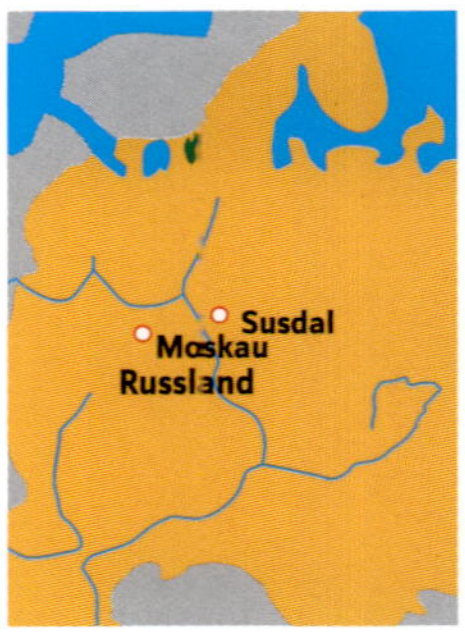

LAGE:
220 Kilometer nordöstlich von Moskau

GRÖSSE:
ca. 12 000 Einwohner

ANFAHRT VON MOSKAU:
Bahn: Vom Kurski Bahnhof mit dem Schnellzug bis Wladimir, Fahrtdauer ca. 2 Stunden, dann mit dem Bus

Wehrhafte Klosterburgen

Um **SUSDAL** besser gegen Angriffe zu schützen, baute man um die Stadt einen Ring aus **BEFESTIGTEN KLÖSTERN.**

Ein mächtiger Ring aus 15 Klöstern außerhalb der Stadtmauern bot Susdal einstmals zusätzlichen Schutz. Einige von ihnen zählen zu den großen Meisterwerken der russischen Architektur.

Kloster der Gewandniederlegung

Zu den herausragenden Gebäudekomplexen zählt das 1207 errichtete Kloster der Gewandniederlegung. Es erhielt 1688 das Heilige Tor am Klostereingang. Dieses trägt auf seinem Unterbau zwei Zeltdächer, die mit glasierten Kacheln verziert sind. Der gelb gehaltene Glockenturm, den man schon von weitem wahrnimmt, ist Wahrzeichen der Stadt. Im oberen Geschoss befindet sich eine Aussichtsterrasse, von wo aus sich ein herrlicher Rundblick über Susdal und die leicht hügelige Landschaft bietet.

Alexander Newskij selbst hat im Nordwesten des Stadtgebiets das nach ihm benannte Alexander-Kloster gestiftet. Wie prächtig das Heiligtum einstmals verziert war, lässt sich heute noch erahnen. Allerdings haben nur die Christi-Himmelfahrts-Kirche, das Heilige Tor und der Glockenturm die Stürme der Zeit überdauert.

Erlöser-Euthymios-Kloster

Hinter einer hohen Wehrmauer, die durch ein Dutzend mächtige Rundtürme verstärkt wird, liegt Susdals bekanntestes Kloster, das prächtig verzierte Erlöser-Euthymios-Kloster.

Es beherbergt Russlands älteste Zeltdachkirche, die 1525 vollendete Mariä-Himmelfahrts-Refektoriumskirche. Ihr 1664 fertiggestelltes Haupttor ist ein massiver, 22 Meter hoher Viereckbau, gekrönt durch ein Zeltdach mit Kuppel.

Nicht weniger massiv wirkt die Mariä-Verkündigungs-Kirche, die eher eine defensive Aufgabe hatte. Im Glockenstuhl der wuchtigen Christi-Verklärungs-Kirche wurden 1990 die alten, unterschiedlich großen Glocken wieder aufgehängt.

Sieben Jahrzehnte lang war es der Kirche streng untersagt, die Gläubigen mit Glockenläuten an den Beginn

Die weißen Klöster von Susdal erfreuen jeden Besucher, der sich auf die Entdeckungsreise durch diese traumhafte Landschaft macht. Weit ins Land hinein erklingt das herrliche Glockenspiel des berühmten Glockenturms von Susdal.

der Messe zu erinnern. Wurden Glocken nach der Oktoberrevolution als kunsthistorisch unbedeutend eingestuft, schmolz man sie kurzerhand ein. Lediglich Komponisten und Musikforscher durften sich in streng wissenschaftlichem Sinne mit ihnen beschäftigen.

Die Russen und ihre Glocken

Seit dem Ende des Kommunismus können sich Studierende der Musikhochschulen wieder mit der mittlerweile fast ausgestorbenen Kunst des Glockenspiels vertraut machen. Um das Geläut des Klosters wie in früheren Zeiten Altrusslands melodiös erklingen zu lassen, müssen drei bis vier Glöckner harmonisch zusammenarbeiten.

Kaum ein Volk hat trotz der sieben Jahrzehnte dauernden Zwangspause ein innigeres Verhältnis zu den erstmals von byzantinischen Meistern eingeführten Glocken bewahrt als die Russen. Im Gegensatz zu den westeuropäischen Ländern wird in Russland nicht die Glocke, sondern der Klöppel in Schwingbewegungen versetzt.

Ein Kloster als Hotel

Schon von weitem kann man die Kathedrale des Pokrowskij-Klosters erkennen. Es diente früher als Intourist-Hotel für Ausländer und Angehörige der Nomenklatur. Deswegen wurden die historischen Gebäude besser bewahrt als in anderen Klöstern. Inzwischen haben sich auch hier wieder Nonnen niedergelassen.

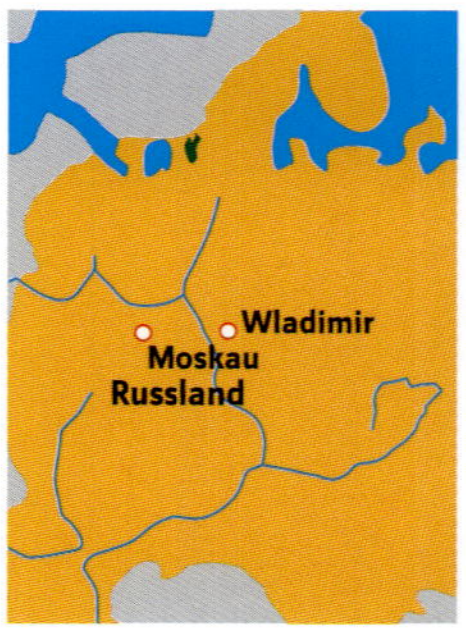

LAGE:
190 Kilometer östlich von Moskau

GRÖSSE:
ca. 400 000 Einwohner

ANFAHRT VON MOSKAU:
Bahn: vom Kurski Bahnhof mit dem Schnellzug, Fahrtdauer ca. 2 Stunden

Auto: über die Autotrasse M7, Fahrtdauer ca. 2,5 Stunden

Byzantinische Vorbilder

Die prächtigsten Gotteshäuser von **WLADIMIR** sollten den Kirchen in Konstantinopel und Kiew in nichts nachstehen.

Ursprünglich als mittelalterliche Grenzfestung gegründet, hat sich Wladimir seit Beginn des vorigen Jahrhunderts rasch zu einer Industriestadt gewandelt. Nur wenig erinnert dort heute noch an den herben Charme Altrusslands. Was aber geblieben ist, lohnt den Besuch allemal. Dazu zählen vor allem die Kathedrale, das Fürstenschloss Andrej Bogoljubskijs und das Goldene Tor. Sie liegen heute isoliert inmitten einer pulsierenden Stadt.

Die neue Hauptstadt

Anfang des 12. Jahrhunderts ließ Fürst Wladimir II. Monomach am Wolga-Nebenfluss Kljasma eine Festung anlegen und den entstehenden Ort nach sich benennen. Knapp ein halbes Jahrhundert später wurde Wladimir die neue Hauptstadt des Fürstentums Rostow-Susdal.

Wer einst den Ort besuchte, durchschritt zunächst das Goldene Tor, das seinen Namen der vergoldeten Kupferverkleidung verdankt. Dahinter lag die innere Zitadelle mit Fürstenpalast, Gotteshäusern und Bischofssitz, nach Vorbildern aus Byzanz und Kiew. Die bekanntesten Baudenkmäler von Kiew und Konstantinopel standen Pate beim Bau der um 1158 begonnenen Mariä-Entschlafens-Kathedrale, deren Maskenkonsolen und Wandfriese von Steinmetzen aus der Lombardei geschaffen wurden.

Die aus riesigen Kalksteinblöcken gemauerte Kathedrale symbolisierte den erklärten Willen der Herrscher des Fürstentums Wladimir-Susdal, sich von der kirchlichen Bevormundung durch Byzanz zu befreien. Noch heute hat man den Eindruck, das mächtige Gotteshaus schwebe zwischen Himmel und Erde.

Pyramidaler Kuppelaufbau

An Wladimirs massiver Entschlafens-kathedrale, bis zur Verlegung des Metropolitensitzes 1326 nach Moskau gesamtrussische Hauptkathedrale, wiederholten die Baumeister den pyramidalen Kuppelaufbau, der Kiews Sophienkathedrale ein unverwechselbares Aussehen verleiht.

Als Schmuckmotiv wählte man Rundbögen. Auf den Flächen zwischen den kleinen Säulen der Blendarkaden befanden sich einst Gemälde von Hohepriestern und Propheten. Im Inneren blieben Fresken der Ikonenmaler Andrej Rubljow und Daniil Tschorny (1408) erhalten.

Kirche des heiligen Demetrios

Als Gegenstück zu dem weithin sichtbaren Gotteshaus ließen die Fürsten Ende des 12. Jahrhunderts auf einem Steilhang an der Kljasma die dem heiligen Demetrios geweihte Hofkirche erbauen.

Nach dem Kreuzkuppelschema konstruiert, wurde das romanisch beeinflusste Gotteshaus äußerlich mit einem fantastischen Reliefschmuck aus gut 1000 Skulpturen – Sagenfiguren und Fabelwesen – verziert. Dieses Figurenprogramm fasziniert noch heute: Es sollte das mächtige und vereinte Fürstentum von Gottes Gnaden symbolisieren. Wer das bedeutende Kunstwerk der Stadt sehen will, muss sich inzwischen allerdings nach Moskau bemühen.

Die „Gottesmutter von Wladimir“, mit der die eigenständige russische Ikonenmalerei beginnt, war erst 1918 unter einer dicken Malschicht neben der Zarenpforte freigelegt worden. Kurz darauf schaffte man die Wladimirskaja in die berühmte Tretjakow-Galerie.

Majestätisch ragen die zahlreichen Türme der Kirchen von Wladimir in den Himmel (oben links und rechts).

Das „Goldene Tor“, im 12. Jahrhundert erbaut, ist ein seltenes Denkmal altrussischer Militärbauten. Es ist ein 14 Meter hoher Turm mit einer aufgesetzten Turmkirche. Das prachtvolle Gebäude ist das letzte von ehemals fünf mächtigen Bauwerken (unten rechts).

Symphonie in Stein

Fast 300 Jahre älter als Moskau, entwickelte das Kulturzentrum ROSTOW WELIKI im 17. Jahrhundert seinen eigenen Baustil.

LAGE:
ca. 200 Kilometer von Moskau entfernt; Oblast Jaroslawl

GRÖSSE:
ca. 34 000 Einwohner

ANFAHRT VON MOSKAU:
Bahn: vom Jaroslawler Bahnhof, Fahrtdauer ca. 3 Stunden

Hinter der unbefestigten Uferböschung des Nero-Sees führen ausgetretene Trampelpfade an Hügeln und Holzhäusern vorbei zur Altstadt, wo Kathedralen und Paläste die Mauern des malerischen Kremls überragen. Der Nestor-Chronik zufolge, einer der ältesten Geschichtsschreibungen Russlands, gründete Rurik der Waräger im Jahr 862 Rostow als eine der Hauptstädte des Altrussischen Reiches. Damit ist Rostow fast drei Jahrhunderte älter als Moskau.

Rostow – die Gewaltige

Handel und Gewerbe blühten auf und so nannte sich der Handelsort im 13. Jahrhundert ganz unbescheiden Rostow Weliki, Rostow die Große. Zu den bekanntesten Leistungen lokaler Kunsthandwerker zählten Emaille-Darstellungen, die vor allem Mönche der Ikonenmalschule von Rostow-Susdal in ihren klösterlichen Werkstätten verfertigten. Rostower „Finift", wie Emaille auf Russisch heißt, war an den Fürstenhöfen im ganzen Reich begehrt.

Im Widerstand gegen die Tataren hatte Rostow früh eine führende Rolle angestrebt. Dort begann 1262 der erste Aufstand gegen die heidnischen Herren aus der Steppe. Sergius von Radonesch, wichtigster Theologe und Staatsmann des 14. Jahrhunderts, entstammte einem Rostower Kloster und betrieb von dort aus mit rhetorischen Waffen die erste Wiedergeburt des Altrussischen Reiches.

Verzierte Holzhäuser

Während Russlands Städte im 17. Jahrhundert überwiegend im Stil des Naryschkin-Barock neugestaltet wurden, entwickelten Rostows Architekten eine eigene Richtung, die an den lokalen Kirchenbaustil vor dem Mongolensturm anknüpfte. Allerdings ließ Katharina II. Rostow im folgenden Jahrhundert auf einem regelmäßigen Grundriss weitgehend neu anlegen.

Nachdem das Erlöser-Jakob-Kloster von den neuen Machthabern der Oktoberrevolution entweiht worden war, bezogen einfache Bauernfamilien aus der Umgebung die Anlage. Heute sind die Sakralbauten von Rostow Weliki wieder im Besitz der Kirche.

Dann hielt der Klassizismus Einzug in die Stadt am See. Für repräsentative Bauwerke nahm man Natur- oder Backstein. Die Wohnhäuser wurden aber weiterhin zumeist aus Holz konstruiert und mit bemaltem Schnitzwerk verziert. Auch Adelige, Kaufleute und Industrielle ließen sich hölzerne Residenzen errichten.

Zeitgenössische Dichter verklärten Rostow im 19. Jahrhundert zur „Symphonie in Stein". Die neuere Ringstraße mit ihren repräsentativen, öffentlichen Gebäuden rahmt einen breiten Gürtel mit Grünanlagen, die das Zentrum mit dem Marktplatz und der fünfkuppeligen Erlöserkirche umgeben.

Ein Patriarch im Kreml

Im Herzen dominiert der Kreml mit seinen Baudenkmälern und Kunstschätzen. Weltliche Fürsten haben dort nie gewohnt. Er diente Patriarchen als Residenz und sollte die Vorherrschaft der Kirche über die weltlichen Gewalten symbolisieren.

Rostows gewaltigstes Gotteshaus ist die im 16. Jahrhundert errichtete Mariä-Entschlafens-Kathedrale, die von fünf gewaltigen Zwiebelkuppeln gekrönt wird. Neben der Kirche befindet sich die berühmte Rostower Glockenwand. Angeblich reichte der Klang ihrer Glocken einst bis zu 20 Kilometer weit.

Gegenüber der Kathedrale führt der Weg durch ein Tor in das Kreml-Innere. Dort stößt man zunächst auf die von zwei Rundtürmen gerahmte Christi-Auferstehungs-Kirche. Im Metropolitenhof schließlich befand sich früher die heute in einigen Teilen als Museum genutzte Patriarchen-Residenz. Rostows wichtigste Klöster sind das Erlöser-Jakowlew-Kloster am Nero-See und das Abraham-Kloster mit der 1533 fertiggestellten Kathedrale des Erscheinens Christi.

Abschwung nach 1917

Mit der Oktoberrevolution begann Rostows Niedergang. Als erste Amtshandlung verboten die neuen Machthaber das Glockenspiel und vertrieben die Mönche aus den Klöstern.

Im Erlöser-Jakob-Kloster bezogen Bauernfamilien aus dem Umland die Mönchszellen. Und Sergius von Radoneschs Geburtskloster diente fortan als Geflügelzuchtanlage. Zwei weitere Klöster wurden abgebrochen. Von den ursprünglich zwanzig Gotteshäusern blieb nicht einmal die Hälfte erhalten.

Eine Stadt versinkt

Seit Jahren bereitet den Denkmalschützern eine fatale geologische Entwicklung Kopfschmerzen: Die Kulturdenkmäler stehen auf schwammigem Boden, in den sie allmählich einsinken. Inzwischen hat sich der Straßburger Europarat der Stadt am Nero-See angenommen. Zunächst muss der Untergrund stabilisiert werden. Dann erst ist die Restaurierung der historischen Gebäude sinnvoll.

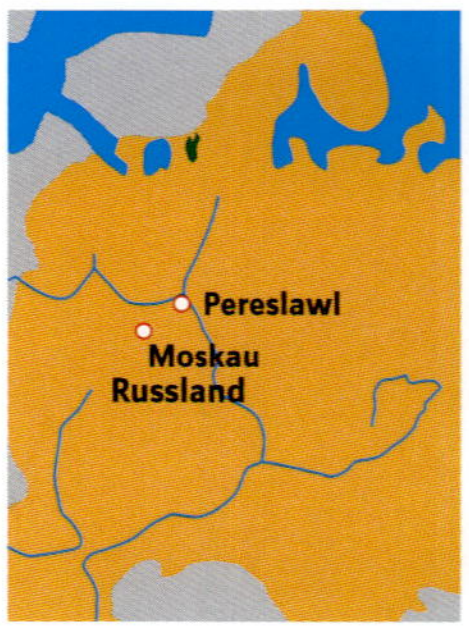

Kultur hinter den Wäldern

Einst war **PERESLAWL-SALESSKIJ** wichtiges Handelszentrum für Westeuropa. Aus dieser Zeit stammt das berühmte Bergkloster.

LAGE:
am Pleschtschejewo-See, 130 km nordöstlich von Moskau; Oblast Jaroslawl

GRÖSSE:
ca. 43 000 Einwohner

ANFAHRT VON MOSKAU:
Vorortzug: vom Jaroslawler Bahnhof Richtung Sergijew Possad, dann mit dem Bus, Fahrtdauer ca. 3 Stunden

Dunkle Wälder charakterisierten im Mittelalter das Erscheinungsbild der Landschaft um Pereslawl, und so verlieh man der 1152 von Jurij Dologrukij gegründeten Stadt den Beinamen „Salesskij" – hinter den Wäldern. Das wichtigste historische Ensemble ist hier das einst wohlhabende Bergkloster.

Lage an der Handelsstraße

Hinterwäldlerisch gab sich der aufstrebende Ort freilich nie. Im 12. Jahrhundert erlebte Pereslawl seine Hochblüte als Handelsstadt. Der Ort lag an einer wichtigen Straße, die von Moskau in den hohen Norden, nach Archangelsk, führte. Dementsprechend blühten die Geschäfte.

Doch dann wendete sich das Glück ab: Ein halbes Dutzend Mal zogen Tatarenheere über Pereslawl her und machten es dem Erdboden gleich. Die Bewohner ließen sich jedoch nicht entmutigen und bauten ihren Heimatort stets wieder auf.

Als Pereslawl 1302 an Moskau fiel, begann eine neue Phase der Stadtentwicklung. In diese Zeit zu Beginn des 14. Jahrhunderts fiel auch die Gründung des so namhaften Bergklosters. Dessen Bedeutung wuchs, als die Mönche zahlreiche Schenkungen in Form von Dörfern, Mühlen und Salzsiedereien erhielten. Sie legten zugleich den Grundstein für den Aufstieg zum wichtigen Kulturzentrum. Eine große Phase des wirtschaftlichen Aufschwungs setzte im 16. Jahrhundert ein. Damals trat Pereslawl sogar mit Partnern in mehreren westeuropäischen Ländern in enge Handelsbeziehungen.

Im Petersburger Barock

Pereslawls befestigtes Bergkloster betritt man durch das Heilige Tor, über dem sich die Nikolaus-Torkirche mit feinen Stuckarbeiten nach Moskauer Stil erhebt. Nach den Vorgaben des Petersburger Barocks hat man später, 1757, das wichtigste Gotteshaus des Klosters, die Mariä-Entschlafens-Kathedrale verziert.

Feierlich streng wirkt die 1530 im städtischen Dreifaltigkeits-Danilow-Kloster fertiggestellte Dreifaltigkeits-Kathedrale, deren Innenräume im 17. Jahrhundert mit Fresken ausgestaltet wurden. Als letzter Teil der einstigen Klosterumfriedung ist das Ehrentor erhalten.

Eleganter Speisesaal

Völlig aus dem Stadtbild verschwunden ist hingegen der Kreml, nur seine Gotteshäuser gibt es noch. Zu den schönsten zählen die 1152 geweihte Christi-Verklärungs-Kathedrale und die mit einem Zeltdach gekrönte Kirche des Metropoliten Peter. Im Niketas-Kloster schließlich beeindruckt die Niketas-Kathedrale, ein von fünf Zwiebelkuppeln überragter Kreuzkuppelbau aus dem 16. Jahrhundert. Das im Moskauer Barock umgestaltete Refektorium besticht durch seine eleganten Proportionen.

Das einst mächtige Bergkloster erhielt zahlreiche Schenkungen in Form von Dörfern, Mühlen und Salzsiedereien. Schnell entwickelte es sich zu einem wichtigen Kulturzentrum und ist es bis heute geblieben.

Klassizistische Eleganz

Stadtpaläste und Russlands schönste Barockkirche stehen für die Blütezeit der Handelsstadt **KOSTROMA**.

LAGE:
ca. 370 Kilometer nordöstlich von Moskau

GRÖSSE:
ca. 280 000 Einwohner

ANFAHRT VON MOSKAU:
Bahn: vom Jaroslawler Bahnhof, Fahrtdauer ca. 7 Stunden;

Bus: Fahrtdauer ca. 8 Stunden

Auto: Über die Jaroslawskoje Schosse, Fahrtdauer ca. 4,5 Stunden

Früher einmal dominierten große Kathedralen das Bild der traditionsreichen Handelsstadt am Oberlauf der Wolga. Sie verliehen ihr ein unverwechselbares Aussehen. Wenn man sich Kostroma heute nähert, fällt der Blick zunächst auf gigantische Betonburgen aus den 1930er Jahren. Ausgerechnet das historische Kostroma, das seinen Aufschwung vor allem der Segeltuchherstellung verdankte, hatte sich die Sowjetmacht für ihre kulturverachtenden, gigantischen Modernisierungsprojekte ausgewählt.

Trotz der Eingriffe in das historische Erscheinungsbild besticht Kostroma auch heute noch durch architektonische Juwelen der Sakralbaukunst. Als mit Abstand schönstes Ensemble in diesem Landesteil gilt die auf das 17. Jahrhundert zurückgehende Christi-Auferstehungs-Kirche im Walde.

Ein Kloster als Kulturzentrum

Einst blühender Handwerker- und Handelsort, kam das 1213 erstmals urkundlich erwähnte Kostroma im 16. Jahrhundert unter den Machteinfluss des Moskauer Fürstentums.

Damals entwickelte sich das in Kostroma ansässige, berühmte Hypathios-Kloster zu einem der maßgeblichsten Kulturzentren Russlands. Der klobige Woskobojnaja-Turm, Teil der Wehranlagen des Klosters, ist aus dieser Zeit erhalten geblieben.

In den folgenden Jahrzehnten veränderten die Zaren immer wieder das Stadtbild. Zu einer der wichtigsten Veränderungen kommt es im Jahr 1642: Die Moskauer Herrscher lassen die Stadt in nur drei Jahren Bauzeit südwestlich des Klosters auf quadratischem Grundriss neu anlegen. Dorthin verlegt man 1955 auch die ursprünglich in einem benachbarten Dorf errichtete Christi-Verklärungs-Kirche. Das auf Pfählen ruhende hölzerne Gotteshaus besteht aus einem Raum.

Altrussische Holzbautechnik

Architektonischer Mittelpunkt Kostromas ist die mit fünf Goldkuppeln 1588 fertiggestellte Dreifaltigkeits-Kathedrale. Sie besitzt mehrere mit Zeltdach gekrönte Vorhallen sowie eine umlaufende Galerie. Herausragende Zeugnisse der russischen Holzbaukunst, darunter Kirchen, Wohnhäuser und Nutzbauten, sind heute in einem Freilichtmuseum öffentlich zugänglich.

Gerade in der Winterlandschaft wirken die verspielten Lustgärten mit ihren Rundbauten märchenhaft (unten links).

Zahlreiche Pfahlbauten säumen die Flusslandschaft der Region (Mitte).

Die berühmten Handelsreihen, erbaut von Katharina der Großen im 18. Jahrhundert, beeindrucken mit ihrem klassizistischen Glockenturm (oben rechts).

Die kaisergelbe Feuerwache im Stadtzentrum von Kostroma (unten rechts).

Auf fächerförmigem Grundriss angelegt, erhielt Kostroma im historischen Kern während der Regierungszeit von Zarin Katharina der Großen eine Vielzahl klassizistischer Gebäude. Daneben sind etliche mittelalterliche Baudenkmäler erhalten. Große Bedeutung hatten einstmals die Handelsreihen genannten Kaufhöfe, darunter die Ende des 18. Jahrhunderts fertiggestellten Mehlhändlerreihen.

Frühklassizistisches Ensemble

Ihnen gegenüber liegen die „Schönen Reihen". Mit dem Feuerwachturm bilden sie die Hauptelemente eines bemerkenswerten Ensembles des Frühklassizismus. Das Gerichtsgebäude, das Haus des Generals Bortschtschow und der Sitz der Gouvernementsver-

waltung bilden mit weiteren Handelshäusern im Süden den Abschluss des Platzes.

Als bedeutendstes Gotteshaus an der Wolga besticht der Backsteinbau der Christi-Auferstehungs-Kirche im Walde durch die Fassadengliederung: Paarweise angeordnete Halbsäulen, eine Bogengalerie und an drei Seiten geschaffene Treppenvorbauten mit Ziegeldächern bilden eine harmonische Einheit. Die Reliefe zeigen Darstellungen von Pelikanen, Einhörnern und Löwen. Diese Elemente tragen dazu bei, dass die Kirche wie ein Märchenpalast anmutet.

Außen prächtig geschmückt, empfängt die Kirche ihre Besucher auch im Inneren mit erlesenen Kostbarkeiten. Dort sind die Wände großzügig mit Fresken überzogen. Sie zeigen unter anderem Szenen aus der Apokalypse und die Erschaffung von Adam und Eva.

Erinnerungen an Palästina

Als einzige Sakralanlage Russlands weist das Auferstehungskloster bei **ISTRA** Architekturbezüge zu Jerusalem auf.

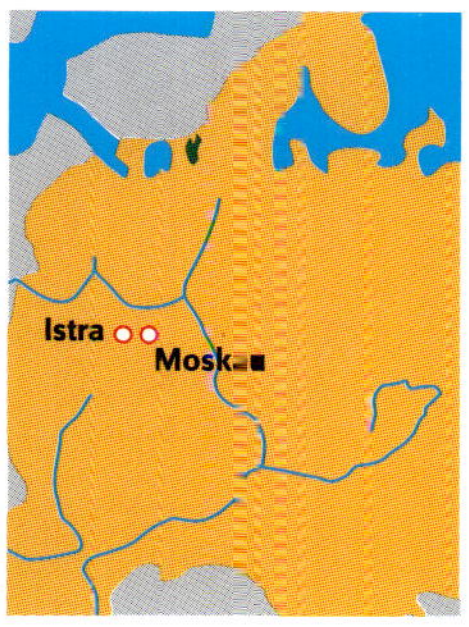

LAGE:
56 Kilometer westlich von Moskau Oblast Moskau

GRÖSSE:
ca. 34000 Einwohner

ANFAHRT VON MOSKAU:
Bahn: Richtung Riga

Weil die Landschaft um das neue Kloster bei Istra nahe der heutigen Hauptstadt Ähnlichkeiten mit dem Gebiet um Jerusalem aufwies, benannte man es nach der Heiligen Stadt Neu Jerusalem.

Lange fließt der kleine Fluss Istra an Feldern und baumbestandenen Wiesen vorbei. Doch dann ändert die Istra unvermittelt ihre Richtung. Und in dieser Flussbiegung thront hoch auf einem Hügel eine der legendärsten Klosteranlagen, die in Altrussland jemals errichtet wurden: das Männerkloster Nowo Jerussalim, zu Deutsch Neu Jerusalem.

Sein Gründer war der mächtige Patriarch Nikon, der das Kloster 1657 zunächst als Landsitz vorgesehen hatte. Während der langen Planungsphase besuchte der damalige Zar Alexeij Michailowitsch zusammen mit seinem Gefolge den Ort. Ein Theologe, der zuvor das Heilige Land besucht hatte, äußerte dabei, dass ihn die landschaftliche Kulisse stark an Jerusalem erinnere. Zar Alexeij zeigte sich von diesem Vergleich so angetan, dass er den Wunsch äußerte, das Kloster nach der Heiligen Stadt zu benennen.

Tatkräftige Mitarbeit

Nikon, der dem Patriarchenamt 1658 entsagt hatte, widmete sich engagiert dem Bau des Klosters. Mit großer Aufmerksamkeit überwachte er die einzelnen Bauphasen der Kathedrale, die an die Jerusalemer Grabeskirche angelehnt war.

Dank ihrer Größe wirkt die Kathedrale der Auferstehung majestätisch. Sie besitzt eine der wertvollsten Klosterausstattungen Russlands. Das in Form eines Kreuzes angelegte Gotteshaus zeichnet sich aus durch eine Vielzahl von Gesimsen und Fensterrahmen, die üppig mit grün glasierten Pfauenaugen-Fliesen verziert sind.

Im Inneren der Kathedrale schuf man in einer Tiefe von sechs Metern eine Nachbildung des Felsengrabes, zahlreiche Ikonen schmücken den Innenraum. Heute dient das Kloster als Museum und Kunstgalerie.

In Novy Iyerusalim erhebt sich das majestätische Kloster mit seinen weißen Wänden und Türmen. Über allem leuchtet der Dom der Kathedrale der Auferstehung.

Auferstanden aus Ruinen

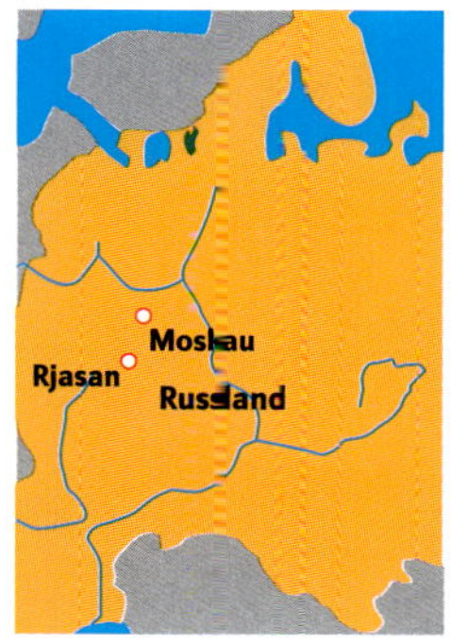

LAGE:
200 km südöstlich von Moskau; Oblast Rjasan

GRÖSSE:
ca. 520 000 Einwohner

Einst war RJASAN eine der wichtigsten Städte Altrusslands. Doch dann zerstörten die Tataren den Ort. Aus den Ruinen entstand im 17. Jahrhundert aber wieder eine Architekturperle.

Dass Rjasan als zentraler Hauptort des gleichnamigen Fürstentums einmal eine der blühendsten Städte Altrusslands war, hält man heute kaum für möglich. Von einer Kirche abgesehen, hat sich aus der Epoche vor dem Mongolensturm nichts gehalten. Als die wilden Reiter der Goldenen Horde 1237 den einst Pereslawl-Rjasanskij genannten Ort überrannten, vernichteten sie ihn vollständig.

Neubeginn im 17. Jahrhundert

Im Laufe der Jahrhunderte erholte sich die Stadt zwar, ihre ursprüngliche Bedeutung sollte sie jedoch nie wieder erlangen. Eine Aufschwungphase fällt in das 17. Jahrhundert – zu dieser Zeit wird der Grundstein für das pittoreske Bild gelegt, dass sich heute dem Auge bietet.

Die neu entstandenen Kirchen und Klöster zeigen in ihrer Gestaltung deutlich den prägenden Einfluss der Moskauer Architektur. Vor allem der damals modische Naryschkin-Barock wirkte stilbildend.

Im Kreml erhebt sich das wichtigste Gotteshaus Rjasans, die Mariä-Entschlafens-Kathedrale. Metropolit Hilarion hatte den Bau, der Ende des 17. Jahrhunderts vollendet wurde, in Auftrag gegeben. Dabei plante man einen großzügigen Innenraum, dessen wichtigste Kostbarkeit eine barocke Ikonostase ist. Beim Bau des Glockenturms wurden verschiedene Stilformen erfolgreich zusammengeführt.

Zu Beginn des 18. Jahrhunderts begann der Bau der Christi-Verklärungs-Kathedrale, die vor allem durch ihren verschwenderischen Kachelschmuck auffällt. Daneben thront der Erzbischöfliche Palast. Zwei Zeltdächer krönen die 1642 fertiggestellte Heilig-Geist-Kirche.

Entschlafen der Gottesmutter

In der Erzengel-Kathedrale, die auf das 16. Jahrhundert zurückgeht, aber bis ins 19. Jahrhundert hinein mehrfach verändert wurde, fanden die Rjasaner Fürsten ihre letzte Ruhestätte. Ikonen erinnern noch an die frühere Ausstattung. Außerdem findet sich hier das bekannte Altartuch „Das von Wolken umhüllte Entschlafen der Gottesmutter".

Als die Epoche des Klassizismus anbrach, veränderte sich auch Rjasan deutlich. Seit 1780 erhielt die Stadt ein Straßennetz auf Schachbrettgrundriss. Weiterhin entstanden öffentliche Gebäude, wie etwa ein Gymnasium, ein Spital, ein Altersheim und die Handelsreihen.

Zeugnisse des Jugendstils

Ende des 19. Jahrhunderts hatte Fjodor Schechtel, der als bedeutendster russischer Jugendstil-Architekt in die Geschichte einging, die Stadt als Wirkungsstätte gewählt. Er lieferte den Entwurf für das Schloss der Derwis in Kirizy.

Ein weiteres Kloster von regionaler Bedeutung liegt nördlich von Rjasan. Obschon im14. Jahrhundert gegründet, stammen alle Baudenkmäler des Klosters, etwa die Heilig-Geist-Kirche aus dem 17. Jahrhundert.

Die prächtige Uspenski-Kathedrale ist der markante Punkt der Stadt. Sie wurde 1693–1699 erbaut und hat eine Fläche von 1600 Quadratmetern. Ihr Turm hat eine Höhe von 72 Metern und der Sakralbau birgt in seinem Inneren eine gewaltige Ikonostase mit einer Höhe von 27 Metern (oben).

Feuchte Sumpfgebiete gehören zum typischen Bild der flachen Landschaft dieser Region (unten).

Russlands Tor zum Westen

Mit **SANKT PETERSBURG** lässt Peter der Große aus dem Nichts eine neue Hauptstadt entstehen.

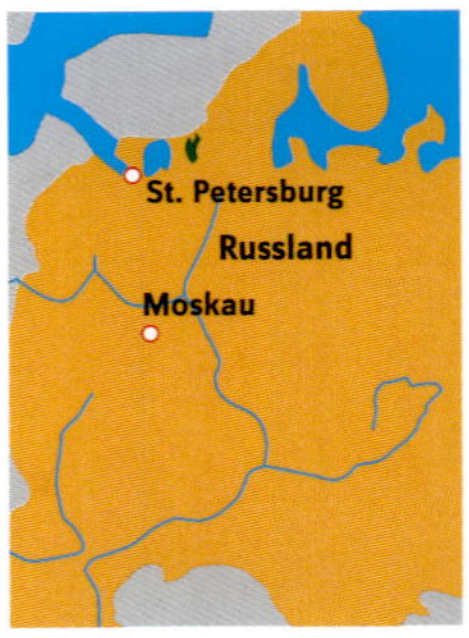

ADRESSE:
Russland, St. Petersburg, 191060 Smolny (Stadtverwaltung)

LAGE:
im Nordwesten Russlands an der Mündung der Newa in den Finnischen Meerbusen

GRÖSSE:
ca. 4,6 Mio Einwohner

BESONDERHEITEN:
Kurz nach der Gründung umbenannt in St. Petersburg, von 1914 bis 1924 Petrograd, von 1924 bis 1991 Leningrad

In einer poetischen Liebeserklärung an Sankt Petersburg hat der russische Dichter Alexander Puschkin die ehemalige Hauptstadt des Zarenreiches mit einer schlanken und gestrengen Frau verglichen. Über drei Jahrhunderte nach ihrer Gründung sieht man der steinernen Schönheit ihr Alter deutlich an. Zwar hat sie sich ihr faszinierendes Äußeres erhalten, aber die Falten in Form restaurierungsbedürftiger Gebäude sind nicht zu übersehen.

Der Wille eines Zaren

Wer diese Stadt besucht, kann kaum glauben, dass sie die wahrgewordene Vision eines einzigen Mannes ist: Peters des Großen. Dieser wollte das Reich zum Westen und vor allem zur See hin öffnen – und dafür schien ihm Moskau völlig ungeeignet. Deshalb brach er mit allen Traditionen: Dort, wo der Fluss Newa in die Ostsee fließt, ließ er aus dem Nichts eine neue Hauptstadt entstehen.

Peters überraschender Entschluss, im unwirtlichen Norden seine Regierung anzusiedeln, hatte bei den Hofbeamten zunächst helles Entsetzen ausgelöst. Sie dachten nicht im Traum daran, ihr schönes, altes Moskau mit der primitiven Pioniersiedlung in nächster Nähe zum bis dahin unbesiegten Feind Schweden zu tauschen.

Nach dem Sieg über die Schweden 1709 bei Poltawa blieb den Beamten jedoch keine andere Wahl, als ihre Koffer zu packen und in Russlands Norden zu ziehen. Die planmäßige Anlage der neuen Zarenresidenz, von 1712 bis 1918 mit kurzer Unterbrechung Hauptstadt, ist mit Abstand die städtebaulich kühnste Leistung des 18. Jahrhunderts, denn St. Petersburg war von Anfang an als Großstadt auch mit verschiedenen Gewerbegebieten angedacht.

Unmenschlicher Kraftakt

Menschlich gesehen ist dieser Kraftakt freilich Ausdruck einer beispiellosen Brutalität. Zehntausende von schwedischen und türkischen Kriegsgefangenen mussten den unwirtlichen Weiten jahrelang unter hohen Verlusten Baugelände abringen. Um den oft überschwemmten Untergrund zu stabilisieren, trieben sie zahllose Baumstämme in den Schlamm.

Auf 42 Inseln, 65 Newa-Flussarmen und Kanälen schufen die Zwangsarbeiter auf dem annähernd regelmäßigen Grundriss des französischen Architekten Alexandre Leblond eine Residenzstadt, deren Dimensionen für damalige Verhältnisse außergewöhnlich waren.

„Pitersburch", wie der Zar „Russlands Fenster zum Westen" nannte, symbolisierte in der maßlosen Monumentalität seiner Baudenkmäler den sichtbar gewordenen Anspruch, im Konzert der europäischen Großmächte des 18. Jahrhunderts politisch und kulturell eine tragende Rolle zu spielen.

Sankt Petersburg, das unter Mithilfe der renommiertesten Baumeister Italiens, Frankreichs und Deutschlands Europas schönste Stadt werden sollte, bildete den Gegenentwurf zur traditionellen, von Europa abgekehrten Hauptstadt Moskau, die der Zar als „großes Dorf" verspottete.

Als Moskau nach dem Brand von 1812 wieder aufgebaut wurde, orientierte man sich am Vorbild des barock-klassizistischen Sankt Petersburg. Seine nach Pariser Vorbild langgezogenen und linear angelegten Boulevards, seine breiten Plätze und ausgedehnten Grünflächen prägten auch die Städte des russischen Südens, vor allem Odessa und Sewastopol.

Im Kern der Neugründung ließ der ruhelose Peter, der sein Leben lang auch als Handwerker beachtliche Fertigkeiten bewies, die Peter-Paul-Festung und eine Werft anlegen. Die ersten, noch bescheidenen Steinbauten schuf der Tessiner Architekt Domenico Trezzini, von dem auch die Entwürfe für die Reihen-Holzhäuser, die Zwölf Kollegien, wie die Fachministerien hießen, und die ersten Gartenanlagen stammen.

Diesen Stadtentwurf respektierten auch alle Nachfolger, selbst die Sowjets ließen die Stadt unberührt. So haben im geschlossenen historischen Kern bis heute keine modernen Hochhäuser Platz gefunden.

ST. PETERSBURG

Die Geschlossenheit der historischen Altstadt respektierten sogar die Sowjets. Hier verschandelt kein modernes Hochhaus den Blick (oben).

Die roten Rostra-Säulen wiesen einst die Schiffe in den Hafen von Sankt Petersburg ein. Im Hintergrund ragt der gelbe Turm der Peter-Paul-Kathedrale hervor (unten).

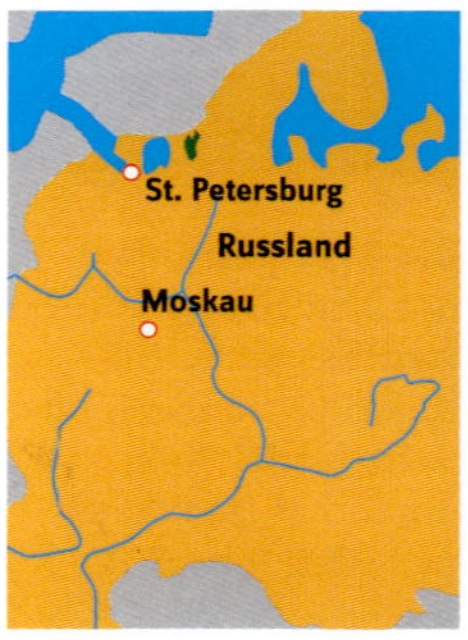

Der Geburtsort der Stadt

Die **PETER-PAUL-FESTUNG** gilt als Keimzelle von St. Petersburg. Das imposante Schutzgebäude ist heute ein Besuchermagnet.

ADRESSE:
Petropawlowskaja Krepost

ÖFFNUNGSZEITEN:
tägl. 11–17 Uhr, Di 11–16 Uhr, Mi Ruhetag und letzter Di des Monats; Die Festung selbst ist tägl. bis 22 Uhr frei zugänglich.

ANFAHRT:
Metro: Gorkowskaja; Bus: 46; Straßenbahn: 2, 40

Jeden Tag Punkt 12 Uhr gibt es am Rande von Sankt Petersburg einen lauten Knall. Was für Touristen in den ersten Tagen eher befremdlich ist, hat für die Bewohner längst einen traditionellen Charakter. Es erinnert sie an das älteste Bauwerk der Metropole: die Peter-Paul-Festung, die als Keimzelle der Stadt gilt.

Den Kanonenschuss von der Naryschkin-Bastion gibt es bereits seit dem 18. Jahrhundert, also fast seit der Entstehung dieser imposanten Festungsanlage auf der Haseninsel, inmitten des Newadeltas.

Am 16. Mai 1703 erfolgte der erste Spatenstich – ungefähr 20 000 Männer arbeiteten an dem Gebäude, das als Bollwerk gegen die Schweden im Nordischen Krieg (1700–1721) fungieren sollte und von Peter dem Großen geplant wurde. Anfänglich gab es nur eine Konstruktion aus Holzwällen, die schon im Jahr 1706 von einer 2,5 bis 4 Meter dicken Steinummauerung in Form eines unregelmäßigen Sechsecks ersetzt wurde.

Festung wurde zum Gefängnis

Der Architekt Domenico Trezzini leitete das gigantische Bauvorhaben, das sich über die gesamte 700 x 400 Meter große Haseninsel erstreckte.

Neben dem Schutzwall errichteten die Bauarbeiter verschiedene Bastionen, die nach dem Herrscher und seinen Mitstreitern Naryschkin, Trubezkoj, Sotow, Golowkin und Menschikow benannt wurden. Außerdem entstanden zum zusätzlichen Schutz noch einige Vorbefestigungen, die man als Ravelins bezeichnet.

In der Mitte des 18. Jahrhunderts war die Peter-Paul-Festung mit den Schutzanlagen im Inneren des Walls vollendet. Aber alle Baumaßnahmen erwiesen sich als überflüssig, denn das Gebäude kam als Verteidigungsanlage nie zum Einsatz. Stattdessen wurde ein Teil des Komplexes ab 1717 als Gefängnis genutzt. Der erste prominente Häftling war Alexej, ein Sohn Peters des Großen.

Den Hauptzugang in die imposante Anlage bildet noch heute das Peterstor, ein frühbarocker Triumphbogen, den ebenfalls der Architekt Trezzini entwarf. Es wird von zwei Figuren umrandet: Rechts entdeckt der aufmerksame Beobachter eine Nach-

bildung von Minerva, der Göttin der Weisheit; die linke Seite verziert die Kriegsgöttin Bellona. Auf dem Torbogen selbst präsentiert sich der doppelköpfige russische Adler.

Kontroverses Denkmal

Innerhalb der Schutzmauern finden sich weitere gut erhaltene Bauwerke. Im ehemaligen Ingenieurshaus ist eine Ausstellung zum Familienleben in Sankt Petersburg zu sehen. Auch das Wohnhaus des Kommandanten erfüllt als Zweigstelle des historischen Museums wieder einen Zweck. Im kleinen Bootshaus auf dem Gelände stand lange Peters erstes Segelschiff, nun findet sich in dem Blockpavillon ein Souvenirladen.

Für größere Kontroversen sorgte 1972 das Denkmal Peters des Großen nahe der Peter-Paul-Kathedrale, die ebenfalls auf dem Areal der Festung zu finden ist. Der russische Bildhauer Michail Schemjakin hat bei seinen Arbeiten den Kopf des Zaren im Vergleich zum Körper viel zu klein dargestellt – das etwas schiefe Bild erregte die Gemüter.

Die Peter-Paul-Festung auf der Haseninsel von außen. Der gigantische Schutzwall wurde zur Abwehr der Schweden im Nordischen Krieg (1700–1721) errichtet (oben links).

Das Denkmal zur Erinnerung an Peter den Großen sorgte für viele Diskussionen. Der Kopf ist im Verhältnis viel kleiner als der Rest des Körpers (oben rechts).

Symbolträchtig zeigt die Kanone auf den Turm der Peter-Paul-Kirche. Zu einer Verteidigung der Festung kam es aber nie (unten).

Die letzte Ruhestätte der Zaren

Seit Peter dem Großen sind alle Herrscher in der **PETER-PAUL-KATHEDRALE** beigesetzt. Auch der ermordete letzte Zar Nikolaus II. wurde hierhin überführt.

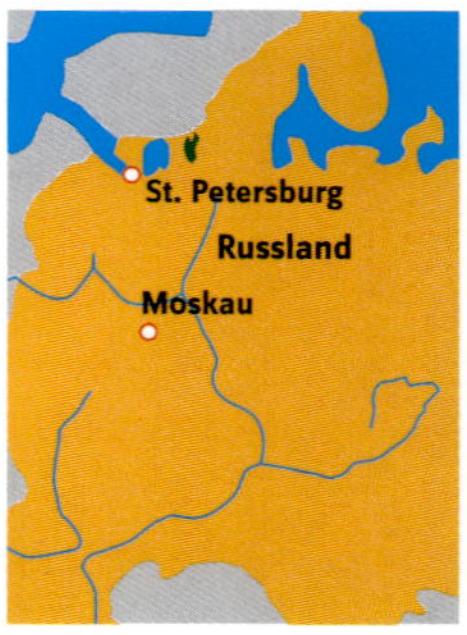

ADRESSE:
Petropawlowskaja Krepost

STIL:
Petersburger Barock

ÖFFNUNGSZEITEN:
tägl. 11-17 Uhr, Di 11-16 Uhr, Mi Ruhetag

ANFAHRT:
Metro: Gorkowskaja; Bus: 46; Straßenbahn: 2, 40

Den letzten großen Staatsakt zu Ehren eines Zaren erlebte St. Petersburg am 17. Juli 1998: In der Peter-Paul-Kathedrale wurde der letzte Zar, der in Ekaterinenburg ermordete Nikolaus II., beigesetzt. Achtzig Jahre nach seinem Tod fand er zusammen mit seiner ebenfalls liquidierten Familie hier seine letzte Ruhestätte. Neben ihm liegen die Gebeine aller anderen Zaren, die seit der Ernennung von St. Petersburg zur Hauptstadt das Russische Reich regiert haben.

In der angebauten Grabkapelle befinden sich zudem die Gebeine vieler Großfürsten. Erst im Jahr 1992 fand hier die letzte Beerdigung statt: Fürst Wladimir Romanow, der im amerikanischen Miami gestorben war, wurde im Zuge einer großen Zeremonie feierlich zu Grabe getragen.

Die Kirche selbst ist eines der bekanntesten Wahrzeichen von Sankt Petersburg. Ihre vergoldete Turmspitze ragt mehr als 122 Meter in den Himmel und wird vom Schutzengel der Stadt gekrönt, der ein sieben Meter großes Kreuz trägt.

Bis zum Bau des Fernsehturms war die Kirche das höchste Gebäude der Stadt. Ihre imposante Größe verdankt sie dem Schweizer Architekten Domenico Trezzini, der auf Befehl Peters des Großen die Peter-Paul-Kathedrale zwischen den Jahren 1712 und 1733 inmitten der gleichnamigen Festung bauen ließ. Er ersetzte damit eine hölzerne Kirche, die dort bereits Anfang des 18. Jahrhunderts errichtet worden war. Trezzini konzipierte eine frühbarocke, von außen eher schlichte, 64 Meter lange und 30 Meter breite Hallenkirche, die an westeuropäischen Sakralbauten orientiert ist.

Der Innenraum gliedert sich in drei Kirchenschiffe, die durch Säulen getrennt werden. Die Wände verzieren Wandmalereien, Ornamente und Stuck.

Im Vergleich zu anderen russisch-orthodoxen Kirchenbauten besticht die Peter-Paul-Kathedrale durch das Vorhandensein einer Kanzel, die aber nur einmal ihren Sinn erfüllte: 1902 wurde hier die Exkommunikation des gesellschaftskritischen Schriftstellers Leo Tolstoi verkündet. Dessen kurz zuvor veröffentlichter Roman „Auferstehung" galt als offene Kritik an der Orthodoxie.

Besonders auffallend ist die vergoldete Ikonostase von 1722, die sich im traditionellen russischen Barockstil präsentiert. Sie gleicht einem Triumphtor und erinnert symbolisch an die Siege im Nordischen Krieg gegen Schweden. Eine ähnliche Bedeutung für die Kirche errang im Jahre 1830 der einfache Bauer Tjoluschkin, dessen Geschichte in Sankt Petersburg bis heute erzählt wird: Als nach einem Blitzschlag der goldene Engel von der Turmspitze abzustürzen drohte, schwang sich der einfache Arbeiter todesmutig auf den Turm, um den Himmelsboten wieder sicher zu befestigen.

Dafür erhielt er vom Zaren Geld, Kleidung und angeblich auch den goldenen Becher, der ihm die kostenlose Einkehr in alle Sankt Petersburger Kneipen möglich machte. Die Legende besagt, dass er nach einigen Jahren dem Wodka erlag.

Das Innere der Kathedrale ist mit Wandmalereien, Ornamenten und Stuck geschmückt (oben links).

Der Turm der Peter-Paul-Kathedrale ragt knapp 123 Meter hoch in den Himmel (unten links).

Vor allem bei Nacht bietet das Gebäude ein atemberaubendes Bild (unten Mitte).

Auch der Haupteingang mit seiner Säulenkonstruktion ist ein absoluter Blickfang (rechts).

Petersburger Perle

Der **WINTERPALAST** ist das bekannteste Gebäude der Stadt, das jedes Jahr drei Millionen Besucher zählt.

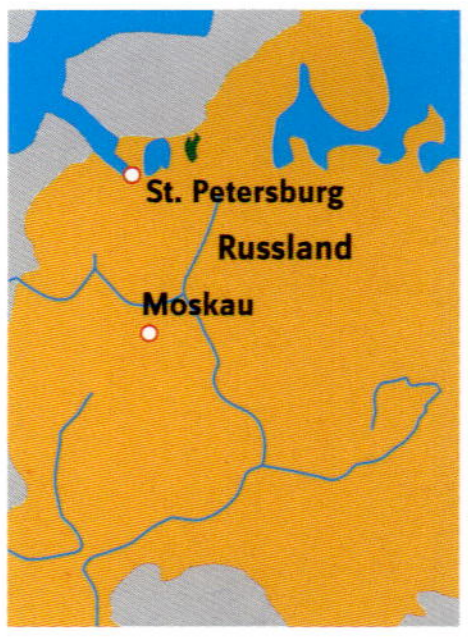

ADRESSE:
Dworzowaja Nabereschnaja 32

ÖFFNUNGSZEITEN:
10.30–17 Uhr, So 10.30–16 Uhr, Mo Ruhetag

ANFAHRT:
Metro: Kanal Gribojedowa, Newskij Prospekt, Gostinyj Dwor; Bus: 7; Express Bus: 7, 10, 147; Mini Bus: 128, 129, 147, 228; Trolleys: 1, 7, 10

Ein Meisterwerk barocker Herrlichkeit, eines der größten Schlösser Europas und das bekannteste Gebäude von Sankt Petersburg: das ist der Winterpalast. Seine Berühmtheit verdankt er allerdings nicht seinem Äußeren – hinter den monumentalen Mauern und in mehreren Anbauten befindet sich eines der gewaltigsten Museen der Welt: die Eremitage.

Peter starb in seinem Palast

An der Newa, zwischen Admiralität und dem Sommergarten gelegen, entstanden bereits ab 1711, während der Herrschaftszeit Peters des Großen, die ersten Gebäude. Dieser erste Winterpalast, der damals noch deutlich bescheidenere Ausmaße besaß, ging als Sterbestätte des berühmten Zaren in die Geschichte ein.

Die grünlich-weiß strahlenden kolossalen Fassaden des Prachtbaus, die sich dem Auge heute präsentieren, stellen bereits die vierte Fassung des Gebäudes dar. Unter Elisabeth I. wurde dieses Gebäude mit seinen vielen Säulen und reichen Verzierungen 1762 fertiggestellt. Der Architekt Bartolomeo Francesco Rastrelli setzte sich mit seinem Entwurf selbst ein Denkmal.

Mehr als 1000 Räume befinden sich in dem Gebäudekomplex, dessen Bauten sich um einen quadratischen Innenhof gruppieren. Den prächtigen Thronsaal, die Haupttreppe und die Palastkirche gestaltete Rastrelli noch selbst. Die restlichen Innenarbeiten teilten sich im Laufe der Zeit andere namhafte Baumeister wie Veldten, Quarenghi, Rossi, Montferrand und Stassow.

Die Residenz Katharinas

Katharina die Große machte nach ihrem Amtsantritt den Winterpalast zur offiziellen Zarenresidenz. Während ihrer Regierungszeit erhielt das Interieur seine volle Pracht. Die kostbare, weiß-goldene Jordan-Treppe, der 1100 qm große Ballsaal und der riesige Wappensaal gehören zu den vielen Glanzlichtern des Palais, mit denen sich die ursprünglich deutsche Monarchin umgab.

Die erste Kunstsammlung

Mit 225 Gemälden, die Katharina von einem Berliner Kaufmann erstand, legte sie ab 1764 den Grundstock für die Eremitage. Die Sammlung, die zu ihren Lebzeiten auf 4000 Bilder anwuchs, umfasste bereits Werke von Rembrandt, Rubens, Tizian und Raffael. Jene füllten im Winterpalast bald Wand um Wand.

Der Prunkbau hatte im Lauf der Jahrhunderte aber auch einige Stürme zu überstehen. Nach einem Großbrand 1837 musste er umfassend restauriert werden. Im Oktober 1917 stürmen den Winterpalast die Roten Garden Lenins, um so die Macht zu übernehmen. Und im Zweiten Weltkrieg wird der Herrschersitz erheblich beschädigt.

Seit der ersten Wiederherstellung 1950 reißen die Renovierungsarbeiten nicht ab, ebenso wenig wie der Besucherstrom: Jedes Jahr kommen drei Millionen Besucher.

Hinter der prächtigen Fassade des Winterpalastes wurde Weltgeschichte geschrieben: Einst residierten hier die Zaren, dann – nach der Oktoberrevolution – der erste Sowjetrat. Heute weht die russische Flagge über der hier beheimateten Eremitage (oben).

Jedes Detail ist spektakulär – wie dieses Tor. Dahinter sieht man den Schlossplatz (unten links).

Auch nachts bietet der Palast ein beeindruckendes Bild (unten rechts).

Über drei Millionen Besucher bestaunen jährlich die Schätze der Eremitage (links).

Der Doppeladler war das Zeichen der Zaren (oben rechts).

In den Hallen finden sich auch besondere Stücke aus der Zarenherrschaft wie dieser vergoldete Thron (unten rechts).

Schau der Superlative

In den 353 Räumen der **EREMITAGE** findet der Besucher die wertvollsten Kunstschätze von der Steinzeit bis zur Neuzeit.

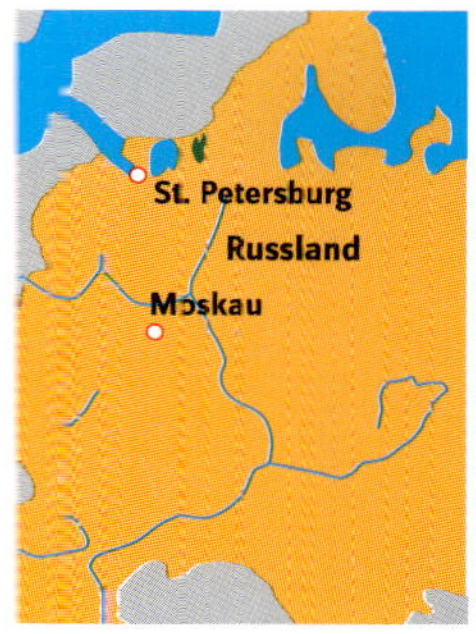

ADRESSE:
Dworzowaja Nabereschnaja 32

ÖFFNUNGSZEITEN:
tägl. 10.30–17 Uhr,
So 10.30–16 Uhr,
Mo Ruhetag

ANFAHRT:
Metro: Kanal Gribojedowa, Newskij Prospekt, Gostinyj Dwor; Bus: 7; Express Bus: 7, 10, 147; Mini Bus: 128, 129, 147, 228; Trolleys: 1, 7, 10

Eremitage – es gibt wohl kein Museum auf der Welt, das einen so unpassenden Namen trägt wie Russlands größte Kunstkammer. Denn das Wort bedeutet übersetzt Einsiedelei. Davon kann bei dem dichten Besuchergedränge, das jeden Tag mit der Öffnung der Palasttore einsetzt, nun wirklich keine Rede sein.

Als Eremitage bezeichnete man früher einen intimen Speisesaal, wie er vornehmlich in Pavillons eingerichtet wurde. Dort konnten die Tische unter die Decke gezogen werden, um nach dem Tafeln mehr Platz zum Tanzen zu haben.

In solch einem Tafelzimmer des Winterpalais soll Katharina die Große ihre ersten Bilder aufgehängt haben. Aber schon zu Lebzeiten der Zarin reichte der Winterpalast nicht mehr aus, um die gesammelten Kunstwerke aufzunehmen.

In der zweiten Hälfte des 18. Jahrhunderts wurden von den Architekten Veldten und Vallin de la Motte zwei Trakte angebaut, bekannt als die Kleine und die Alte Eremitage. Zusammen mit der Neuen Eremitage, die nach dem Brand von 1837 hinzukam, bilden alle Gebäude ein Museum der Superlative. Von den über 1000 Räumen sind 353 für Besucher zugänglich. Die ersten nicht adligen Bürger der Stadt durften übrigens 1852 die kaiserliche Sammlung bestaunen.

2,7 Millionen Exponate

Die bereits unter den folgenden Zarinnen und Zaren enorm angewachsene Kunstsammlung wurde nach der Oktoberrevolution noch einmal beträchtlich erweitert: Tausende von beschlagnahmten Werken, vornehmlich aus adligen Häusern, wurden der Sammlung einverleibt. Regelmäßig kommen auch heute noch Neuerwerbungen hinzu. So ist die Zahl der Exponate auf 2,7 Millionen Stück angewachsen, zehnmal mehr, als der Louvre aufzuweisen hat. Da versteht es sich von selbst, dass nur ein kleiner Teil ausgestellt ist.

„Man würde 70 Jahre brauchen, um sich jedes Exponat der Eremitage auch nur flüchtig anzusehen", urteilte der langjährige Museumsdirektor Boris Pjotrowskij.

Von der Steinzeit bis in die Gegenwart umfasst die gewaltige Ausstellung grandiose Werke aus aller Welt. Computeranimationen helfen dem Besucher, sich im Labyrinth der Hallen, Säle, Fluren und Treppenhäuser zurechtzufinden. Außerdem ist die Sammlung in sechs Abteilungen untergliedert, die dem Besucher die Orientierung erleichtern.

Die sechs Abteilungen

Beginnend mit der Prähistorischen Kultur, in der besonders die Stücke aus der Zeit der Skythen (7.–3. Jahrhundert v. Chr.) hervorstechen, folgt die Antike bis ca. 400 n. Chr. Ein Prunkstück dieser Abteilung ist die legendäre Taurische Venus. Auch der geheimnisvolle Orient präsentiert sich mit zahlreichen Schätzen, besonders in der Ägyptischen Sammlung. Die Numismatik zeigt 90 000 Münzen, Medaillen und Siegel. Klein ist hingegen die Ausstellung heimischer Kunst, der Großteil befindet sich im Russischen Museum.

Spektakuläre Highlights zeigt die Gemäldegalerie in der Westeuropäischen Abteilung; sie ist der eigentliche Stolz der Eremitage. Alte Meister wie da Vinci, Rembrandt, El Greco und Watteau sind hier ebenso anzutreffen wie Impressionisten von Monet bis Matisse. Nur zeitgenössische Kunst sucht man hier vergebens.

Das Generalstabsgebäude gehört zu den beeindruckendsten Blickfängen auf dem Schlossplatz (oben).

Die imposante Alexandersäule erinnert an den großen Sieg über die Armeen Napoleons (unten rechts).

Zeitweise konnten die Besucher eine Eis-Nachbildung des Winterpalais betrachten (unten links).

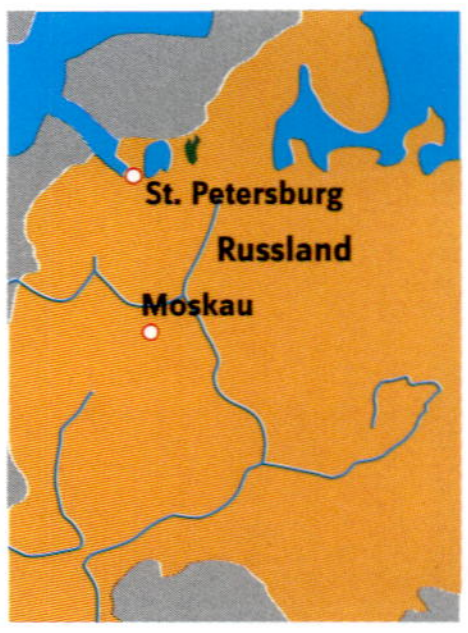

Wendepunkt der Geschichte

Der **SCHLOSSPLATZ** ist nicht nur der schönste in St. Petersburg, sondern auch Ausgangspunkt der Oktoberrevolution.

ADRESSE:
Dworzowaja Ploschtschad; an der Südfront der Eremitage

ÖFFNUNGSZEITEN:
Mi bis So zwischen 12-18 Uhr

ANFAHRT:
Metro: Kanal Gribojedowa, Newskij Prospekt, Gostinyj Dwor; Bus: 7; Express Bus: 7, 10, 147; Mini Bus: 128, 129, 147, 228; Trolleys: 1, 7, 10

Sankt Petersburg war noch nie ein Ort großer Bescheidenheit. Daher schwelgt man hier gerne in Superlativen, vor allem wenn es um den Schlossplatz geht. Denn voller Selbstbewusstsein bezeichnen ihn die St. Petersburger als „schönsten Ort der Welt".

Atemberaubende Architektur

In der Tat genießt man hier ein atemberaubendes Architekturgefühl: Zur Newa hin begrenzt das Winterpalais mit der Eremitage den Schlossplatz, der auch Palastplatz genannt wird. Beim Blick gen Süden sieht man das Generalstabsgebäude. Außerdem stehen hier das Stabsgebäude der Garderegimenter und die Glinka-Kapelle mit ihrer einzigartigen Akustik.

Aber dieser Platz atmet nicht nur Architekturhistorie: Hier wurde Geschichte geschrieben. Kein anderer Ort in Russland symbolisiert derart eindringlich Glanz und Niedergang des Zarentums.

Der Platz erhielt im 19. Jahrhundert sein heutiges Aussehen: Zar Alexander beauftragte den Architekten Carlo Rossi mit der Umgestaltung des Schlossplatzes. 1834 wurde im Herzen von St. Petersburg die Alexandersäule errichtet, die an den Sieg über Napoleon erinnert und damit einen der größten Triumphe Russlands symbolisiert. Auf ihrer Spitze thront in 48 Metern Höhe eine Engelsfigur, die ein sechs Meter großes Kreuz hält.

Der blutige Sonntag

Doch statt weiterer glorreicher Zarentaten erlebt der Platz nur wenige Jahrzehnte später eines der düstersten Kapitel der russischen Geschichte: den blutigen Sonntag. Am 9. Januar 1905 führt der Priester Georgi Gapon 20 000 Männer, Frauen und Kinder auf den Schlossplatz, um den Zaren um bessere Arbeitsbedingungen zu bitten. Und obwohl die Massen „Gott schütze den Zaren" sangen, ließ dieser das Volk niedermetzeln. Tausende sterben oder werden verwundet. Ein letztes Mal konnten die Romanows mit Gewalt ihren Thron retten, doch der Funke der Revolution ist gelegt. Zwar jubelt man dem Zaren 1914 beim Ausbruch des Ersten Weltkriegs noch einmal auf dem Schlossplatz zu. Aber 1917 kommt das Ende. Im Februar muss Nikolaus II. nach Massenprotesten zurücktreten. Die Macht tritt er an eine demokratisch-bürgerliche Übergangsregierung ab.

Im Oktober kommt es auf dem Platz zur großen Wende der russischen Geschichte: Der aus dem Exil zurückgekehrte Lenin führt den „Sturm auf den Winterpalast" an: Der bewaffnete Aufstand der Rotbrigadisten stürzt am 26. Oktober die bürgerliche Regierung, und Lenin setzt im Winterpalast die erste Sowjet-Regierung ein. Diese feiert ihre Machtergreifung in den Folgejahrzehnten immer wieder pompös auf dem historischen Platz.

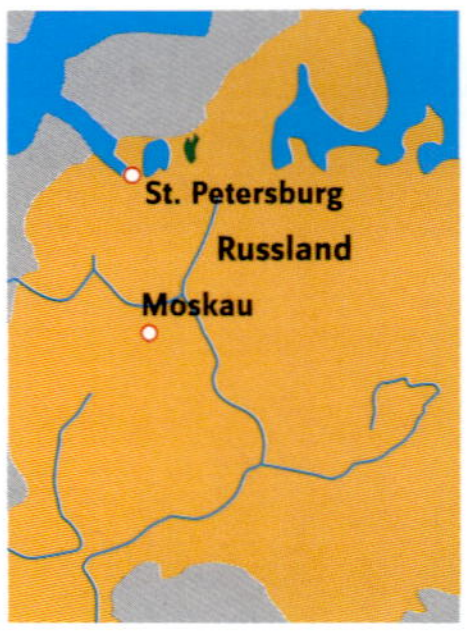

ADRESSE:
Admiraltejskaja Nabereschnaja 2

ÖFFNUNGSZEITEN:
Im Inneren ist heute eine Marineschule untergebracht, die für Besucher nicht zugänglich ist.

ANFAHRT:
Bus: 7, 10; Trolleys: 1, 5, 7, 10, 17, 22

Der Weg zur Seemacht

In der **ADMIRALITÄT** baute Peter die ersten Kriegsschiffe Russlands. Heute ist die einstige Werft ein repräsentativer Bau.

Peter hat ein Problem. Zu Land ist Russland bereits zu seiner Zeit eine Weltmacht, zu Wasser aber ohnmächtig den Angriffen – vor allem der Skandinavier – ausgesetzt. Als er in jungen Jahren als erster Zar überhaupt in den Westen reist, fasziniert ihn vor allem Holland, und das nicht nur wegen seiner Architektur, sondern vor allem auch wegen seiner mächtigen Flotte. Inkognito lernt der Zar selbst das Schiffsbau-Handwerk, denn er weiß: Ohne Marine ist Russlands Zukunft gefährdet.

Basis für die erste Flotte

In dieser Erkenntnis liegt auch die Entstehung Sankt Petersburgs mitbegründet. Mit seiner neuen Hauptstadt wollte der Zar nicht nur ein Gesamtkunstwerk westlicher Prägung errichten, sondern vor allem eine strategisch sinnvolle Basis für seine Marine schaffen.

Zu diesem Zweck wurde ab 1704, fast gleichzeitig mit der Peter-Paul-Festung eine Schiffswerft errichtet. Als Standort wählte man einen Platz gegenüber der Wassiljewskij-Insel, da das Wasser der Newa dort sehr tief ist.

Bald darauf war es endlich soweit: Die erste im Innenhof des U-förmigen Gebäudekomplexes gebaute Fregatte konnte zu Wasser gelassen werden. Bis zu Peters Tod im Jahre 1725 liefen in der Werft insgesamt 262 Kriegsschiffe vom Stapel – der Grundstock für Russlands Seestreitkraft war gelegt.

Die Admiralität, wie das neue Gebäude genannt wird, bildet – ihrer Bedeutung entsprechend – den geografischen Mittelpunkt der damaligen Stadt. Gleich drei Hauptstraßen laufen strahlenförmig auf sie zu.

Der russische Architekt Sacharow gestaltete den Bau nach 1806 um und gab ihm ein klassizistisches Gesicht. Der 407 m lange Hauptteil wird flankiert von zwei Seitenflügeln mit je 163 Meter Länge.

Blickfang ist der Turm mit vergoldeter Spitze, der von einem großen Torbogen durchbrochen wird. Auf einem Relief von Trebenjew ist dargestellt, wie Peter I. vom Meeresgott Neptun den Dreizack erhält. Zahlreiche Skulpturen stellen Kriegshelden wie Achill und Alexander den Großen dar oder verkörpern die vier Elemente. Auch der ägyptischen Göttin Isis, als Beschützerin des Schiffbaus, ist eine Statue gewidmet.

Als eines der Wahrzeichen von St. Petersburg ragt die 72 m hohe Turmspitze empor, die sich optisch nur durch die Wetterfahne von der Spitze der Peter-Paul-Kathedrale unterscheidet.

Von der Werft zur Schule

Zu Beginn des 19. Jahrhunderts hatte die Admiralität als Werft und Festung ihre Bedeutung verloren. Die ursprünglichen Gebäude verwandelten sich in einen prächtigen Repräsentationsbau, in den das Marineministerium einzog. Seit 1925 ist hier eine Marineschule untergebracht. Zum 200. Geburtstag Peters wurde entlang der Südfassade der kleine Alexander-Park angelegt

„Peter der Große wollte aus einem Volk von Landratten ein Volk von Wasserratten machen", formuliert später Karl Marx mit spitzer Feder. Angesichts der gewaltigen Marine-Streitmacht des heutigen Russlands kann man nur sagen, dass ihm das gelungen ist.

Die Admiralität ist nicht nur eines der schönsten, sondern auch eines der ältesten Gebäude der Stadt (oben links).

Der Turm ist im gleichen Stil gebaut wie der der Peter-Paul-Kathedrale (oben rechts).

Hinter den Toren des berühmten Gebäudes befand sich einst die erste Werft Russlands. Peter der Große ließ hier seine Kriegsschiffe bauen (unten rechts).

Architektonisches Meisterstück

Die **KASANER KATHEDRALE**, dem Petersdom in Rom nachempfunden, wurde mit ihrem vorgesetzen Säulenhalbrund beispielgebend.

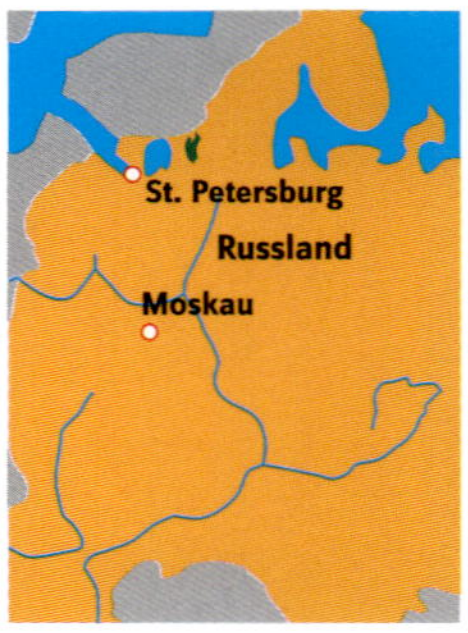

ADRESSE:
Kasanskaja Ploschtschad 2

GOTTESDIENSTE:
tägl. 10-18 Uhr

ANFAHRT:
Metro: Newskij Prospekt, Gostinyj Dwor; Bus: 3, 7, 22, 27; Trolleys: 1, 5, 7, 10, 17, 22

Den Tod vor Augen wurde Zar Paul I. am Ende des 19. Jahrhunderts von einem Herzenswunsch beseelt: Seine Heimatstadt sollte eine Kirche nach dem Vorbild des römischen Petersdoms schmücken. Als Architekten wählte er den russischen Baumeister Andrej Woronichin aus. Ihm verdankt die Stadt die Kasaner Kathedrale, die mit ihrer Baukunst beispielgebend für viele andere Gebäude der Welt werden sollte.

Der Architekt stand nämlich vor einer schwierigen Aufgabenstellung: Als Bauplatz war eine der Prachtstraßen der Stadt vorgesehen, der in ostwestliche Richtung verlaufende Newskij Prospekt. Nach orthodoxer Tradition müssen das Mittelschiff und der Altar der Kirche nach Osten ausgerichtet sein. Zugleich sollte sich das neue Gebäude aber repräsentativ zum Newskij Prospekt hin zeigen. Das aber hätte bedeutet, dass die Kirche nicht von vorn, sondern nur von ihrer – zumeist unattraktiveren – Längsseite aus zu sehen ist.

Beispielgebende Architektur

Andrej Woronichin löste das Problem mit Bravour: Vor den seitlichen Eingang setzte er ein prächtiges Halbrund, die Kolonnaden, in dessen Zentrum sich der Eingang zur Kathedrale befindet. Das Halbrund mit seinen beeindruckenden korinthischen Säulen formt den Kasaner Platz. So war alles erreicht: Die Kirche war nach Osten ausgerichtet, der Zugang überaus repräsentativ und die Anlehnung an den Petersplatz in Rom geschaffen.

Die architektonische Meisterleistung setzt sich im Inneren der Kirche fort. Im Stil des Alexandrinischen Klassizismus errichtet, eröffnet sich hier eine geradezu palastartige Kirchenhalle mit doppelten Säulenreihen auf dem Grundriss eines querliegenden Kreuzes.

Der Name der Kirche bezog sich auf ihr einst wertvollstes Stück: die wundertätige Ikone der Muttergottes von Kasan. Peter hatte sie 1710 von Moskau aus in die Stadt überführt. Im Laufe der Jahrhunderte allerdings ging das Heiligtum verloren.

Ehrung eines Nationalhelden

Der Bau der Kirche fiel in die Zeit des Napoleonischen Krieges, zu dessen Held der Oberbefehlshaber der russischen Truppen, Generalfeldmarschall Michail Kutusow, avancierte. Dieser hatte am 18. Oktober 1812 die Grande Armée aus Moskau vertrieben und so die entscheidende Schlacht gewonnen. Nach seinem Tod setzte man ihn im Nordflügel der Kasaner Kathedrale bei.

Zu den Paradoxien der Geschichte zählt, dass die Sowjets ausgerechnet dieses Gotteshaus zum „Museum des Atheismus" ummünzten. Heute finden hier wieder Gottesdienste statt.

Die Kasaner Kathedrale beeindruckt nicht nur durch ihr schönes Gotteshaus, sondern vor allem auch durch die Kolonnaden.

Peter, der die Schlange zertritt

Zum 100. Geburtstag von Peter dem Großen ließ Katharina II. auf dem heutigen **DEKABRISTENPLATZ** eine monumentale Statue des Stadtgründers errichten.

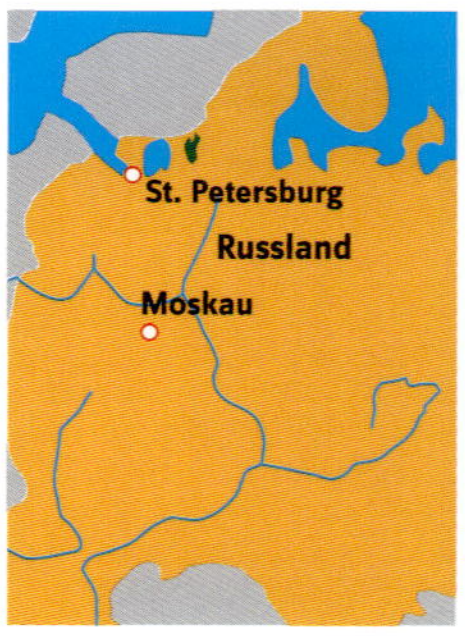

ADRESSE:
Ploschtschad Dekabristow, im Zentrum an der Newa

ANFAHRT:
Bus: 3, 22, 27;
Trolleys: 5, 22

Sankt Petersburg im Dezember des Jahres 1825. Der Winter und die lange Dunkelheit hier oben im Norden haben sich über die Stadt gelegt, als eine traurige Nachricht die Bürger erschüttert: Zar Alexander I. ist überraschend gestorben, ohne einen legitimen Thronfolger zu hinterlassen.

Hinter den Kulissen des Winterpalastes setzt ein zähes Ringen um seine Nachfolge ein. Vor allem eine Gruppe von adligen Offizieren sieht ihre Chance gekommen: die Dekabristen. Ihr Anführer ist Fürst Wolkonskij, der schon lange in verschiedenen Geheimbünden gegen die überkommenen, verkrusteten Herrschaftsstrukturen intrigiert. Er und seine Soldaten hatten auf Feldzügen erkennen müssen, wie rückständig Russland im Vergleich zu seinen westlichen Nachbarn war. So kommt es zum Putschversuch.

Als am 14. Dezember Alexanders Bruder, Nikolaus I., als neuer Zar feststeht, weigern sich die 3000 Soldaten, den Eid auf ihren neuen Herrscher abzulegen und ziehen demonstrierend auf einen der beliebtesten Plätze der Stadt, den Petersplatz.

Leidenschaftlich und lautstark fordern die überwiegend jungen Männer die Abschaffung der Leibeigenschaft und Aufhebung der Autokratie. Doch dann fallen Schüsse. Der neue Zar schlägt mit entschlossener Hand den Aufstand blutig nieder und rettet so seine Macht.

Die Anführer des Putsches werden dingfest gemacht und in der Peter-Paul-Festung inhaftiert. Im darauf folgenden Jahr richtet man Fürst Wolkonskij und andere beteiligte Offiziere hin, weitere Aufständige werden nach Sibirien verbannt.

Späte Anerkennung

Hundert Jahre später gedenken die Kommunisten den Putschisten. 1925 taufen sie den Ort des Aufstands, den ehemaligen Senats- und späteren Petersplatz in Dekabristenplatz um.

Der großzügige ehemalige Senatsplatz und spätere Petersplatz ist neben der Admiraliät an der Newa gelegen. Die Westseite der begrünten Fläche wird von dem Triumphbogen des Senat-und-Synod-Gebäudeensembles beherrscht. Das Gebäude mit Loggien und korinthischen Säulen wurde ab 1829 vom Architekten Carlo Rossi geschaffen. Mit der Figurengruppe „Gerechtigkeit und Frömmigkeit" verkörpert der Bau die Einheit von weltlicher und geistlicher Macht.

In der Mitte des Platzes erhebt sich majestätisch das Denkmal Peters des Großen. In Anlehnung an ein Gedicht Puschkins wird es auch „Eherner Reiter" genannt. Katharina II. ließ es 1782 für den verehrten Zaren anfertigen. Mit der Inschrift „Peter dem Ersten, Katharina die Zweite" betont die Zarin aber auch ihren gleichgestellten Status.

1600 Tonnen wiegt der Felsmonolith vom Finnischen Meerbusen, auf dem das Reiterstandbild thront. Die Bronzefigur stammt vom Bildhauer Falconet: Peter als energischer Herrscher, der selbstbewusst auf die Newa blickt. Sein sich aufbäumendes Pferd zertritt eine Schlange, das Sinnbild der Falschheit.

Das Denkmal auf dem Dekabristen-Platz ließ Katharina die Große zu Peters 100. Geburtstag errichten. Es zeigt den legendären Zaren, die Hand richtungsweisend gestreckt. Sein Pferd zertritt eine Schlange – das Symbol der Falschheit. Der riesige Monolith, auf dem die Statue steht, wurde unter großen Mühen vom Finnischen Meerbusen in das Herz der Stadt transportiert.

Stein gewordene Macht

Die gigantische **ISAAK-KATHEDRALE** stellt auch die größten Zarenpaläste eindeutig in den Schatten.

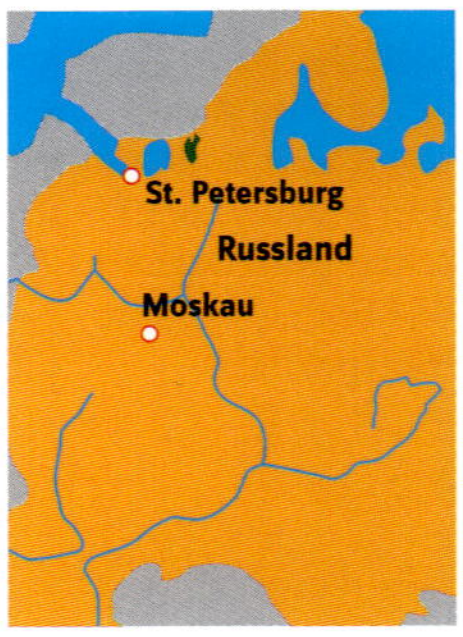

ADRESSE:
Isaakiewskaja Ploschtschad

ÖFFNUNGSZEITEN:
Museum: tägl. 10.30-20 Uhr;
Säulengalerie: tägl. 10.30-19 Uhr, Mi Ruhetag;
Kathedrale: tägl. 11-19 Uhr, Mi Ruhetag

ANFAHRT:
Metro: Newskij Prospekt, Gostinyj Dwor; Bus: 22; Trolleys: 5, 22

Monumentalbauten transportieren immer eine Botschaft. Die der Isaak-Kathedrale in St. Petersburg ist unübersehbar: Mit ihrer über 100 Meter hohen Kuppel ragt sie über alle Zarenpaläste hinweg. Und so sehr diese auch mit ihrem goldenen Glanz die herausragende Stellung der weltlichen Herrscher unterstreichen – die gigantische Kathedrale verdeutlicht, wer über allem steht.

Beeindruckende Fakten

Allein das Zahlenwerk, das dieser Bau aufweist, beeindruckt zutiefst: Auf 111 Meter Länge und 97 Meter Breite ragt die Kirche 101,5 Meter in die Höhe. Fast 40 Jahre lang – von 1818 bis 1858 – dauerte die Fertigstellung. 11000 Leibeigene arbeiteten unter härtesten Bedingungen. Vor allem der sumpfige Boden war eine statische Herausforderung: 24000 Holzpfähle waren nötig, um der pompösen Kathedrale sicheren Halt zu geben.

Der Aufwand hat sich gelohnt: Schon die mit mehreren hundert Kilogramm Blattgold verzierte Kuppel ist ein absoluter Blickfang und prägt die Silhouette der Metropole Sankt Petersburg.

Die Faszination dieser architektonischen Meisterleistung wird aber erst deutlich, wenn man das gesamte Gebäude betrachtet: Die aus rotem Granit und grauem Marmor gefertigte Kathedrale hat einen rechteckigen Grundriss und besticht an ihrer Front durch die Haupteingänge, die dem römischen Pantheon nachempfunden sind. Jeweils 16 in drei Reihen aufgestellte Monolithsäulen von 17 Metern Höhe weisen dem Besucher den Weg in das atemberaubende Kirchenschiff.

Dabei fällt der Blick unweigerlich auf die stilvoll verzierten Bronzereliefs, die das Portalbogenfeld über den Säulen schmücken. Die Hauptkuppel hat einen Durchmesser von 26 Meter. Sie wird von einer Trommel mit acht Säulen überragt und ist von vier kleineren Glockentürmen umgeben.

Reiche Innenausstattung

Durch drei große Bronzetüren gelangt man in den 4000 qm großen Innenraum, der durch zwölf Kuppelfenster beleuchtet wird. Gemälde und Mosaiken bedecken Decken und Wände. Insgesamt 43 verschiedene Mineral- und Gesteinsarten setzte man zur Gestaltung ein.

Das Deckengemälde in der Hauptkuppel ist der spektakuläre Mittelpunkt des Prunkbaus. Der russische

Mit ihrer gewaltigen Kuppel, die über 100 Meter hoch ist, zählt die Kathedrale zu den größten ihrer Art (unten links).

Jedes Detail ist, wie dieses Tor, prachtvoll ausgestaltet (unten Mitte).

Der Blick in die Kuppel zeigt Maria umringt von Engeln. Das Fresko ist der künstlerische Höhepunkt der Kathedrale (oben).

Das Bauwerk ist auch nachts ein absoluter Blickfang (unten rechts).

Akademiekünstler Brüllow schuf das Kunstwerk, das die Muttergottes umgeben von Aposteln, Evangelisten und Heiligen zeigt. Das Glasfenster im Altarraum stammt aus München und zeigt die Auferstehung Christi.

Bereits Anfang des 18. Jahrhunderts wurden zwei Vorläufer der Kirche gebaut. Doch die russische Zarenfamilie war mit den Ausmaßen noch nicht zufrieden. Erst ab 1818 verlieh der französische Baumeister Auguste de Montferrand der Isaak-Kathedrale ihre monumentale Dimension.

Grandioser Ausblick

Als die Kathedrale 1858 nach dem byzantinischen Mönch Isaak von Dalmatien, dem Schutzpatron Peters des Großen, geweiht wurde, hatte man zugleich eine der höchsten Aussichtsplattformen von St. Petersburg geschaffen. 262 Stufen bis zur Säulengalerie müssen erklommen werden. Für die Anstrengung wird man mit einem grandiosen Panoramablick über die Stadt auf die Peter-Paul-Festung, die Admiralität und den Winterpalast belohnt.

Erst 1990 durfte wieder ein Gottesdienst in der Kathedrale gefeiert werden, nachdem dieses seit der Revolution 1917 verboten war. Zwischenzeitlich wurde die Isaak-Kathedrale als Museum genutzt.

Märchenhafte Kathedrale

Zar Alexander III. baute die **AUFERSTEHUNGSKIRCHE** nach altrussischem Vorbild zur Machtdemonstration.

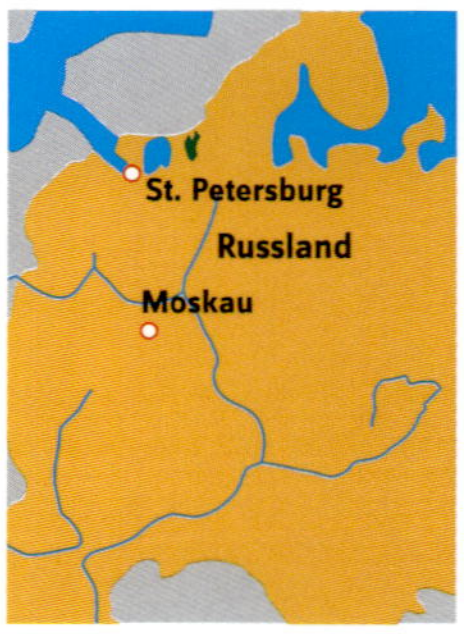

ADRESSE:
Nab. Kanala
Gribojedowa 2b

ÖFFNUNGSZEITEN:
Mo, Di, Do bis So
11-18 Uhr

ANFAHRT:
Buslinie: 3, 7, 22, 27;
Trolley: 1, 5, 7, 10, 22

Inmitten von St. Petersburg gibt es ein Bauwerk, das so gar nicht in den westeuropäisch anmutenden Stadtkern passen will: die Auferstehungskirche. Ihre leuchtenden blau-goldenen Zwiebeltürme, die besonders von der großen Parkanlage des Marsfeldes sehr gut zu sehen sind, rufen eher orientalische Assoziationen wach.

Ein Hauch von Orient

Beim Betrachten stellt sich das Gefühl von 1001 Nacht zwischen sonst eher klassizistischen Bauten ein. Die verzierten Fenster, die bunten Kuppeln und die reichhaltige Ornamentik entführen den Betrachter in eine märchenhafte Welt.

Vor allem die Mosaiken an der Fassade sind von erlesener Schönheit, wie die ins Auge springende große Christus-Darstellung an der Hauptfassade. Sie entstand nach Vorlagen bekannter russischer Maler.

Auf einer Grundfläche von 7000 Quadratmetern entstand so ein Gesamtkunstwerk, das seine Baumeister aus zwanzig unterschiedlichen Gesteinsarten aufbauten. Dabei wird die Kathedrale oft weitaus älter geschätzt, als sie in Wirklichkeit ist. Das Bauwerk, das auch als „Christi-Auferstehungskirche auf dem Blute", oder als „Erlöser-" oder „Blutkirche" bezeichnet wird, ist in Wirklichkeit um einiges jünger als die umliegenden historischen Gebäude. Obwohl das Gotteshaus den Eindruck erweckt, als stünde es schon tausend Jahre an seinem Platz, wurde es nämlich erst Ende des 19. Jahrhunderts errichtet.

Mahnmal für einen Zaren

Zar Alexander III. ließ die Kirche zur Erinnerung an seinen Vater Alexander II. bauen. Dieser starb im März 1881 bei einem Bombenattentat nahe des Gribojedow-Kanals. Die Täter gehörten zu der revolutionären Geheimgruppe „Volkswille", die sich durch den Anschlag eine Reformierung des antiliberalen Regimes erhoffte.

Doch die geheimen Wünsche der Verschwörer erfüllten sich nicht. Denn trotz des Attentats änderten sich die Verhältnisse im Land nicht. Im Gegenteil: Sohn Alexander herrschte gewohnt zaristisch mit eiserner Hand und wich somit nicht vom alten Kurs ab. Dies untermauerte er mit der Planung der neuen Kirche, die den Tatort für immer zu einer Gedenkstätte machen sollte.

Eine Demonstration der Macht

Der Zar gab ein monumentales Bauwerk in Auftrag, das seinen Machtanspruch unübersehbar demonstrieren sollte. Als Vorbild fungierte die Moskauer Basilius-Kathedrale, deren altrussischer Stil den konservativen Weg seiner Herrschaft verdeutlichte. Die Architektur der Kathedrale ist somit auch als politische Aussage zu verstehen. Zugleich setzte Zar Alexander III. mit der Besinnung auf russische Bautraditionen ein deutliches Signal gegen zu große westliche Einflüsse.

Nach zweijähriger Planungsphase wurde das schillernde Gotteshaus zwischen 1883 und 1907 gebaut und stand von da an – in den Augen der orthodoxen Kirche – auch stellvertretend für das orthodoxe Gnadentum des Zarenreiches.

Nach der Oktoberrevolution wurde die Erlöserkathedrale – wie viele andere Kirchen in Russland auch – entweiht und nicht mehr als Gotteshaus genutzt.

In den 60er Jahren besann man sich auf ihren kulturellen Wert: Heute erstrahlt die Kirche nach einer fast 30-jährigen Renovierungszeit in neuem Glanz. Seit 1997 ist sie, als Museum des russischen Mosaiks, wieder einer der wichtigsten Besuchermagneten der Stadt.

Der altrussische Baustil der Erlöserkathedrale sticht zwischen den klassizistischen Gebäuden farbenfroh und schillernd hervor. Vor allem in der Nacht erstrahlen die Zwiebeltürme im Glanze (oben links).

Bei der Turmgestaltung stand unverkennbar die Basilius-Kathedrale auf dem Roten Platz in Moskau als Vorbild Pate (oben rechts).

Die Kathedrale mit ihrer Größe und altrussischer Architektur ist als eindeutiger Machtbeweis der Zaren zu verstehen (unten).

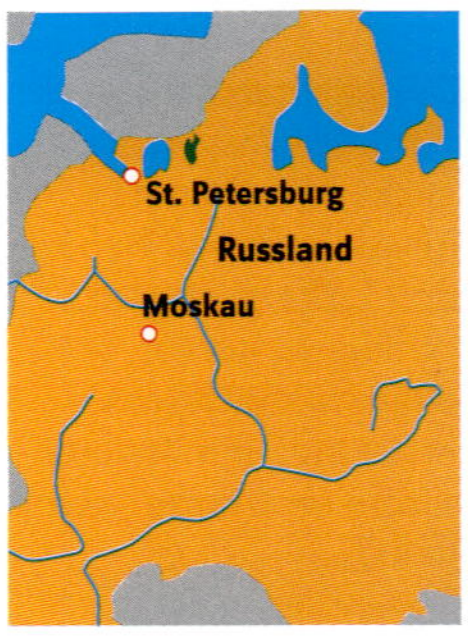

Hort der schönen Künste

An der **AKADEMIE DER KÜNSTE** auf der Wassiljewskij-Insel erlernten die großen Maler Russlands ihr Handwerk.

ADRESSE:
Uniwersitetskaja Nabereschnaja 7

ÖFFNUNGSZEITEN:
tägl. 11–18 Uhr, Mo und Di Ruhetag

ANFAHRT:
Metro: Wassileostrowskaja; Bus: 7, 47; Straßenbahn: 11

Bedeutende Maler, Bildhauer und Architekten brachte sie hervor und überzeugt dabei selbst mit ihrer schönen frühklassizistischen Form als Kunstwerk: die Akademie der Künste.

Lehrer als Architekten

Gegründet wurde der berühmte Lehrstuhl 1757 von Zarin Elisabeth I. Der eindrucksvolle Bau selbst sollte aber erst dreißig Jahre später fertiggestellt sein. Nach den Plänen von Jean Baptiste Vallin de la Mothe und Alexander Kokorinow, beide Lehrer an der Akademie, entstand die stattliche Anlage am Universitätskai. Ab 1780 war auch Jurij Veldten an der Gestaltung beteiligt. Eindrucksvoll ist der großzügige, runde Mittelhof mit seinen 40 Metern Durchmesser.

Die Gartenseite und die Seitenflügel sind streng klassizistisch gestaltet, während die Fassade zur Newa mit Statuen von Herkules und Flora noch barocke Züge trägt. Am Ufer führt eine großzügige Freitreppe zu den Sälen der Akademie hinauf, die Konstantin A. Thon um 1830 anbaute.

Flankiert ist der Aufgang von den wahrscheinlich ältesten Kunstwerken der Stadt: Auf Granitsockeln thronen zwei gewaltige Sphinx-Statuen. Jede ist 3,60 m hoch, 5 m lang und wiegt 23 Tonnen. Sie stellen den Pharao Amenophis III. dar und stammen aus der Zeit um 1400 v. Chr. Ausgegraben um 1820 in Theben, kaufte Zar Nikolaus I. 1832 die fantastischen Fabelwesen. Vom Nil bis zur Newa waren die Kolosse ein Jahr lang unterwegs.

Ort der Kunstgeschichte

In den Innenräumen der Akademie wurde Kunstgeschichte geschrieben. Hier lösten sich russische Künstler gestalterisch vom Mittelalter und wendeten sich westlichen Ausdrucksformen zu.

Architekten wie Woronichin und Sacharow, die Bildhauer Clodt von Jürgensburg und Anikuschin, aber auch Maler wie Iwanow, Brodsky und Repin haben hier studiert und gelehrt.

Vorbild Repin

Die Hochschule ist heute nach Ilja J. Repin (1844–1930) benannt, dem wichtigsten Vertreter des russischen Realismus und einem der herausragendsten Künstler seines Landes. Seine ergreifenden Werke, allen voran „Die Wolga-Treidler“, haben internationalen Ruf erlangt. Die künstlerische Reformbewegung der „Peredwischniki“ wurde Ende des 19. Jahrhunderts von Repin geprägt.

Repins bedeutendsten Gemälde sind im Russischen Museum von Sankt Petersburg und in der Tretjakow-Galerie in Moskau ausgestellt.

Zeitgerechte Kunst

Auch auf dem historischen Gelände der Akademie der Künste befindet sich ein Museum. Es präsentiert aber nicht nur Werke der Akademie-Mitglieder: Ausländische Künstler werden in wechselnden Sonderausstellungen gezeigt. Im Gegensatz zu den anderen berühmten Museen der Stadt sind hier auch Werke der aktuellen Kunst zu sehen. Nach der politischen Wende hat sich in Russland eine junge, wilde und ausdrucksstarke Kunstrichtung entwickelt, die auch internationale Anerkennung genießt.

26 Tafeln erinnern außerdem an bekannte Wissenschaftler, die hier lebten und arbeiteten. Die Wohnung des Medizin-Nobelpreisträgers von 1904, Iwan Pawlow, ist als kleine Ausstellungsstätte hergerichtet.

Die Treppe führt zu den Schulungssälen, in denen auch weltberühmte Maler wie Repin ihr Handwerk gelernt haben (oben links).

Malerisch liegt das Gebäude der Akademie, die von Katharina der Großen gegründet wurde, auf der Wassiljewski-Insel (oben rechts).

Die Sphinx ist eine der ältesten Kunstschätze der Stadt. Sie steht am Fuße der Akademie (unten).

Ein Kloster, das nie Kloster war

Im **SMOLNY-KLOSTER** wurden einst adlige Mädchen erzogen. Dann regierten hier die Sowjets. Heute ist es Amtssitz des Oberbürgermeisters.

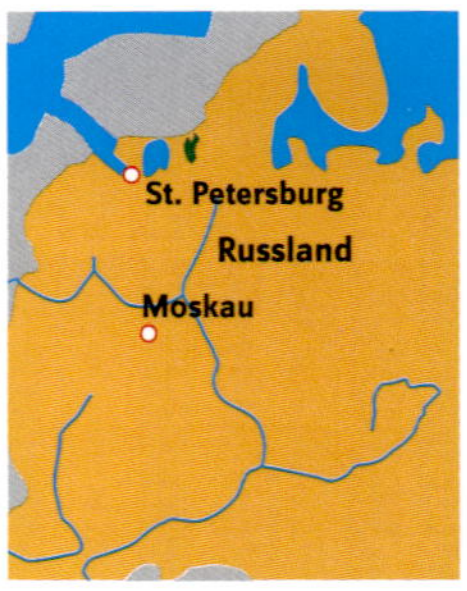

ADRESSE:
Ploschtschad Rastrelli 3/1

ÖFFNUNGSZEITEN:
tägl. 11–17 Uhr,
Do Ruhetag

ANFAHRT:
Metro: Tschernyschewskaja;
Bus: 22, 134, 136;
Trolleys: 15, 49

Der Name des Klosters im Osten St. Petersburgs klingt für westliche Ohren fast prosaisch: Smolny. Doch die Übersetzung ist ernüchternd: Smolny ist nämlich das russische Wort für Teer.

Das schwarze, zähe Material wurde an diesem Ort zur Zeit Peters I. für seine Schiffswerften gekocht. Aus dem übel riechenden Platz wurde eine malerische Anlage, als Elisabeth I. 1748 beschloss, hier ein Frauenkloster zu errichten. In ihm wollte die Zarin ihren Lebensabend verbringen.

Wiederum war es ihr Lieblingsarchitekt Rastrelli, der das Klosteranwesen plante. Im Mittelpunkt befindet sich die Auferstehungskirche, die der Baumeister in seinem typischen russischen Barockstil gestaltete. In Blau, Weiß und Gold, mit gebündelten Säulen und verzierten Fensteröffnungen ist der Sakralbau stilistisch angelehnt an den Katharinenpalast von Zarskoje Selo, der zu den Meisterwerken Rastrellis gehört. Der Hauptturm mit 94 m Höhe gewährt einen ausgezeichneten Blick über ganz St. Petersburg.

Elisabeth starb vor der Vollendung des Klosters, die Zellentrakte um die Kirche herum wurden erst im 19. Jahrhundert fertiggestellt, doch niemals von gottesfürchtigen Frauen bezogen.

Der Sowjetrat im Ballsaal

Stattdessen ließ Katharina die Große ab 1764 hier das Smolny-Institut errichten, die erste Bildungsanstalt für adlige junge Damen in Russland. Zu Beginn des 19. Jahrhunderts war der dafür notwendige Umbau der Anlage abgeschlossen.

Der Unterricht von Mädchen aus den höheren Kreisen fand ein jähes Ende, als im August 1917 die Arbeiter- und Soldatenräte hier Einzug hielten. Lenin richtete sich im Kloster Wohn- und Arbeitsräume ein. Im Ballsaal, wo die höheren Töchter mit Offizieren des Zarenreichs getanzt hatten, wurde im Oktober 1917 ein gesamtrussischer Sowjetkongress abgehalten.

Bis zur Verlegung des Machtzentrums nach Moskau hatte die Sowjetregierung im Smolny-Institut ihren Sitz. 1923 erhielten zwei Torbögen die legendäre Inschrift: „Proletarier aller Länder vereinigt Euch!“ Zehn Jahre später plante Stalin hier seine brutalen Säuberungen. Bis 1991 gehörte das Gebäude zur KPdSU und ist heute Amtssitz des Oberbürgermeisters und seiner Stadtverwaltung.

Das Smolny-Kloster ließ Zarin Elisabeth I. als Alterssitz errichten. Sie starb aber vor der Fertigstellung. So haben hier nie Nonnen Einzug gehalten. Heute residiert hier der Oberbürgermeister von St. Petersburg mit seiner Stadtverwaltung.

Kirche im Palast-Stil

Die **NIKOLAUS-MARINE-KATHEDRALE** wirkt so, als sei sie ein Teil des Katharinenpalastes von Zarskoje Selo.

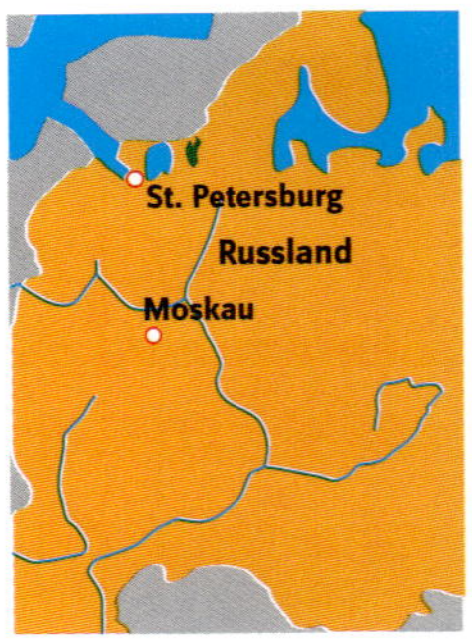

ADRESSE:
Nikolskaja Ploschtschad 1-3

GOTTESDIENSTE:
tägl. 10-18 Uhr

ANFAHRT:
Metro: Sadowaja/Sennaja Ploschtschad; Bus: 3, 22, 27 von Newskij Prospekt

Wer die opulent ausgestattete und so pittoresk wirkende Nikolaus-Marine-Kathedrale das erste Mal sieht, könnte meinen, er befinde sich am falschen Ort: Denn die nahe dem Krukjow-Kanal gelegene Kathedrale mit ihrer blau-weißen, reich geschmückten Außengestaltung weckt unwillkürlich Assoziationen zum Katharinenpalast in Zarskoje Selo.

Die verblüffende Ähnlichkeit der Baustile ist kein Zufall: Das Gotteshaus wurde 1753 bis 1762 von Sawwa Tschewakinskij errichtet, einem begeisterten Schüler des Italieners Francesco Rastrelli. Und dieser Architekt zeichnete für das prunkvolle Bild des Katharinenpalastes verantwortlich.

Gotteshaus und Glockenturm

Die Kirche zeigt den Grundriss eines griechischen Kreuzes. Diese einfache Basis verkomplizieren jedoch Vorsprünge in der Fassade und gebündelte Säulen an den Ecken. Stuckornamente verzieren die Fenster, vergoldete Türmchen ragen in die Höhe. Nach russisch-orthodoxer Tradition besitzt jeder Sakralbau fünf dieser anmutigen Gebilde.

Außergewöhnlich an diesem Gotteshaus ist, dass sich der freistehende Glockenturm in 100 Metern Entfernung befindet. Er ist das eigentliche Wahrzeichen dieser Kathedrale im Herzen der Stadt. Im ehemaligen Seemannsviertel gelegen, wurde die Kirche dem Heiligen Nikolaus, der als Schutzpatron aller Seeleute gilt, geweiht.

Gedenkkirche der Marine

Im Erdgeschoss liegt die gespenstisch dunkle Unterkirche, in der täglich Gottesdienste stattfinden. Selbst während der kommunistischen Ära durften hier die orthodoxen Liturgien gelesen werden. Denn die Nikolaus-Marine-Kathedrale war der Ort, an dem Angehörige von getöteten oder ertrunkenen Seeleuten ihrer Trauer Ausdruck geben durften. So wurde hier zum Beispiel der Marinesoldaten gesunkener U-Boote gedacht. An sie erinnert auch eine Gedenktafel in der Kirche.

Wertvolle Ikonostase

Zu besonderen Anlässen wird die herrliche, helle Oberkirche zur Gottesdienst-Feier genutzt. Hier befindet sich auch das wertvollste Stück der Kirche: Eine üppige Ikonostase aus dem 18. Jahrhundert. Das Mittelteil, die heilige Pforte, wird nur an hohen Feiertagen geöffnet.

Mit seiner blau-weißen, reich verzierten Fassade ist das Gotteshaus stilistisch eindeutig an den Winterpalast angelegt (oben).

Der Glockenturm befindet sich rund 100 Meter von der Kirche entfernt (unten links).

Das Tor zur Nikolaus-Marine-Kathedrale stand als eines der wenigen den Gläubigen in der Sowjetzeit offen – zur Trauer um verstorbene Marine-Soldaten (unten Mitte).

Die goldene Kuppel des Glockenturms erhebt sich weithin sichtbar über die Stadt (unten rechts).

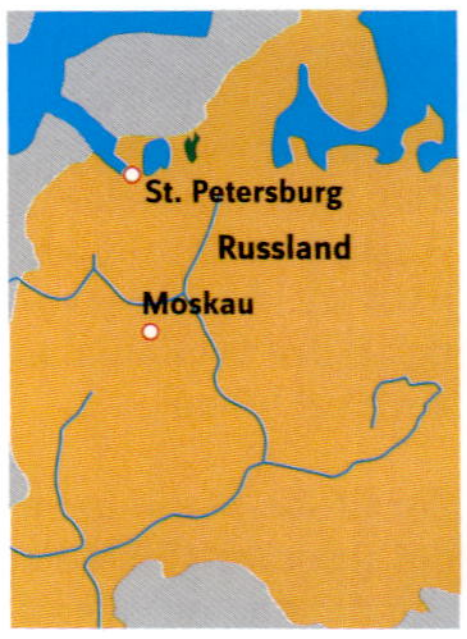

Der Mord an einem Tyrannen

Paul I. knebelte sein Volk. Aus Angst vor Attentaten baute er das **MICHAELSSCHLOSS**. Seinen Tod konnte dies nicht verhindern.

ADRESSE:
Sadowaja Uliza 2

ÖFFNUNGSZEITEN:
tägl. 10-17 Uhr,
Mo 10-16 Uhr,
Di Ruhetag

ANFAHRT:
Metro: Newskij Prospekt, Gostinyj Dwor;
Bus: 46;
Straßenbahn: 2

Zar und Herrscher Russlands zu sein, war zu allen Zeiten ein ziemlich gefährlicher Job. Denn die Geschichte zeigt: Ob Frau, Freund oder Feind – immer wieder fanden sich in engster Umgebung der Herrscher heimtückische Meuchelmörder. Und je mehr man vom Volk gehasst wurde, desto gefährdeter war das Leben.

Zar Paul I., der Tyrann

Das wusste auch Zar Paul I., der die Monarchenmütze von seiner Mutter, Katharina der Großen, übernommen hatte. Beseelt von dem einen Gedanken, alles anders machen zu wollen als seine gehasste Übermutter, entwickelte er sich im Laufe seiner Regierungszeit zu einem Tyrannen der übelsten Sorte. Seine grausame Herrschaft brachte Alexander Puschkin zu der Überzeugung, dass „auch in aufgeklärten Zeiten Caligulas geboren werden können".

Über die Ablehnung der Untertanen und vieler Höflinge war sich Paul allerdings sehr wohl bewusst. Und so lebte dieser Zar in ständiger Angst vor Attentaten.

Da ihm die Paläste in Sankt Petersburg nicht sicher genug erschienen, ließ er ein heiteres Schlösschen am Fluss abreißen, um an dieser Stelle das Michaelsschloss zu errichten.

Der von Vincenzo Brenna 1797-1800 geschaffene Bau gleicht dem Wunsch seines Auftraggebers gemäß eher einer Festung denn einer Residenz. Wassergräben umschlossen den ursprünglichen Palast. Die vier Flügel der roten Fassade gruppieren sich auch heute noch um einen quadratischen Innenhof.

Ein Mord, der gefeiert wird

Den gewünschten Schutz bot das Schloss dem tyrannischen Zaren allerdings nicht: Nur 42 Tage nachdem Paul hier Einzug gehalten hatte, nahte sein Ende: Im März 1801 wird er in seinem Schlafzimmer brutal erschlagen. Geplant hatte den Anschlag Platon Subow, der letzte Geliebte Katharinas. Seine Tat blieb ungerächt, löste der Mord doch bei der russischen Bevölkerung wahre Begeisterungsstürme aus. Und es wird vermutet, dass Pauls Sohn, Alexander I., in die Mordpläne verstrickt war.

Der Thronfolger lehnte nicht nur den Vater, sondern auch dessen neue Residenz ab: Alexander drehte, wie alle folgenden Zaren auch, dem Michaelsschloss den Rücken zu und verlegte seinen Herrschaftssitz wieder in den prachtvollen Winterpalast.

Von der Festung zum Museum

Das Schloss, das so malerisch auf der Kanal-Insel zwischen den Flüssen Fontanka und Moika auf der einen und zwei Kanälen auf der anderen Seite liegt, blieb zunächst einige Jahre ungenutzt.

1823 quartierte man dann hier eine Hochschule für Ingenieure ein, was dem Bau auch den Namen Ingenieurs-Schloss einbrachte. Der berühmteste Student war Dostojewski. Heute befindet sich hier eine Abteilung des Russischen Museums.

Einer Festung gleich erhebt sich das Michaelsschloss auf einer kleinen Insel. Früher war es nur über Zugbrücken zu erreichen. In dem Schloss suchte der tyrannische Zar Paul I. Schutz. Seine Mörder drangen trotzdem zu ihm vor.

Zeitreise

Das **RUSSISCHE MUSEUM** entführt seine Besucher in die Welt der Russischen Kunstgeschichte.

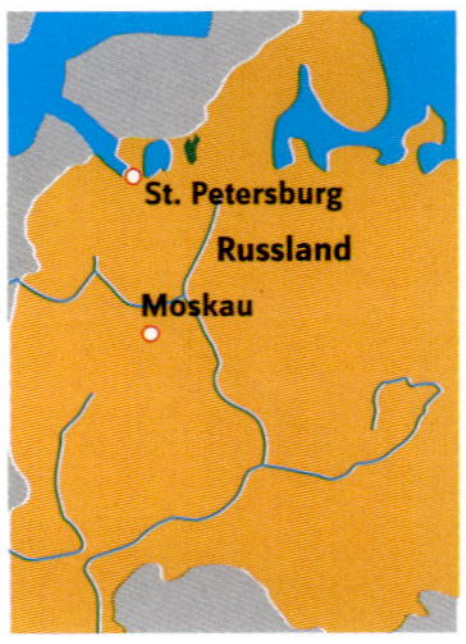

ADRESSE:
Inschenernaja Uliza 4

ÖFFNUNGSZEITEN:
tägl. 10-18 Uhr,
Mo 10-17 Uhr,
Di Ruhetag

ANFAHRT:
Metro: Newskij Prospekt, Gostinyj Dwor;
Bus: 100;
Trolleys: 1, 5, 7, 10, 22

Tagelang kann man die 120 Säle des Russischen Museums durchstreifen und dennoch immer wieder Neues entdecken. Denn die weltweit größte Ausstellung russischer Kunst umfasst mehr als 400 000 Exponate. Die ältesten entstanden vor über 1000 Jahren.

Ein Palast für die Kunst

Einen würdigen äußeren Rahmen für die fantastische Ausstellung bietet ein prachtvoller Palast neben dem pittoresken Platz der Künste: Das Michaelpalais. Von 1819 bis 1825 schuf Carlo Rossi das klassizistische Gebäude für den Fürsten Michail Pawlowitsch, einem Bruder Zar Alexanders I.

Im Inneren sind von Rossi das große Vestibül mit einer herrlichen Treppe sowie der Weiße Saal mit bunten Deckenmalereien erhalten. Der Großfürst unterhielt hier ursprünglich einen literarischen Salon. 1898 eröffnete Nikolaus II. hier das Russische Museum, dem ab 1912 von Benois der gleichnamige Flügel angefügt wurde.

Der Grundstock der Sammlung wuchs ständig und ist heute chronologisch und thematisch aufgebaut.

Reise durch die Kunstgeschichte

Der Streifzug durch die russische Kunstgeschichte beginnt um 988 mit Werken aus altrussischer Zeit. Von der Christianisierung bis zum 17. Jahrhundert ist die Ikonographie die wichtigste Kunstform. Zu bewundern sind die schönsten Ikonen aus 700 Jahren.

Die Reformen Peters des Großen verändern auch die bildende Kunst des Landes: Befreit von kirchlichen Zwängen bestimmen zunehmend Portrait- und Historienmalerei sowie die Bildhauerei das 18. Jahrhundert. Die wichtigsten Vertreter dieser Epoche sind Iwan Nikitin, Anton Lossenko und Iwan Martos.

Der Kampf der Ideologien

Im frühen 19. Jahrhundert kommen italienische Einflüsse hinzu; außerdem schlägt sich der aufkeimende Kampf unterschiedlicher Ideologien künstlerisch nieder. Auch die Landschaftsmalerei gewinnt an Bedeutung. Zu den herausragenden Namen dieser Kunstepoche zählen Karl Brüllow, Andrej Iwanow und Sylvester Shchedrin.

Das späte 19. Jahrhundert ist geprägt von der Bewegung der Peredwischniki. Zu den wichtigsten Vertretern dieser Richtung gehören Ilja Repin und Iwan Schischkin. Ihre sozialkritische Malerei will Missstände aufdecken und ausmerzen.

Nach Impressionismus und Symbolismus wird in der UdSSR seit den 1930er Jahren der Sozialistische Realismus offiziell gewünschte Hauptrichtung. Maler wie Pawel Kusnezow und Pjotr Kontschalowkij erfüllen stilistisch diese Anforderungen.

Der Einzug der Moderne

Mit dem Ende der Sowjetregierung kommt auch das Ende der einseitigen Kunstbetrachtung im Russischen Museum: Seit Ende der 1980er Jahre werden hier auch die einst verfemten Avantgarde-Künstler des frühen 20. Jahrhunderts wie Kasimir Malewitsch, Wassily Kandinsky und Marc Chagall ausgestellt.

So bietet das Museum heute lückenlos und in überbordender Fülle die ganze Palette der russischen Kunst.

Das Russische Museum zeigt die Kunst des Landes von den Anfängen bis zur Moderne. Eine der wichtigsten Ausstellungen widmet sich der Ikonenmalerei. Die alte Malkunst stand auch bei der Bemalung von Palastwänden Pate (oben).

Zu den Exponaten zählen nicht nur Zeichnungen und Gemälde, sondern auch zahlreiche Figuren wie diese Frauenskulptur (unten links).

Das Michaelspalais, in dem der größte Teil der Sammlung zu sehen ist, ist im klassizistischen Stil errichtet. (unten rechts).

Grüne Idylle inmitten der Stadt

Malerisch am Zusammenfluss von Newa und Fontanka gelegen, lädt der weitläufige **SOMMERGARTEN** zu ausgedehnten Spaziergängen ein.

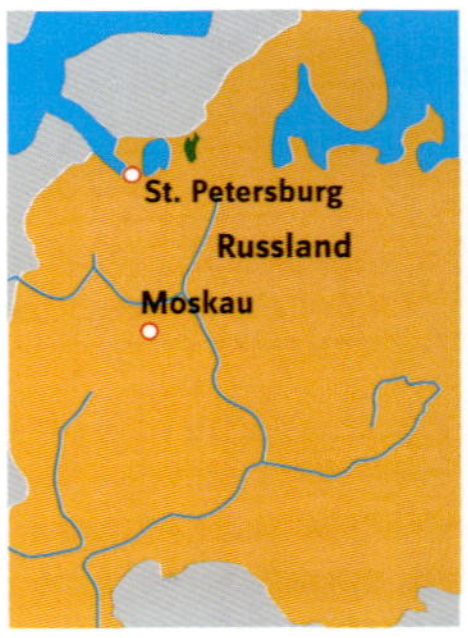

ADRESSE:
Nabereschnaja Kutusowa

ÖFFNUNGSZEITEN:
Palast: 1. Mai bis 10. November 11–19 Uhr, Di Ruhetag;
Garten: März bis Oktober 8–22 Uhr

ANFAHRT:
Bus: 46;
Straßenbahn: 2

Der älteste Park von Sankt Petersburg ist zugleich der schönste der Stadt: Seit Generationen genießen im Sommergarten Bürger wie Besucher gleichermaßen Ruhe und Natur.

Für die Gestaltung engagierte Zar Peter I. den Architekten Jean Baptiste Leblond, der auch die Anlage von Peterhof plante. Der talentierte Gartengestalter erschuf den Sommergarten ursprünglich im Barockstil. Ihn schmückten Skulpturen und zahlreiche Springbrunnen, denn der Zar liebte Wasserspiele aller Art ebenso wie rauschende Feste.

Feste und Feuerwerk

So war der Sommergarten mit seiner fantastischen Lage oft Kulisse rauschender Bälle und großer Feuerwerke. Doch die französische Gesamtgestaltung mit geraden Wegen, Grotte, Orangerie und Fontänen fiel 1777 einem Hochwasser zum Opfer.

Nicht minder prächtig wurde der Park nach der Flut in einen englischen Landschaftsgarten umgestaltet. Der inzwischen alte Baumbestand ist umgeben von Rasenflächen, ein kleiner See liegt idyllisch zwischen sattem Grün und ein hübscher Teepavillon lädt zum Verweilen ein.

Der Sommergarten mit seinen kleinen Pavillons wurde bereits zu Zeiten Peters des Großen angelegt (oben links).

Aus dieser Zeit sind auch die Skulpturen erhalten, die im ganzen Park aufgestellt wurden (rechts).

Die idyllische Ruhe lädt auch heute noch viele Spaziergänger ein, für ein paar Stunden der Hektik des Alltags zu entfliehen (unten links).

Erhalten sind aus Peters Zeit die fast 100 Marmorskulpturen, die sich über den Garten verteilen. Die eleganten italienischen Statuen stellen zumeist allegorische Figuren dar. Aber auch die schwedische Königin Christine, Marc Aurel und Alexander den Großen kann man beim Spaziergang bewundern.

Ein Meisterwerk der Schmiedekunst schuf 1784 Jurij Veldten für den Sommergarten: Entlang des Newa-Ufers erstreckt sich ein kunstvolles Gitter mit vergoldeten Rosetten. Es wird von Säulen aus rosa Granit getragen.

Eine kleine Residenz

Das Palais liegt im Norden des Gartens am Fluss und entstand zwischen 1710 und 1714. Es gehört zu den wenigen noch erhaltenen Bauten aus Peters Regierungszeit. Der Architekt Domenico Trezzini entwarf nach Peters Wünschen ein schlichtes, rechteckiges und zweigeschossiges Schlösschen. Die harmonischen Fassadenreliefs mit Szenen aus dem Nordischen Krieg stammen vom deutschen Architekten Andreas Schlüter.

Die Wohnräume im Erdgeschoss wurden von Peter genutzt, der hier gern handwerklichen Beschäftigungen frönte, während seine Gattin Katharina in der ersten Etage residierte. Es heißt, dass im kleinen Speisesaal überzählige Gäste oftmals ihr Mahl im Stehen einnehmen mussten. Im heute liebevoll restaurierten Sommerpalast lohnen vor allem die Original-Möbelstücke den Besuch.

Feuerzeichen

Die Rostra-Säulen auf der **STRELKA** leuchteten einst Schiffen den Weg in den Sankt Petersburger Hafen.

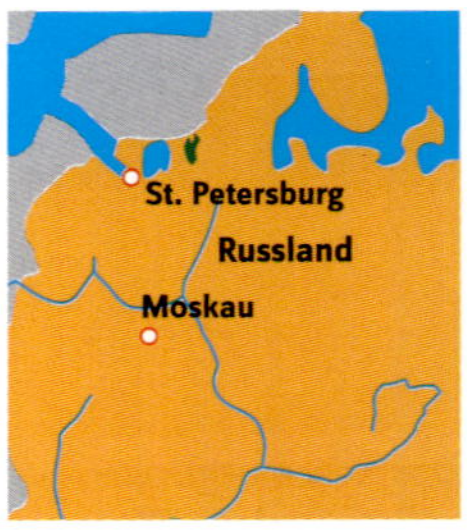

LAGE:
An der Ostspitze der Wassiljewskij-Insel, Platz vor der Börse

ANFAHRT:
Bus: 7, 10, 492;
Trolleys: 1, 7, 10

Wenn im Herbst die weißen Nächte von Sankt Petersburg der polaren Dunkelheit weichen, wird es rau auf der Ostsee. Schnell bilden sich dann erste Eisschollen, und ein paar frostige Tage reichen, um den Finnischen Meerbusen mit einer Eisschicht zu überziehen. Wie beruhigend muss es da für die Kapitäne der heimkehrenden, hölzernen Seeflotte gewesen sein, die großen Leuchtfeuer des St. Petersburger Hafens am Horizont zu sehen.

Entzündet wurden sie auf den beiden Rostra-Säulen, die sich 34 Meter hoch in den Himmel erheben. Die ehemaligen Leuchttürme markieren zugleich die Strelka, das zum Meer hin spitz zulaufende Ende der Wassiljewskij-Insel.

Errichtet wurden die Säulen, die bei Stadtfesten auch heute noch entzündet werden, 1810 vom Schweizer Architekten Thomas de Thomon. Sie sind mit grünen Schiffsschnäbeln geschmückt, die man lateinisch mit rostrum bezeichnet und so namensgebend wurden.

Symbole des Sieges

Die Kunstwerke symbolisieren die Triumphe der russischen Flotte. Flankierende allegorische Figuren stellen die Flüsse Newa, Wolga, Dnjepr und Wolchow dar.

Wie die Spitze eines Schiffes ragt auch die Strelka in den Zusammenfluss von großer und kleiner Newa hinein. Von 1733–1855 befand sich hier der Hafen, heute ist der beschauliche Platz mit Bäumen und Blumenbeeten bewachsen und gilt als schönstes Ufer der Stadt. Von hier bietet sich zudem ein fantastischer Panoramablick auf die Metropole. So blickt man von der Ostspitze der Wassiljewskij-Insel einerseits auf die Peter-Paul-Festung, andererseits sind auch Admiralität und der Winterpalast auf der imperialen Seite des Stadtzentrums zu sehen.

Im ehemaligen Hafengebiet an der Spitze der Wassiljewskij-Insel ist auch das alte Zollhaus erhalten, in dem heute das Puschkinhaus mit dem Literaturmuseum untergebracht ist. Die ursprünglichen Packhäuser beherbergen das Zoologische Museum, mit über 40 000 Exponaten eines der größten seiner Art weltweit.

An einen antiken Tempel erinnert die Börse auf der Spitze der Insel. Säulen und Skulpturen schmücken den 1805 errichteten Bau. In einem 900 qm großen Saal wurde bis zum Ende des 19. Jahrhunderts mit Aktien und Obligationen gehandelt.

Die Strelka bildet die Spitze der Wassiljewski-Insel, einen der schönsten Stadtteile St. Petersburgs. Die roten Rostra-Säulen dienten als Leuchttürme und markierten die Einfahrt zum Sankt Petersburger Hafen.

Eine Kirche für siegreiche Seeleute

Katharina II. ließ nach der erfolgreichen Seeschlacht gegen die Türken Gotteshäuser errichten. Die schönste **TSCHESME-KIRCHE** steht in Sankt Petersburg.

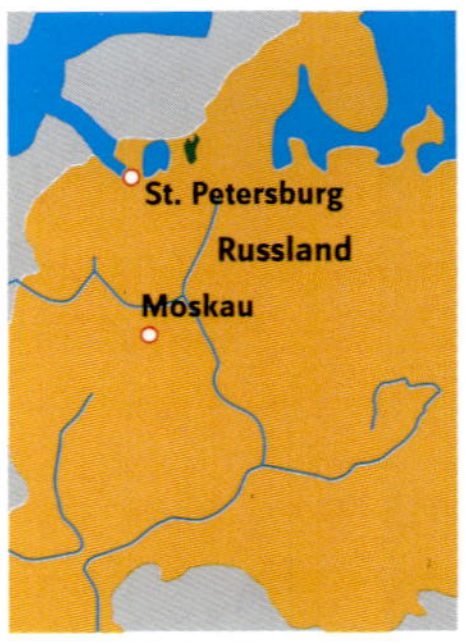

ADRESSE:
Uliza Lensoweta 12

ANFAHRT:
Metro: Moskowskaja;
Bus: 16;
Straßenbahn 35, 45

Tschesme ist ein kleiner Hafenort mit hübscher Altstadt im Westen der Türkei und heute ein beliebter Urlaubsort für ausländische Touristen und wohlhabende Einheimische. Doch das türkisfarbene Wasser der Ägäis war dort nicht alle Zeit so friedlich wie heute. Der Krieg der Russen gegen die Türken, ausgetragen ab 1768, fand zwei Jahre später vor dieser Küste seinen Höhepunkt. Und so stößt man in Russland auch heute noch immer wieder auf den Stadtnamen Tschesme.

Das „Griechische Projekt"

Katharina die Große erhielt ihren Beinamen nicht zuletzt wegen ihrer großen Visionen. Zu ihren ehrgeizigsten Zielsetzungen zählte das „Griechische Projekt": Die Zarin träumte davon, die ungläubigen Ottomanen aus Konstantinopel – dem heutigen Istanbul – zu vertreiben. In der Hagia Sophia, einer der ältesten Kirchen der Menschheitsgeschichte, sollte nicht länger der Koran, sondern die Liturgien der Ostkirche gelesen werden.

Die europäischen Westmächte Frankreich, Deutschland und England betrachteten die Pläne mit Skepsis, wollten sie doch kein zu starkes Russland als östlichen Nachbarn. Gleichwohl unterstützten sie Katharina im Kampf gegen die Ungläubigen.

So kommt es am 5. Juni 1770 zur berüchtigten Seeschlacht von Tschesme: Unter der Leitung Fürst Alexej Orlows und unter tatkräftiger Mithilfe englischer Seeleute schlägt die noch junge, zahlenmäßig unterlegene Flotte der Russen die Türken auf offener See. Die Ottomanen fliehen mit über zwanzig Schiffen in den Hafen von Tschesme. Dort treiben die Russen zwei Tage später die vor Anker liegende Flotte auf. Zehn Schiffe werden erobert, der Rest versenkt.

Katharina sollte es nicht schaffen, Konstantinopel zu erobern. Aber durch den Sieg über die Türken fällt ihr wertvolles Land im Süden zu: Russland bekommt endlich den lang ersehnten Zugang zum Schwarzen Meer – und damit zugleich auch weiter zu Mittelmeer und Atlantik.

Kirchen zum Gedenken

Die Zarin war von dem Sieg bei Tschesme und Orlows heldenhafter Tat begeistert. Zum Dank – und als deutliches Signal an die orthodoxe Kirche – ließ Katharina in den Folgejahren überall im Land nicht nur Denkmäler, sondern auch Kirchen und Kapellen errichten. Eine der schönsten von ihnen steht in Sankt Petersburg: die neugotische Tschesme-Kirche.

Ein Traum in Lachsrosa

Das überaus pittoreske Gotteshaus wurde im Süden Sankt Petersburgs zwischen 1777 und 1780 errichtet. Es ist ein Werk des Architekten Jurij Veldten. Er konzipierte die Kirche als Teil eines Schlosskomplexes, den die Zarin auf der Durchreise nach Zarskoje Selo oder Pawlowsk als Aufenthaltsort nutzte.

Veldten vermischte beim Entwurf gotische und orientalische Elemente zu einem romantischen Bau. Die Fassaden sind in Lachsrosa gehalten, von weißen Vertikalstreifen unterbrochen. Ungewöhnlich ist die äußere Form mit vier halbrunden Apsiden. Auf jeder Apsis thront ein zierliches Türmchen. Mittig wurde ein weiterer Turm hinzugefügt. So entstand die typische Fünf-Kuppel-Anlage, deren filigrane Spitzbögen den malerischen Eindruck verstärken.

Die pittoreske Tschesme-Kirche in St. Petersburg ist nur eine von vielen, die Katharina die Große anlässlich ihres Sieges im ganzen Land errichten ließ. Sie ist im pseudo-gotischen Stil errichtet.

Ein Land als Kunstwerk

Nicht nur die Stadt, auch das **UMLAND ST. PETERSBURGS** plante Peter der Große als barockes Gesamtkunstwerk.

ADRESSE:
Newskij Prospekt,
Ecke Michajlowskaja
Uliza 1/7

ANFAHRT:
Metro: Newskij Prospekt

Er nahm einen Felsen, dann einen anderen und schmiedete so die ganze Stadt in der Luft zusammen. Erst dann stellte er sie auf die Erde. So erklärte Fürst Wladimir Odojewski einst in einem Märchen die Entstehungsgeschichte der neuen Hauptstadt Sankt Petersburg. Peter betrieb jedoch nicht nur Stadtplanung, er ließ die gesamte Naturlandschaft rund um seine neue Hauptstadt nach barocken Gesichtspunkten umgestalten.

Auf diese Weise entstand eine Kulturlandschaft, die sich westlich der ehemaligen Hauptstadt über eine Distanz von nahezu vierzig Kilometern bis an die finnische Bucht erstreckt. Herausragende Zeugnisse dieses so kühnen wie gigantischen Plans legen vor allem die großen Residenzen ab, die sich rund um St. Petersburg finden.

Aufbau und Ausbau

Peter der Große ließ diese Kulturlandschaft, die von Strelna über Peterhof nach Kolomna und dann bis Oranienbaum verläuft, von 1710 an errichten. Seine Nachfolger ergänzten die Schöpfungen durch zahlreiche weitere Schlossanlagen und Parklandschaften, darunter die berühmten Residenzen von Zarskoje Selo, Gatschina und Pawlowsk. Etliche der frühen Werke sind allerdings seit dem Zweiten Weltkrieg Vernachlässigung sowie Neubauprojekten zum Opfer gefallen – anderes hingegen ist vorbildlich restauriert worden. So hat beispielsweise Präsident Wladimir Putin die Schlossanlage Strelna zum repräsentativen Staatssitz ausbauen lassen, um Gäste zu empfangen. Hier fand unter anderem ein G8-Gipfel statt.

Dem Sumpf abgetrotzt

Ingermanland, wie die dünn besiedelte Landschaft am Finnischen Meerbusen genannt wurde, wies damals überwiegend unfruchtbaren und morastigen Boden mit Wäldern und Gebüsch auf.

Bevor sich der berühmte Zar ans Werk machte, hatte er sich bei Aufenthalten in Mittel- und Westeuropa inspirieren lassen. Und so ließ er – nach dem Vorbild holländischer Grachten – Kanäle zur Ostsee hin anlegen. Vor allem Amsterdam hat ihn fasziniert. Deshalb befahl Peter in der Siedlung Kolomna, heute Stadtteil von Sankt Petersburg, den Bau einer Werft, die er Nowaja Gollandia nannte. Holländische Vorbilder standen auch beim Bau von Schloss Oranienbaum Pate.

Mit Vorbedacht hatte Peter I. für Oranienbaum, Strelna und Peterhof meeresnahe Standorte ausgewählt. Seine Landsleute sollten durch den permanenten Sichtkontakt zu einer Seefahrernation werden. Bekanntlich konnte sich sein Hofstaat für die neue Hauptstadt lange Zeit nicht erwärmen. Um ihnen den erzwungenen Aufenthalt angenehmer zu gestalten, ließ Peter Landsitze außerhalb von Sankt Petersburg errichten.

Früher Umweltschutz

Waldschutz war dem Herrscher stets ein wichtiges Anliegen. Deshalb pflanzte er in den Parks seiner Residenzen eigenhändig Eichenbäume. Nach und nach entstanden an den Kanälen und Straßen linear angeordnete Gebäude mit Grünflächen.

In wenigen Jahren wuchs eine aus unterschiedlich großen Landhäusern und Parkanlagen geschaffene Kulturlandschaft, die durch eine Hauptverkehrsachse entlang des Küstenverlaufs zusammengehalten wurde. Diese Achse einte Wasserflächen, Gärten und verstreut liegende Monumente perspektivisch zu einem optisch abwechslungsreichen Gesamtkunstwerk.

Um die Bewohner dieser Landgüter zum Meinungsaustausch zu ermutigen, verzichtete Peter auf trennende Zäune. Sein Hofstaat sollte mit den russischen Sitten brechen und sich künftig nach europäischen Gepflogenheiten gegenseitig Höflichkeitsbesuche abstatten.

Zum Gesamtkunstwerk, das Peter der Große sich von der Landschaft im Norden erträumte, gehören auch die Park- und Schlossanlagen von Oranienbaum (unten links), Peterhof (oben rechts) und Strelna (unten rechts).

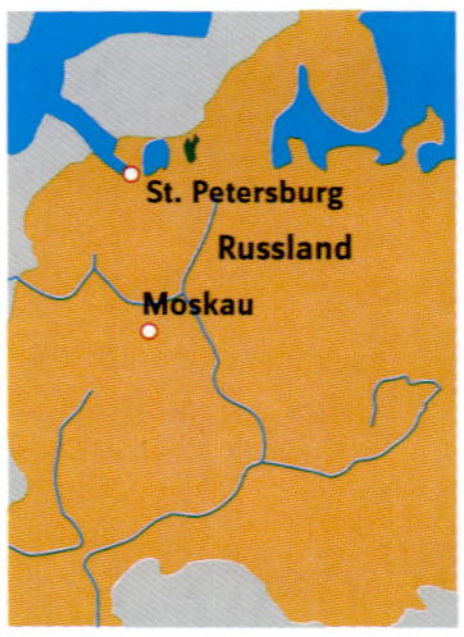

Die Residenz der Zaren

Der **PETERHOF** bietet Einblicke in das schillernde Leben der Zaren-Familie. Sie lebte inmitten prachtvoller Gartenanlagen.

ADRESSE:
Uliza Razwodnaja 2
30 km westlich von St. Petersburg

ÖFFNUNGSZEITEN:
Großer Palast: 11-18 Uhr (Mai bis Oktober 10.30-18 Uhr), Mo Ruhetag und letzter Di im Monat;
Park: 9-21 Uhr;
Fontänen: 11-17 Uhr (Mai bis Oktober)

ANFAHRT:
Tragflächenboot: Von Eremitage nach Peterhof; Metro: Von Baltijskaja nach Novy Peterhof, dann Bus: 350, 351, 352 oder 356

Unmittelbar am Meer gelegen, eingebettet in eine prächtige Parklandschaft mit goldglänzenden Skulpturen, plätschernden Brunnen und kühn emporspritzenden Fontänen erhebt sich der Große Palast von Peterhof. Er bildet das Zentrum des in jeder Hinsicht beeindruckenden Anwesens der Zarenfamilie. Mit zahlreichen Bauten, üppigen Gärten und vor allem den berühmten Wasserspielen wird hier der Reichtum der Zarenzeit überaus deutlich. Wer heute durch die prachtvolle Anlage spaziert, spürt den Hauch des schillernden Lebenswandels der einstigen Herrscher.

Idee vom Gesamtkunstwerk

Im Jahr 1714 begannen die Bauarbeiten für dieses atemberaubende Areal, das sich Peter der Große als Sommerresidenz errichten ließ. Unmittelbar am Finnischen Meerbusen, etwa 30 Kilometer entfernt von St. Petersburg, entstand mit dem Peterhof ein etwa 1000 Hektar großer Landschaftspark. Mehrere kleine Schlösser und Pavillons liegen verteilt in dem Gelände; auf einem 20 Meter hohen Hügel thront der Große Palast. Von dort aus lassen sich weite Teile der beeindruckenden Gesamtanlage erfassen. So wird der Blick von der Nordterrasse aus über einen Meereskanal bis zur Ostsee gelenkt.

Der Kanal verbindet nicht nur das Meer und den Palast – die Zaren reisten üblicherweise per Schiff an – er bildet zugleich die Mittelachse durch den Unteren Park. In diesem Barockgarten verteilen sich über 140 der prachtvollen Wasserspiele, Fontänen und Kaskaden, die dem Peterhof sein einzigartiges Gesicht geben. An schönen Sommertagen zeigt sich zwischen den glitzernden Wasserfontänen ein Meer blühender Pflanzen und aus der malerischen Kulisse erhebt sich die vor Schönheit strahlende Palastfassade.

Gartenanlagen hatten Priorität

Die Landschaft war dem Erbauer anfangs wichtiger als die einzelnen Gebäude. So begnügte sich Zar Peter in den ersten Jahren mit einem unspektakulären Holzhaus. Die Priorität lag auf der Gestaltung der Grünflächen. Dafür ließen die Architekten Leblond und Braunstein zahlreiche Wälder roden und Alleen anpflanzen. Sie planten auch die ersten kleineren Gebäude, wie das Schlösschen Monplaisir im von Zar Peter so geliebten holländischen Stil. Im westlichen Teil des Parks liegen das Schlösschen Marly und auch die Eremitage.

Die Arbeiten für den großen Palast begannen im Jahr 1714 und dauerten bis 1725. Aber schon zwei Jahre

zuvor wurde Peterhof offiziell als neue Zarenresidenz eingeweiht. Der Tod Peters des Großen beendete 1725 vorübergehend die weiteren Planungen. Erst unter Zarin Elisabeth wurde der Peterhof Mitte des 18. Jahrhunderts erweitert. Sie ließ den italienischen Architekten Rastrelli den Großen Palast im klassizistischen Stil vollenden.

Das Russische Versailles

Auch die nachfolgenden Generationen der Romanows hinterließen ihre Spuren im Peterhof. So entstand unter Nilolaus I. im Alexandra-Park das „Cottage" – englisch geprägt, ganz wie der Park, der es umgibt.

Im Zweiten Weltkrieg wurde die Residenz dann fast völlig zerstört. Mit Energie, großem Sachverstand und viel Liebe zum Detail stellten russische Restaurateure den ursprünglichen Zustand später wieder her. Die Besucher des Peterhofs können seit den 1960er Jahren wieder seine volle Pracht bewundern.

Peterhof, das man zwischen 1944 und 1992 offiziell Petrodworez nannte, gilt mittlerweile als das russische Versailles und gehört seit 1990 zum Weltkulturerbe.

Inmitten des Peterhofs befindet sich der Große Palast mit seiner schillernden Fassade (oben links).

Das bezaubernde Schlösschen Marly wurde als eines der ersten Gebäude errichtet (oben rechts).

Die gotische Kapelle ließ Nikolaus I. im Alexandra-Park errichten. Sie ist ein rechteckiger Bau, der mit zahlreichen Bronzeplastiken und mit Pinakeltürmchen geschmückt ist (unten rechts).

Erfüllter Traum

Der **GROSSE PALAST VON PETERHOF** war das prächtige, geliebte Sommerschloss einer ganzen Zaren-Dynastie.

Prachtvolle Malereien, Deckengemälde und goldglänzende Skulpturen schmücken die Räume des Palastes. (unten links).

Peter der Große hatte einen Traum: Er wollte sich eine Residenz schaffen, die sich durch prachtvolle Größe, schillernde Bauwerke und ein zentrales Herrschaftsgebäude von allen anderen deutlich abheben sollte. So ließ er – etwa 30 Kilometer von Sankt Petersburg entfernt – nach dem Vorbild Versailles den Peterhof errichten, in dessen Mittelpunkt zwischen 1714 und 1725 der „Große Palast“ entstand.

In den ersten Jahren wurde ein zweistöckiges Gebäude geschaffen, das der französische Architekt Jean Baptiste Leblond plante. Nach dessen Tod führte der deutsche Johann Braunstein die Aufsicht über die Bauarbeiten. Später kamen die Architekten Michetti und Semzow hinzu. Zwischen 1747 und 1752 ließ Zarin Elisabeth das Gebäude von ihrem bevorzugten Architekten Rastrelli abschließend auf die heute sichtbare Dimension vergrößern.

Prunkvolle Erweiterungen

Das bis dahin eher schlichte barocke Hauptgebäude wurde durch zwei neue Flügel und eine weitere Etage erweitert. Man baute zwei Pavillonbauten an, von denen einer die Palastkapelle beherbergt. Diese Anbauten schmücken Glockendächer mit vergoldeten Zwiebelkuppeln. Ganz anders gibt sich der Mitteltrakt: Ihn ziert ein Dreiecksgiebel. Die 275 Meter lange, dreistöckige Fassade erstrahlt in leuchtenden Gelb-, Weiß- und Goldtönen.

Doch unter Zarin Elisabeth veränderte sich der Große Palast vor allem in seiner Innengestaltung. Rastrelli begann mit einer pompösen Ausstattung. Einige Räume erhielten goldverzierte Schnitzereien oder auch prunkvolle Wand- und Deckengemälde. Später kamen weitere Umgestaltungen hinzu, die dem Schloss in der zweiten Hälfte des 18. Jahrhunderts sein klassizistisches Gepräge gaben.

Die Räumlichkeiten der Zaren

Im Innern des Palastes können heute insgesamt zwanzig repräsentative Räume besichtigt werden. Von diesen stammt lediglich ein Arbeitszimmer, das so genannte Eichenholzkabinett, noch aus der Zeit Peters des Großen. Ihm soll auch die Anfang des 18. Jahrhunderts gefertigte Tischuhr gehört haben, die dort zu bewundern ist.

Besonders faszinierend sind die schimmernden Seidentapeten sowie die großen Gemälde von Katharina II. und ihrer Schwiegertochter Maria Feodowona im blauen Gästezimmer. Auch im riesigen Thronsaal, der sich über die gesamte Breite des Bauwerks erstreckt, kann Katharina die Große bewundert werden. Auf einem riesigen Gemäde ist sie dort in Gardeuniform mit gezücktem Säbel zu sehen. Gegenüber dem Thron, den sich Peter I. Anfang des 18. Jahrhunderts bauen ließ, hängen vier weitere Gemälde, die der englische Künstler Joseph Wright zur Einnerung an die Schlacht von Tschesme malte.

Mehrere verzierte Türen bahnen den Weg in den Portraitsaal, der auch als Rotari-Saal bekannt ist. Ihn zieren Portraits von 368 Mädchen, die der Künstler Pietro Rotari auf Leinwand verewigte. Opulente Seidenbespannungen sind im Rebhuhnzimmer zu bewundern – ihren hellblauen Grund zieren neben Rebhühnern auch Blumenkränze und Ähren.

Reizvoller Anziehungspunkt ist außerdem das weiße Speisezimmer, das sich streng klassizistisch in Cremefarben präsentiert. Insbesondere das Wedgwood-Service aus dem 18. Jahrhundert zieht hier immer wieder die Blicke auf sich.

Von der Schlossterrasse aus stürzt das Wasser über Stufen in ein Marmorbecken – die Große Kaskade zählt zu den schönsten Brunnenanlagen der Welt (oben).

Architekt Rastrelli erweiterte den Großen Palast und krönte das Gebäude mit vergoldeten Zwiebelkuppeln (unten rechts).

Wasserspiele im Überfluss

Eine pumpenlose Wassertechnik speist seit über 250 Jahren die 150 Brunnen und Fontänen, Kaskaden und Speier. Die **WASSERSPIELE VON PETERHOF** stellen eine Meisterleistung der russischen Ingenieurskunst dar.

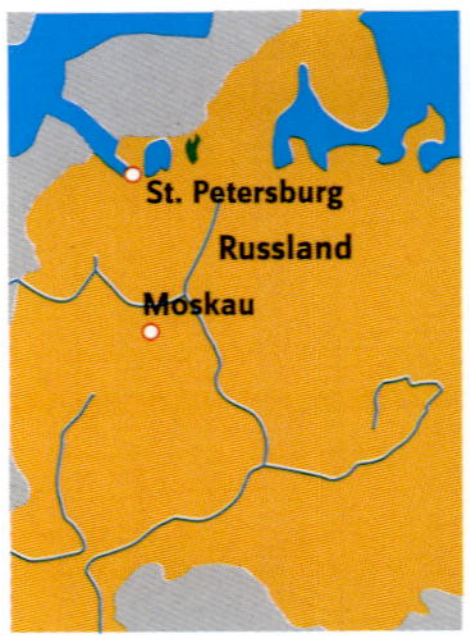

22 Meter hoch schießt das Wasser der Samson-Fontäne aus dem Maul eines goldenen Löwens. Sie bildet den Mittelpunkt der Großen Kaskade aus dem Jahre 1734 (links).

Auch wegen der überwältigenden Wasserspiele wird der malerische Peterhof vielfach als russisches Versailles bezeichnet. Peter der Große hatte ein Faible für Brunnenanlagen und außergewöhnliche Fontänen. Mit den Wasserspielen in den Peterhof-Gärten setzte sich der Zar ein Denkmal der besonderen Art.

Technische Meisterleistung

Schon die Technik des Bewässerungssystems ist eine Meisterleistung: Der Hydraulikingenieur Tuwolkow konstruierte dafür eine 22 Kilometer lange Selbstfluss-Anlage, die das natürliche Gefälle der Parklandschaft ausnutzt und so ohne zusätzliche Pumpen auskommt. Seit fast 300 Jahren funktioniert dieses Prinzip reibungslos. Die 144 Fontänen und vier Kaskaden werden bis heute durch das ausgeklügelte System mit Wasser gespeist.

Als eine der großartigsten Brunnenanlagen der Welt gilt die Große Kaskade am Fuße des Palastes. 64 Fontänen und vergoldete Statuen flankieren sie, das Wasser fällt über zwei Treppen in ein Marmorbecken. Von dort aus fließt es durch einen Kanal ins Meer. Aus dem zentralen Bassin erhebt sich die Samson-Fontäne: Die vergoldete Skulptur „Samson zerreißt den Löwen“ wurde 1734 als Symbol des Sieges über die Schweden errichtet. Der Löwe spuckt triumphierend einen 22 Meter hohen Wasserstrahl.

Wasserspuckende Drachen

Die Drachen- oder Schachbrettkaskade von 1739 ist in eine Felslandschaft gebettet. Das Wasser sprudelt in dieser Anlage aus wilden, geflügelten Drachen. Zeitgleich mit dem Schlösschen Marly entstand die Kaskade Großer Berg, in der das kühle Nass aus riesigen Löwenrachen über Treppen hinabstürzt. Die Anlage wird seit 1870 von italienischen Marmorstatuen geschmückt. Vor einigen Jahren restaurierte man auch die Löwen-Kaskade unterhalb der Eremitage mit ihren illustren Wasserspielen.

Zu den ältesten Brunnenanlagen gehören die Adam- und Eva-Fontänen jeweils im Scheitelpunkt sternförmiger Alleen. Auch die Sonnen-, die Römischen- sowie die Pyramidenfontänen sind beeindruckende Blickfänge. Im holländischen Garten sorgen so genannte Scherzfontänen für Überraschungen, da sie die Besucher mit Wasser bespritzen. Insgesamt 148 unterschiedliche Wasserspiele können in den Gartenanlagen des Peterhofs erlebt werden.

Das Spiel der Fontänen inmitten einer monumentalen römischen Kulisse gehört ebenfalls zu den Attraktionen des Peterhofs (oben rechts).

Peter der Große plante die Kaskaden, die sich über zwei Treppen in ein Becken ergießen und deren Wasser über einen Kanal ins Meer fließt (unten rechts).

Lustwandeln in barocker Pracht

Die **GÄRTEN DES PETERHOFS** vereinen barocke Gartenarchitektur und natürliche Landschaftsbilder zu einem unvergleichlichen Gesamteindruck.

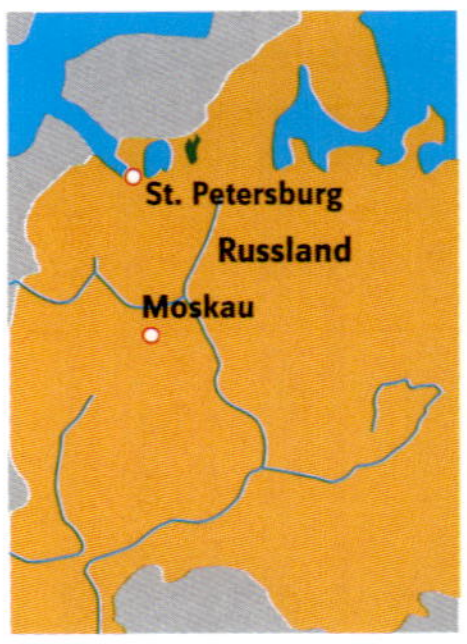

Sagenhafte Alleen führen zu den kleinen und großen Palästen, die in der Gartenlandschaft des Peterhofs zu finden sind (unten links).

Eine sanfte Brise weht vom Finnischen Meerbusen herüber. Die Strahlen der Sommersonne werfen lichte Schatten durch die Wipfel alter Bäume. Schnurgerade führt der Weg auf einen kleinen Pavillon zu. Das leise Plätschern der Wasserspiele erfreut das Ohr. Die Pracht blühender Pflanzen in ornamenthaft geformten Beeten ringt mit dem goldenen Glanz wertvoller Skulpturen und weißer Marmorfiguren um die Wette. Die Sinneseindrücke sind überwältigend. Wer durch die einmaligen Gärten des Peterhofs spaziert, erlebt eine Landschaftsarchitektur, die ihresgleichen sucht.

Die Gartenanlagen spielten bereits in den ersten Planungen Peters des Großen eine zentrale Rolle. Ihm ging es nicht nur darum, einen Palast zu errichten, sondern ein Gesamtkunstwerk aus Architektur und Natur zu schaffen. So ließ er nicht nur eine, sondern gleich mehrere Grünflächen anlegen. Auf Basis des symmetrischen Konzepts barocker Gartenarchitektur entstanden zwei große Gärten: Der Untere und der Obere Park. Später kam dann noch der Alexandra-Park hinzu.

Der Untere Park bildet den grünen Rahmen für die zahlreichen Wasserspiele. Ein 400 Meter langer Kanal schafft nicht nur die Verbindung vom Meer zum Palast, sondern bildet zugleich die zentrale Mittelachse des Parks.

Französischer Barock

Auch im nördlich vom Palast liegenden Oberen Park ist der französische Barockstil unverkennbar. Immer wieder durchziehen prächtige Alleen das Gelände; jede von ihnen führt auf ein Ziel zu – ob auf die Peter-und-Paul-Kathedrale, einen kleinen Pavillon oder wiederum auf Brunnen oder Wasserspiele. Den Mittelpunkt des Oberen Parks bildet der Neptun-Brunnen mit seinem imposanten, 92 mal 33 Meter großen Becken.

Die Gärten änderten im Laufe der Jahre ebenso immer wieder ihr Gesicht wie die gesamte Residenz-Anlage. So wurden sie nicht zuletzt im Zuge der Vergrößerung des Großen Palastes in den 1750er Jahren proportional entsprechend angepasst.

Erst im 19. Jahrhundert entstand der Alexandra-Park, den Nikolaus I. für seine Frau Alexandra im Englischen Stil anlegen ließ. Dieser 115 Hektar umfassende Landschaftspark grenzt im östlichen Teil des Peterhofs direkt ans Meer. Für seine Gestaltung schaffte man Pflanzen unter anderem aus botanischen Gärten in St. Petersburg und Moskau, ja sogar aus Hamburg und Marseille heran. Ganz im Gegensatz zur strengen Geometrie der Barockgärten kann man hier zwischen schattigen Baumgruppen und sonnigen Lichtungen die Natur ganz ursprünglich entdecken.

Farbenfrohe Blumenwelten finden sich überall auf dem Gelände. Genauso wie spannende Wasserspiele (oben).

Auf dem Weg durch die Gartenanlage eröffnen sich immer wieder neue überraschende Ausblicke – so zum Beispiel auf großzügige Freiflächen mit eindrucksvollen Statuen (unten rechts).

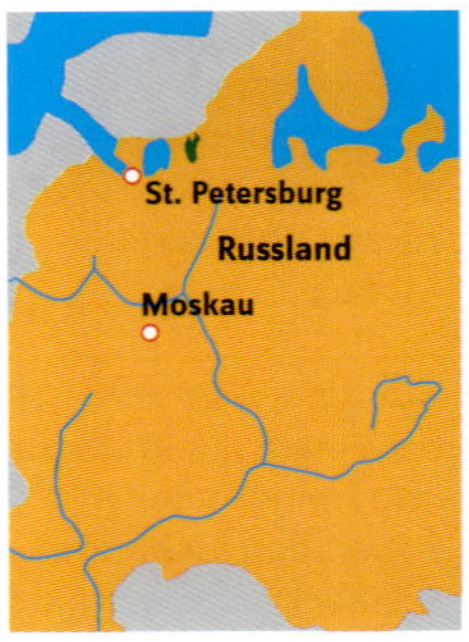

Zu Besuch im Märchenreich

Der **KATHARINENPALAST VON ZARSKOJE SELO** ist mit seiner 300 Meter langen Fassade das schönste Schloss Russlands.

ADRESSE:
Sadowaja Uliza 7;
25 km südlich von
St. Petersburg

ÖFFNUNGSZEITEN:
tägl. 10–18 Uhr,
Di und letzter Mo im
Monat Ruhetag

ANFAHRT:
Metro: Von Vitebsky
oder Moskowskaja
nach Zarskoje Selo,
dann Bus: 371 oder 382
bis Sadowaja Uliza

So reich Russland an großartigen Schlössern und prachtvollen Gebäuden auch sein mag: Der Katharinenpalast von Zarskoje Selo stellt mit seinem Prunk und seinen Schätzen alles in den Schatten. Inmitten einer traumhaft gestalteten Parklandschaft versammeln sich hinter der 300 Meter langen Fassade der Sommerresidenz kulturelle Kostbarkeiten von unschätzbarem Wert, allen voran das legendäre Bernsteinzimmer.

Als Peter I. zu Beginn des 18. Jahrhunderts seiner Frau Katharina I. die Ländereien schenkte, konnte noch niemand ahnen, welches kulturelle Kleinod hier einst entstehen sollte. Katharina gab nämlich zunächst nur ein kleineres Steinhaus in Auftrag, das ihr der deutsche Architekt Johann Braunstein baute.

Ein Palast für die Frau Mama

Erst durch die Tochter des Zarenpaares, Elisabeth I., gelangte die Anlage ab dem Jahr 1750 zu ihrer überbordenden Pracht. Zum Gedenken an ihre Mutter ließ sie den Palast vom Meister des russischen Barocks, Bartolomeo Rastrelli, ausbauen.

Um den Ehrenhof des Palastes mit seinem prächtig vergoldeten Haupttor ziehen sich halbkreisförmige Wirtschaftsgebäude. Die Schlossfassade ist

Die beeindruckende Fassade des Katharinenpalastes zählt zu den architektonischen Höhepunkten des zaristischen Russlands. Jährlich wird die Residenz von hunderttausenden Besuchern bestaunt.

mit Säulen, Balustraden und Skulpturen verziert und leuchtet in Blau und Weiß. Goldgelb schimmern vielfältige Ornamente, die ursprünglich mit echtem Blattgold überzogen waren. Die fünf Kuppeln der orthodoxen Palastkirche am nordöstlichen Ende des Schlosses erstrahlen auch heute wieder in vergoldetem Glanz.

Von Rastrelli stammt auch das Interieur des großen Saales, der mit 900 qm zu den größten Ballsälen Europas gehört. Durch perspektivische Deckengemälde wird die Höhe des Raums noch verstärkt. Dazu sorgen vergoldete Spiegel an den Längsseiten und funkelnde Kronleuchter für eine atemberaubende Gesamtoptik. Der Kavaliers-Speisesaal, in dem eine luxuriöse Tafel eingedeckt ist, blieb ebenfalls im Stile Rastrellis erhalten.

Katharina die Große ließ nach 1762 viele Räume von Charles Cameron im frühklassizistischen Stil renovieren und gab neue Gebäude in Auftrag. Der Achat-Pavillon an der Südseite des Palastes, mit Jaspis, Marmor und Lapislazuli ausgestattet, gilt seitdem als ein Meisterwerk des Klassizismus. Aus der gleichen Zeit stammt Camerons Galerie, ein tempelartiger Bau mit hohen Säulen und römischen Skulpturen, in dem heute Kostüme und Uniformen des 18. und 19. Jahrhunderts ausgestellt sind.

1811 ließ Zar Alexander eine Eliteschule anbauen, in der auch Alexander Puschkin die Schulbank drückte. Ihm zu Ehren errichtete man dort ein Museum. 1937 wurde Zarskoje Selo in Puschkin umbenannt. Heute nennt man sich wieder Zarskoje Selo, was so viel wie Zarendorf bedeutet.

Das achte Weltwunder

Das legendäre **BERNSTEINZIMMER** krönt mit seiner Pracht das luxuriöse Interieur des Katharinenpalastes.

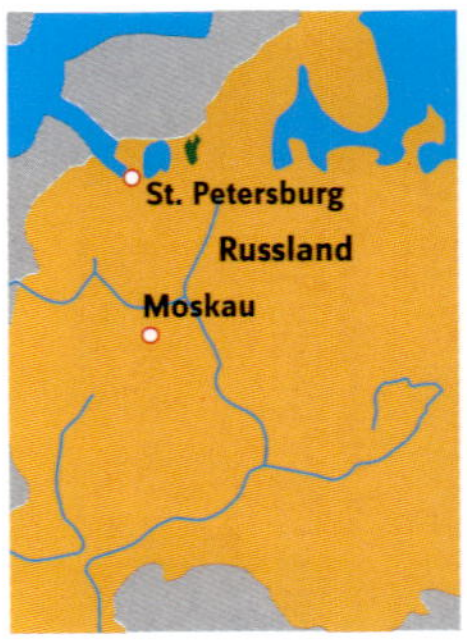

Ein Glanzlicht unter den Sommerresidenzen ist der Katharinenpalast seit jeher. Doch seit 2003 hat sich der Besucherstrom vervielfacht. Tausende von Besuchern kommen vor allem, um einen Mythos zu bestaunen: das legendäre, wieder auferstandene Bernsteinzimmer.

Die Geschichte des „achten Weltwunders" nahm 1716 ihren Anfang, als der Preußenkönig Friedrich Wilhelm I. mit dem Zaren Peter I. einen Tauschhandel einging. Für 55 „Lange Kerls" aus der Zarengarde erhielt Peter der Große Bernsteinschmuck für ein 17 qm großes Kabinett. Dänische und ostpreußische Schnitzer hatten es für den Soldatenkönig zu Beginn des Jahrhunderts angefertigt.

Vom Sommergarten wanderte das Zimmer nach Peters Tod in den Winterpalast, um 1755 von Elisabeth I. im Katharinenpalast installiert zu werden. Unter der Federführung Rastrellis wurde der Raum um Spiegel und Intarsienlandschaften erweitert. 1770 konnte Katharina die Große ihren Gästen einen nun 100 qm großen Prachtsaal präsentieren.

Der Mythos des Bernsteinzimmers beruht nicht allein auf seiner Pracht, sondern auf der Tatsache, dass es 1945

Das Bernsteinzimmer bildet den spektakulären Höhepunkt des Katharinenpalastes. Der Wert des detailgetreu wieder hergestellten Zimmers, das man auch als das achte Weltwunder bezeichnet, wird auf über 120 Millionen Euro geschätzt.

verschwand. In den Wirren des Kriegsendes bereits abgebaut und ins Königsberger Schloss gebracht, gilt es seitdem als unauffindbar. Gerüchte, der Schatz sei verbrannt oder in der Ostsee versunken, konnten aber nie bestätigt werden.

Die Wiederauferstehung

1979 wurde im Katharinenpalast die Rekonstruktion des geheimnisvollen Zimmers begonnen. Als Vorlage dienten den rund 50 Restauratoren lediglich Schwarzweißfotos aus der Vorkriegszeit. In kunstvoller Kleinarbeit wurde geschnitzt und gesägt, Bernsteinplättchen verwandelten sich in Ornamente, Ranken und Blätter.

Anfang der 90er Jahre, mit dem Ende der Sowjetunion, behinderten finanzielle Schwierigkeiten die Arbeiten, doch zum Ende des Jahrzehnts wendete sich das Schicksal des Bernsteinzimmers zum Guten.

Eine bei Schmugglern konfiszierte Tonne Bernstein wurde von Königsberg nach Zarskoje Selo transportiert. Die deutsche Ruhrgas AG spendete zudem für das Projekt 3,5 Millionen Euro. Als außerdem noch kleine Originalmosaike in Berlin und Bremen auftauchten, erhielt auch die über 20-jährige Arbeit der Restauratoren endgültig ihre künstlerische Legitimation. Die alten Bernsteinschnitzereien sind von den neuen Kopien kaum zu unterscheiden. 500 000 Einzelteile aus „Ostseegold" wurden für die Rekonstruktion angefertigt.

Zum 300. Geburtstag St. Petersburgs wurde das wieder erstandene Bernsteinzimmer im Mai 2003 feierlich eröffnet. Der Traum aus Honiggelb, Kirschrot, Gold und Haselnussbraun wird auf einen Gesamtwert von über 120 Millionen Euro geschätzt. Das Bernsteinzimmer ist dabei nur eine der überaus prachtvollen Ausstattungen des Palastes. Auch in vielen anderen Zimmern und Sälen funkeln Schnitzereien und Skulpturen in goldenem Glanz.

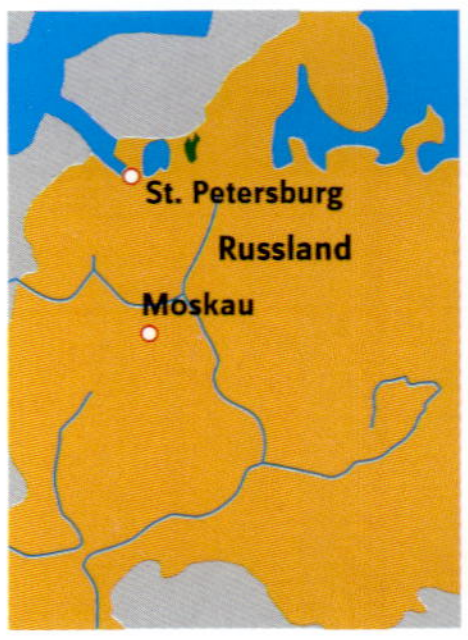

Schottische Park-Eleganz

Die **PARKANLAGEN VON ZARSKOJE SELO** konkurrieren in ihrer gestalterischen Schönheit mit dem prächtigen Palast.

Wen die funkelnde Pracht des Bernsteinzimmers geblendet hat, dankt dem weitläufigen Park von Zarskoje Selo für die Entspannung, die er Auge und Geist bietet.

Der so genannte französische Garten wurde in der Mitte des 18. Jahrhunderts noch von Elisabeth I. in Auftrag gegeben. Hier bestimmt Symmetrie das Bild: Beschnittene Bäume und geometrische Felder aus Kieseln und Ziegelstücken folgen einem übergeordneten Gestaltungsmuster. Auch der reizvolle, als Grotte bezeichnete Pavillon am Ufer eines großen Teichs stammt noch aus dieser Zeit.

Tische, die vom Himmel fallen

Durch den Hauptgang des Französischen Gartens gelangt man zur Eremitage, die zwischen 1744 und 1756 von Rastrelli errichtet wurde. In diesem Pavillon konnten große Esstische nach dem Mahl bis unter die Decke des Raumes hochgezogen werden, sodass sich der Speisesaal quasi im Handumdrehen in einen Ballsaal verwandeln ließ.

Die Parkanlagen, die zu Katharinas Palast gehören, sind genauso sehenswert wie die Gebäude. Die Beete sind zum Teil streng geometrisch angelegt (unten links).

Bis ins letzte Detail sind die Gartenelemente ausgestaltet. Besonders beeindrucken die Schmiedearbeiten des Haupttores (oben links).

Das kleine Badehaus liegt romantisch im oberen Garten (oben rechts).

Kleine Pavillons und hübsche Skulpturen sind stilsicher in die Landschaft eingebunden (ganz rechts).

Ab 1770 nahm Katharina die Große die weitere Parkgestaltung in die Hand. Sie verpflichtete John Bush, den Schwiegersohn Charles Camerons, als Gartenarchitekten. Nach ihrem Geschmack schuf der Schotte einen Landschaftsgarten im englischen Stil um den bereits vorhandenen großen Teich herum. Weite Wiesenflächen, Brücken, Hügel und gewundene Parkwege entstanden.

Bei aller Naturbelassenheit ist der Katharinenpark vielfach möbliert mit Denkmälern, welche die Zarin für jeden Sieg im Russisch-Türkischen Krieg (1768–1774) errichten ließ.

Das Haus des letzten Zaren

Ihrem Lieblingsenkel, dem späteren Zaren Alexander I., schenkte Katharina zur Hochzeit ein Schloss auf dem Areal von Zarskoje Selo. Der nach ihm benannte schlichte, klassizistische Alexanderpalast von 1792 wurde auch zum Hauptdomizil der letzten Zarengeneration. 1917 wurden Nikolaus II. und seine Familie hier interniert, bevor man sie nach Ekaterinenburg brachte und dort ermordete.

Das Schloss ist umgeben vom Alexanderpark, dessen herrliche Wildnis ehedem als Jagdrevier diente. In die nach englischem Vorbild gestaltete Landschaft sind ein chinesisches Dorf mit Theater sowie eine neugotische Kapelle harmonisch integriert.

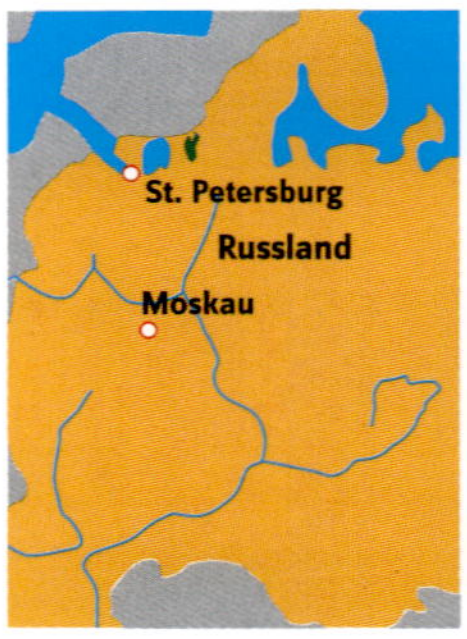

Das Liebesnest einer Zarin

Mit der Schlossanlage von **GATSCHINA** machte Katharina II. ihrem Liebhaber Graf Orlow ein wahrhaft kaiserliches Geschenk.

LAGE:
45 km südlich von St. Petersburg; Oblast St. Petersburg

ANFAHRT:
über Autobahn oder Bahnlinie (ab Metro-Station Baltijskaja) Richtung Pskow

BESONDERHEITEN:
Von 1923 bis 1929 wurde die Stadt nach dem Revolutionär Trotzki in Trozk umbenannt.

Er war eine der großen Lieben ihres bewegten Lebens: Graf Grigorij Orlow. Mehr als zwanzig verschiedene Liebhaber wurden Katharina der Großen zugesprochen, aber wirklich geliebt hat die Zarin wohl nur wenige. Zu diesen gehörte Graf Orlow – und das nicht nur, weil er ihr bei der Ermordung ihres Ehemannes Zar Peter III. half.

Zahlreiche Briefwechsel der beiden sind verbürgt – und zwei großartige Geschenke: Orlow übergab seiner Geliebten überaus wertvolle, nach ihm benannte Diamanten, die später das Zarenzepter schmücken sollten. Und Katharina schenkte ihm die Schlossanlage von Gatschina – eine wahrhaft kaiserliche Geste.

Der inmitten eines weitläufigen Landschaftsparks erbaute Palast liegt 45 km südwestlich von St. Petersburg. Zwischen 1766 und 1781 schuf Antonio Rinaldi ein dreigeschossiges Bauwerk mit fünfeckigen Türmen im frühen russisch-klassizistischen Stil. Berühmt wurde das Schloss aber nicht

Der Palast von Gatschina war ein Geschenk Katharinas der Großen an ihren Liebhaber Graf Orlow. Später wurde er durch Anbauten auf 900 Zimmer erweitert (oben links).

Bei Spaziergängen bieten sich immer wieder schöne Ausblicke wie beispielsweise auch diese Kirche (oben rechts).

Zu dem Schloss gehört ein schöner Landschaftsgarten, in dem sich mehrere kleine, zum Teil sehr pittoreske Gebäude befinden (unten links).

Die großzügigen Wege bieten viele Spaziermöglichkeiten (unten rechts).

durch sein Äußeres, sondern durch sein prunkvolles Interieur, das in ganz Europa berühmt war. Als intimer Treffpunkt der lebenslustigen Zarin mit ihrem Günstling war der Palast mit erotischen Wandmalereien und erlesenen Möbeln ausgestattet.

Der ausgedehnte Park mit dem weißen und schwarzen See, kleinen Pavillons, Brücken und Inseln sowie seiner Naturbelassenheit galt als erster russischer Landschaftspark.

Erweiterung auf 900 Zimmer

Nach Orlows Tod ging das Anwesen in den Besitz von Katharinas Sohn und späteren Zaren Paul I. über, der es in den 90er Jahren des 18. Jahrhunderts von Vincenzo Brenna zu einer festungsähnlichen Anlage umbauen ließ. Dabei wurden die anzüglichen Malereien entfernt. Der Hof wurde mit Bastionen und Gräben gesichert, das Gebäude auf 900 Zimmer erweitert. Fortan diente es nicht nur als Sommerresidenz, sondern auch als Ort für militärische Übungen und Paraden.

Nach der Ermordung Pauls I. im Jahre 1801 wurde der Besitz erst nach fünfzig Jahren wieder als Jagddomizil der Zarenfamilie genutzt. Den inzwischen mit grauem Kalkstein verblendeten und gut gesicherten Palast erhob Zar Alexander III. 1881 sogar zu seiner Hauptresidenz. Der Grund: In Sankt Petersburg und Moskau hatte er Angst, ermordet zu werden.

Unter deutscher Besatzung während des Zweiten Weltkriegs brannte das Schloss vollständig aus, und der Park wurde verwüstet. Man hat es zwar bis heute nicht gänzlich restauriert, den Besucher erwarten aber trotzdem prunkvolle Räume wie der Marmorspeisesaal und der weiße Saal im Stil der Zeit Katharinas II. Außerdem beherbergt das Schloss eine kostbare Porzellan-Sammlung.

Pittoreske Liebesinsel

Die Park- und Seenlandschaft mit englischen und französischen Einflüssen des 18. Jahrhunderts besticht größtenteils durch den Eindruck malerischer Unberührtheit. Einige Brücken und Pavillons sind noch verfallen, doch zahlreiche Bauwerke wurden instand gesetzt.

Beim schwarzen See liegt der Prioratspalast von Nikolaj Lwow, der 1798 im Stil einer Ritterburg aus gepresstem Lehm errichtet wurde.

Reizvoll sind auch der Venustempel auf der Liebesinsel mit einem zauberhaften Blick auf die Umgebung, der Adlerpavillon und auch das Birkenhäuschen, welches von außen wie eine schlichte Holzhütte aussieht, aber im Inneren prächtig mit reflektierenden Spiegeln und feiner Holzschnitzkunst ausgestattet ist.

Größer als beim Zaren

Fürst Menschikow wollte sich mit Peter dem Großen messen, als er Schloss **ORANIENBAUM** baute.

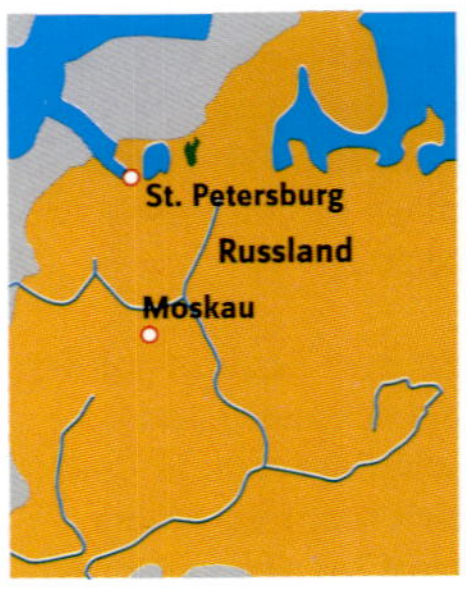

LAGE:
30 km westlich von St. Petersburg direkt an der Ostsee; Oblast St. Petersburg

ANFAHRT:
ab Metro-Station Baltijskaja mit der Eisenbahn oder mit Kleinbus 300 und 424-A von Metro-Station Awtaro

Männerfreundschaften sind so eine Sache: Am besten funktionieren sie, wenn man sich auf Augenhöhe begegnet. Das war bei der legendären Freundschaft zwischen Fürst Alexander Menschikow und Peter dem Großen nicht anders. Der steinreiche Fürst, der für seinen üppigen Lebenswandel bekannt war, wollte nicht immer hinter seinem Schachpartner und Saufkumpanen Peter zurückstehen. Deshalb war er beseelt von der Idee, einen pompöseren Palast zu besitzen als der Zar. Und so entstand Oranienbaum, ein Schloss, das zu den beachtlichsten Russlands zählt.

1710 beauftragte Menschikow seine beiden Lieblingsarchitekten Giovanni Maria Fontana und Gottfried Schädel, auf einem etwa 480 Hektar großen Grundstück vierzig Kilometer westlich von St. Petersburg einen neuen Palast zu errichten.

Die Vision wurde Wirklichkeit: Im Jahr 1725 waren die Arbeiten für das feudale Herrenhaus, das stilistisch sehr stark an den später errichteten Peterhof erinnert, beendet. Im direkten Umfeld des gleichnamigen Städtchens besaß Fürst Menschikow nun ein schillerndes zweigeschossiges Bauwerk mit Türmchen, Krone und Bogengalerien, die in achteckigen Pavillons mit wuchtigen Kuppeln enden. Seinen Namen erhielt der Prachtbau von den Orangerien, die an den Palast mit seinem naturbelassenen Park angegliedert waren.

Freundschaften lassen sich nicht übertragen. Das musste auch Fürst Menschikow erfahren. Nur kurze Zeit konnte er die malerische Idylle seines Anwesens direkt am Finnischen Meerbusen genießen. Nach Peters Tod fiel er in Ungnade und wurde von dessen Tochter nach Sibirien verbannt.

Platz für Paraden

Nun war Oranienbaum im Besitz der Krone, die sich dort eine weitere Sommerresidenz einrichtete. Vor allem in der Regierungszeit von Peter III. und Katharina der Großen wurde die Anlage weiter ausgebaut.

Zwischen 1758 und 1762 errichtete Antonio Rinaldi für den militärbegeisterten Zaren eine Festungsstadt in Form eines zwölfzackigen Sterns. Von Peterstadt sind das malerische Tor und ein kleines Schloss erhalten, bei dem es sich um einen schlichten Bau mit großem Saal, Kabinett und einem Schlafzimmer mit chinesischen Lackmalereien handelt.

Katharina die Große liebte ebenfalls die fernöstliche Kultur. Für sie

Der Rutschbahn-Pavillon war bei den Adligen besonders beliebt. Heute strahlt er nach umfangreicher Restaurierung in neuem Glanz (oben).

Das Chinesische Palais war zu seiner Zeit eine kleine architektonische Sensation (unten links).

Die Residenz selbst wird von einer großen Mauer umringt (unten rechts).

baute Rinaldi bis 1768 das Chinesische Palais, ein reich ausgestattetes Lustschlösschen. Dieses wurde zwar eher orientalisch ausgestattet, allerdings bezeichnete man im damaligen Russland alle exotischen Stilrichtungen als chinesisch.

Der prachtvollste Raum im neuen Gebäude war das Glasperlenzimmer, in dem die Bauarbeiter vor allem Materialien aus der Manufaktur des Universalgelehrten Michail Lomonossov verarbeiteten. Ihm zu Ehren wurde das naheliegende Städtchen 1945 in Lomonossov umbenannt.

Mit dem Rutschbahn-Pavillon errichtete man zwischen 1762 und 1777 ein weiteres Lustschlösschen. Den ungewöhnlichen Namen hat das kleine Palais von einer der Lieblingsbeschäftigungen der adligen Gesellschaft: Von dem kleinen Berg, auf dem das Schlösschen gebaut wurde, rodelte man im Winter mit einem speziellen Schlitten herunter.

Zwischen dem Hügel und dem chinesischen Palais liegt der obere Park mit seinem faszinierenden alten Baumbestand, während sich der untere Park hinter dem Großen Palast erstreckt. Trotz der verschwenderischen Pracht der Bauten, die Katharina die Große in Oranienbaum errichten ließ, soll sie sich selbst nur 48 Tage dort aufgehalten haben.

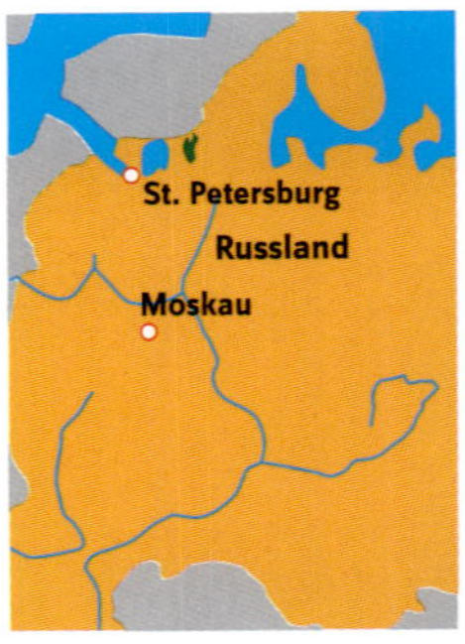

Schutzschild der Hauptstadt

Lange war es als gesperrtes Gebiet ein weißer Fleck auf der Landkarte – heute kann **KRONSTADT** wieder besichtigt werden.

LAGE:
25 km nordwestlich von St. Petersburg auf der Ostseeinsel Kotlin im Finnischen Meerbusen; Oblast St. Petersburg

GRÖSSE:
ca. 50 000 Einwohner

ANFAHRT:
ab Metro-Station Tschornaja Retschka mit Sammeltaxi

Dass die Matrosen von Kronstadt die Meuterei im Blut hatten, bekam schon Zar Nikolaus II. zu spüren. Sie beteiligten sich 1905 am Aufstand gegen den Selbstherrscher und bei der Oktoberrevolution unterstützten sie die Bolschewiken. Aber auch gegen die neuen Herren begehrten sie 1921 auf, Lenin ließ den Aufstand blutig niederschlagen.

Da Peters neue Hauptstadt nicht an der Ostsee lag, übernahm Kronstadt die Rolle der Hafenstadt. Mächtige Festungsbauten, die bis in das 19. Jahrhundert hinein erweitert wurden, sollten Feinde auf Distanz halten. Schnell entwickelte sich Kronstadt zur wichtigsten Ausbildungsstätte für die kaiserliche Marine, auch wichtige Forschungseinrichtungen ließen sich dort nieder. Während des Zweiten Weltkriegs litt Kronstadt noch stärker als Leningrad unter der deutschen Blockade. An dem stark befestigten Marinestützpunkt biss sich die Wehrmacht allerdings die Zähne aus.

Zaristische Marinefestung

Kronstadt, zur Zeit Peters des Großen auf der Halbinsel Kotlin im Finnischen Meerbusen als Marinefestung mit Werftanlagen gegründet, war seit dem Beginn der kommunistischen Ära als bestgehüteter Stützpunkt der Baltischen Flotte eine geschlossene Stadt. Bis zum November 1996, als die Armee die Stadtverwaltung in zivile Hände übergab, blieb Kronstadt für die Bewohner des nur knapp 30 km entfernt liegenden Sankt Petersburgs ein weißer Fleck auf der Landkarte.

Verblüfft stellen sie nun fest, dass die rund 40 000 Einwohner zählende Stadt mit ihren schnurgeraden, breiten Straßen und großzügig bemessenen Plätzen Sankt Petersburg stark ähnelt. Das ist auch kein Wunder, wurde die Stadt doch nur ein Jahr

nach der großen Schwesterstadt gegründet. Sie wurde auf einem regelmäßigen Grundriss angelegt und zeichnet sich gleichfalls durch lange Alleen und Straßen mit zahlreichen Grünflächen aus.

Die Nikolaus-Marine-Kathedrale

Ihr Wahrzeichen ist die 1913 fertiggestellte Sankt-Nikolaus-Marine-Kathedrale, die man schon von weitem sieht. Kasernen, Marine-Warenhäuser und Geschäfte, die unter der Leitung von Michail Wetoschnikow zwischen 1785 und 1796 geplant worden waren, befinden sich aber leider noch in einem stark reparaturbedürftigen Zustand.

Seit dem Abzug der Armee aus Kronstadt hat sich die wirtschaftliche Lage seiner Einwohner drastisch verschlechtert. Deshalb pendeln viele Bewohner täglich in das Stadtgebiet von St. Petersburg, um sich dort ihren Lebensunterhalt zu verdienen.

Kronstadt war lange Zeit militärisches Sperrgebiet und blieb so Besuchern verschlossen. Gut erhalten ist vor allem die Nikolaus-Marine-Kathedrale mit ihrer mächtigen Kuppel.

Einklang mit der Natur

Der weitgehend naturbelassene Landschaftspark von PAWLOWSK zählt zu den schönsten in Europa.

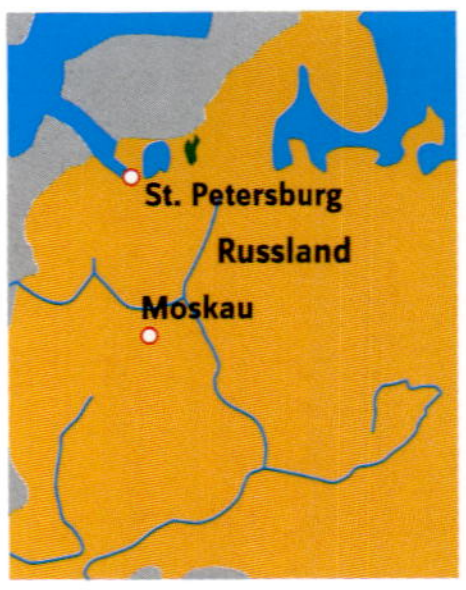

LAGE:
30 km südlich von St. Petersburg; Oblast St. Petersburg

ANFAHRT:
ab Station Vitebsky mit der Bahn

Ein wahrhaft kaiserliches Geschenk machte Katharina die Große ihrem Sohn Paul I. und seiner Gattin Maria Feodorowna zur Geburt des ersten Enkels: die Ländereien von Pawlowsk, dreißig Kilometer südlich von Sankt Petersburg.

Ab 1782 entstanden hier ein üppiger Palast und auf 600 Hektar einer der schönsten Landschaftsparks Europas. Um die Residenz herum bildete sich im Laufe der Zeit die gleichnamige Stadt.

Das Werk eines Schotten

Der Schotte Charles Cameron begann mit dem Bau des dreigeschossigen klassizistischen Schlosses, das Vincenzo Brenna später um Galerien und Seitenflügel erweiterte. Zu Beginn des 19. Jahrhunderts waren auch die Architekten Woronichin und Rossi an der Innengestaltung beteiligt. Von Maria Feodorowna, einer Prinzessin aus württembergischen Hause, wurde Pawlowsk zum Lieblingsort erkoren. Sie machte den prunkvollen Palast zu einem Musentempel und veranstaltete literarische Lesungen mit berühmten Dichtern ihrer Zeit.

Das Interieur des im Zweiten Weltkrieg zerstörten, aber heute vollständig restaurierten Prachtbaus bildet eine traumhafte Kulisse für festliche Anlässe. Allein der hufeisenförmige Große Thronsaal mit seinen üppigen Deckengemälden des Italieners Pietro Gonzaga umfasst 400 qm. Der griechische Saal ist mit grünen Marmorsäulen und Statuen einem Tempel

nachempfunden, im runden italienischen Saal mit Kuppeldach prangt ein Kronleuchter mit kristallenen Pfauenfedern.

Ein ägyptisches Vestibül, der Saal des Friedens und der Saal des Krieges im üppigen Rokoko-Stil mit Szenen aus dem Trojanischen Krieg sind weitere Glanzstücke des Palastes. Außerdem konnten viele Einrichtungsgegenstände bei Kriegsbeginn in Sicherheit gebracht werden und sind heute wieder an ihrem Ursprungsort zu bewundern.

Ein Garten auch für die Kunst

Ist das Schloss bereits ein Gedicht, so gleicht der Park von Pawlowsk einem wahr gewordenen Traum, den maßgeblich der italienische Bühnenbildner und Gartenarchitekt Pietro Gonzaga 1803 für Maria Feodorowna entwarf. 25 Jahre lang gestaltete er die Landschaft, in der auch alle am Palastbau beteiligten Künstler ihre Spuren hinterließen.

Im hügelig gewellten, kleinen Flusstal der Slawjanka erstreckt sich das Anwesen, das wie frei gewachsene Natur wirkt, aber mit den Raffinessen englischer Gartenkunst angelegt wurde. Finnische Eichen, Linden aus Lübeck und Blumen aus Holland und England fanden hier ihren Platz. Harmonisch fügen sich Teiche, zahl-

reiche Skulpturen, achtzehn Pavillons und zwölf Brücken in die Landschaft ein und machen den Spaziergang zu einer romantischen Entdeckungsreise.

Lauschige Plätzchen

So ähnelt das 1782 von Cameron gebaute Milchhäuschen einem Schweizer Landhaus, ist aber mit vergoldeten Möbeln ausgestattet. Aus einem Stück Marmor ist die Skulpturengruppe „Drei Grazien" gefertigt, umstanden von sechzehn ionischen Säulen. Lieblingsplatz der Zarengattin war der Rosenpavillon von Woronichin aus dem Jahr 1811. Besonders idyllische Orte sind auch der „Tempel der Freundschaft" mit dorischen Säulen und das „Monument für die Eltern" der Württembergerin Maria Feodorowna.

Der zauberhafte Park hält hinter nahezu jeder Wegbiegung neue, überraschende Ausblicke bereit. Nicht zuletzt deshalb avancierte Pawlowsk bereits Mitte des 19. Jahrhunderts zu einem der beliebtesten Ausflugsziele der Sankt Petersburger Gesellschaft. Die Anreise wurde dabei durch die erste russische Eisenbahnlinie erleichtert, die beide Städte verband. Die Bahn wurde übrigens von der englischen Firma Vauxhall gebaut, daher leitet sich das russische Wort für Bahnhof ab: Woksal.

Der Landschaftspark von Pawlowsk zählt zu den schönsten in Europa. Hier kann man stundenlang auf malerischen Wegen die Jahreszeiten genießen (oben).

Skulpturen finden sich vor allem in Schlossnähe (unten links).

Das Schloss selbst schenkte Katharina die Große ihrem Sohn Paul anlässlich der Geburt ihres ersten Enkels (unten rechts).

Weltkulturerbe aus Holz

KISCHI POGOST Die Holzkirchen auf der Insel gehören zu den reifsten Zimmermannsleistungen Russlands.

LAGE:
Insel Kischi im Onegasee, nordöstlich von Petrosawodsk

ÖFFNUNGSZEITEN:
zwischen Mai und September täglich bis Sonnenuntergang

ANFAHRT:
von Petrosawodsk aus Tragflächenboote zwischen Mai und September

Gemächlich durchpflügt der Ausflugsdampfer den weithin stahlblau schimmernden Onega-See. Während rosafarbene Lichtstreifen am Horizont den Tag ankündigen, lässt sich das „hölzerne Wunder" Südkareliens auf der schmalen, rund zwanzig Kilometer langen Insel Kischi zunächst nur als dunkle Silhouette erahnen.

Im bläulichen Tageslicht wirkt die feingliedrige „Kirche der Verklärung Christi" aus dem Jahr 1714 mit ihrem fantastischen Formenreichtum wie ein überirdisches Meisterwerk.

Schutz vor den Tataren

Das dicht bewaldete Gebiet rund um den See bot seit dem 14. Jahrhundert Flüchtlingen Schutz vor dem einströmenden Tatarenheer. So entstanden Höfe und Dörfer, deren kirchlicher Mittelpunkt die Insel Kischi Pogost war.

Zu ihrer Blütezeit im 18. Jahrhundert entstanden hier zwei Wunderwerke aus Holz. Sie sind ganz ohne Zeichnungen, allein aus der visionären Kraft ihrer Baumeister geschaffen. Gemeinsam mit einem hohen Glockenturm bilden sie ein außergewöhnliches Ensemble.

Die Mariä-Schutzkirche, die mit neun Kuppeln gekrönt ist, diente als heizbare Winterkirche. Als Vorbild für den mit einer 27 Meter hohen Zentral- und acht Nebenkuppeln gekrönten Sakralbau diente die einfache Architektur russischer Bauernhäuser. An dessen Grundform fügten die Erbauer drei weitere Räume an. Zahlreiche Fenster beleuchten Vorraum, Refektorium und Gemeinderaum.

Eindrucksvoll, aber gestalterisch noch unausgewogen, steht sie neben der perfekt proportionierten Christi-Verklärungskirche, die als Sommerkirche genutzt wurde. Ähnlichkeiten mit der Basilius-Kathedrale in Moskau sind unübersehbar: 22 Kuppeln zieren das erstaunliche Gebäude. Der Baumeister Nestor, überwältigt von seinem eigenen Werk, soll nach der Fertigstellung seine Axt in den Onega-See geworfen haben, begleitet von den Worten: „So etwas gab es noch nie, gibt es nicht und wird es nicht noch einmal geben."

Vergessene Techniken

Seit den 1960er Jahren wurde auf der Insel nordwestlich von Sankt Petersburg zudem eine Ausstellung einzigartiger Holzbauten zusammengetragen.

Die rund 60 Bauten auf Kischi Pogost stammen aus verschiedenen Gegenden und wurden hier wieder aufgebaut. Bauernhäuser und Windmühlen, Badehäuser und Speicher, Schmieden und Kapellen fanden auf der Insel eine neue Heimat und bilden ein prächtiges Gesamtkunstwerk.

So stammt die kleine Lazarus-Kirche ursprünglich aus dem Kloster Murom am Ladoga-See. Um 1390 gebaut, gilt sie als ältester russischer Sakralbau aus Holz.

Weil sich von den alten Zimmermannstechniken nur wenig erhalten hat, ist Russland bei der Instandhaltung der Baudenkmäler auf ausländische Hilfe angewiesen. Deshalb ist es heute ein internationales Anliegen, das Weltkulturerbe hoch im Norden zu erhalten.

Ohne Pläne, ganz nach Augenmaß schufen die Baumeister ihre Holzkirchen. Die Kirche der Verklärung gilt als Russlands schönster Sakralbau aus Holz, rechts flankiert von der Mariä-Schutzkirche (oben).

Die 22 Kuppeln zeigen ein Spiel mit der Zwiebelform, außerdem kann sich dort der Schnee nicht halten (unten links).

Ein hölzerner Schutzwall mit Holzschindeln umgibt das Ensemble (unten Mitte).

Ein konischer Turmhelm mit Krempe, daneben die wohlvertraute Zwiebelform, kennzeichnen die wiederaufgebaute Sankt-Michaels-Kapelle (unten rechts).

RUSSLAND

LAGE:
im Nordosten Kareliens an der Öffnung der Onega-Bucht zum Weißen Meer

ÖFFNUNGSZEITEN:
zwischen Mai und September tägl. bis Sonnenuntergang

ANFAHRT:
mit Flugzeug oder Schiff von Archangelsk aus

Neubeginn am Weißen Meer

Einst orthodoxer Vorposten, diente das **SOLOWEZKI-KLOSTER** später als Straflager. Heute zählt es zum Unesco-Welterbe.

Niemand vergibt leidenschaftlicher Kosenamen als die Russen, und so nennen die Bewohner von Solowezki ihre einsame Insel im Weißen Meer zärtlich Solewzki.

Als ihr Symbol wählten die rund 1300 Insulaner, die in den Jahren nach dem Zweiten Weltkrieg freiwillig auf das abgelegene Eiland nahe des nördlichen Polarkreises gezogen waren, ausgerechnet einen Elefanten. Slon, so die Inschrift auf einer verwitterten Tafel an einem Holzhaus der Hauptsiedlung, ist tatsächlich das russische Wort für Elefant; allerdings ist der Dickhäuter als Wappentier Ausdruck des schwarzen Humors der Russen.

In der kalten Sprache des Geheimdiensts NKWD, als „Volkskommissariat für Innere Angelegenheiten" Hauptinstrument des stalinistischen Terrors, bedeutet die Abkürzung SLON nämlich schlicht „Solowezki-Lager für Sonderzwecke".

Schon 1923 hatte KPdSU-Generalsekretär Stalin die alten Gebäude der Klosteranlage von Solowezki in

Nach der Oktoberrevolution diente das Kloster Solowezki mit seiner sieben Meter dicken Schutzmauer als Lager für Zwangsarbeiter (oben links).

Die auf einem Hügel errichtete Konstantin-Kapelle wurde klassizistisch gestaltet (oben rechts).

Die mächtige Klostermauer erreicht eine Höhe von 13 Metern und besitzt acht Türme (unten links).

Eine der Klosterglocken, die jetzt wieder Mönche zum Gebet rufen (unten rechts).

das erste GuLag der Sowjetunion umwandeln lassen. Bis 1939 diente dieser Prototyp des Todeslagers als Verbannungsort für Zehntausende echter und vermeintlicher Regimegegner. Später wurde es als Lager für Zwangsarbeiter missbraucht.

Doch so grausig die jüngste Geschichte dieses Ortes auch sein mag – sie kann nicht über die kulturhistorische Bedeutung hinwegtäuschen. Eremiten erbauten in diesem gottverlassenen Teil Nordkareliens auf der Hauptinsel im Westen des Weißen Meeres um 1430 eine Klause. Ihr Vorposten markierte die nördlichste Ausbreitung des orthodoxen Glaubens.

Vorposten im hohen Norden

Ein Jahrhundert nach Gründung der Kartause setzte der Aufstieg des Klosters ein. Im Schweiße ihres Angesichts zogen die Mönche Straßen und verbanden Seen durch Kanäle, um die Trinkwasserversorgung sicherzustellen. In eigenen Fabriken brannten sie nicht nur Keramik, sondern auch Ziegelsteine, mit denen sie die mächtige Himmelfahrtskirche, das Refektorium und die Mönchszellen erbauten.

Durch die 1594 fertiggestellte Festung schützten sie das eigentliche Kloster und die Wirtschaftsgebäude auf einer Fläche von fünf Hektar wirkungsvoll gegen Angriffe. Sieben Meter dicke und bis zu elf Meter breite Granitmauern und ein fünfseitiger Hauptturm sowie sieben weitere Türme umgaben den Klosterbereich.

Hinter den abschreckenden Mauern entstand um 1615 eine Ikonen-, Bildhauer- und Keramikwerkstatt, deren Kunstwerke im ganzen Reich geschätzt waren. In den Kellern wirkten Gerber, auch Schneider und Schuhmacher kümmerten sich um die Bedürfnisse der Bewohner. Außerhalb des Klosters entstanden bis 1660 rund 50 Salzsiedereien; den Bedarf an Metall deckten mehrere Hochöfen.

Das Solowezki-Kloster empfahl sich mit seinem gut ausgebauten Hafen und Trockendock nicht nur den aufstrebenden russischen Städten als zuverlässiges Handelskontor, sondern entwickelte sich auch zu einem Pilgerzentrum.

Die Revolution 1917 besiegelte das Ende der Mönchsgemeinschaft. Als erste Amtshandlung legten die Rotgardisten das 1912 fertiggestellte Wasserkraftwerk still und schoben die Mönche ab. Infrastruktur und Kloster zerfielen.

Seit der Rückkehr der Mönche versucht die Gemeinschaft an die alten handwerklichen und technischen Traditionen anzuknüpfen. Literaturnobelpreisträger Alexander Solschenizyn spendierte einen Fischkutter, Moskau sicherte zu, dass Auswärtige auf der Insel keinen Grundbesitz erwerben dürfen. Ein Museum erinnert an das düstere Geschichtskapitel.

Skandinavischer Charme

Kareliens Perle **WYBORG** besticht durch ein bemerkenswertes Architekturerbe aus skandinavischer Zeit.

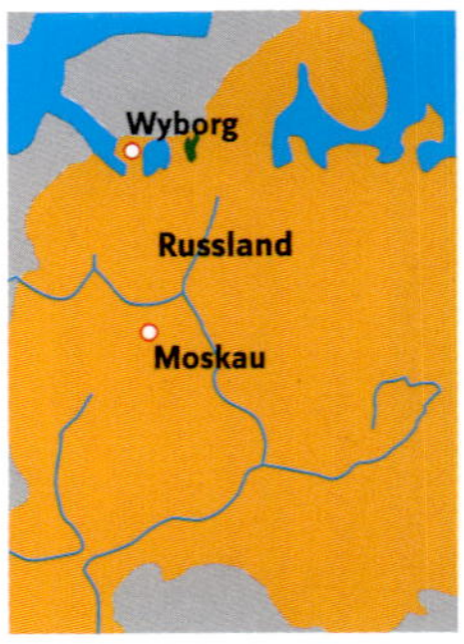

LAGE:
Karelien, Nordwestrussland

BESTE REISEZEIT:
zwischen Mai und September

ANFAHRT:
von Helsinki und St. Petersburg aus Zugverbindungen

Nicht von ungefähr legt in Friedrich Wilhelm Murnaus Stummfilmklassiker „Nosferatu" das Schiff des Grafen Dracula im nebelverhangenen Hafen von „Wisborg" an. Beschaulich und still, aber auch düster und geheimnisvoll kann die kleine Stadt im hohen Norden – je nach Wetterlage – wirken.

Wyborg, auf Finnisch Viipuri, an der finnischen Seenplatte ist auf eine geheimnisvolle Art einsam und verlassen. Schon im Stadtbild hebt sich Wyborg von den benachbarten altrussischen Städten deutlich ab. Und man erkennt: So haben skandinavische Architekten Städte gestaltet.

Wehrhafte Vergangenheit

Die heute 78 000 Einwohner zählende Kreisstadt blickt auf eine wehrhafte Vergangenheit zurück. Vom 13. Jahrhundert an diente sie den Schweden als Bollwerk gegen die Deutschen Ordensritter und die russischen Truppen des legendären Alexander Newskij im Nowgoroder Reich. Fast 500 Jahre lang immer wieder erfolglos belagert, wurde die Festungsstadt 1710 von Admiral Graf Apraxin annektiert und dem russischen Reich angeschlossen.

Schon im Mittelalter eine bedeutende Handelsstadt, gedieh sie besonders im 19. Jahrhundert durch die Errichtung des Samiaakanals, der die finnische Seenplatte mit der Ostsee verbindet.

Besondere Bedeutung besaß der Hafen. Später nahm dort eine Eisengießerei ihren Betrieb auf. Und auch als Standort für den Maschinenbau konnte sich Wyborg profilieren.

Anschluss an den Rest der Welt

Auch durch die Bahnlinie Helsinki – St. Petersburg fand der Ort Anschluss an den Rest der Welt. Sechs Kirchen, ein gotisches Schloss, ein Gymnasium und eine Navigationsschule konnten

die damals 18000 Einwohner schon ihr Eigen nennen. Nach dem Ersten Weltkrieg schüttelte das ehemalige Großherzogtum Finnland das russische Joch ab, Wyborg wurde finnisch. Mit damals 80000 Bürgern war sie die zweitgrößte Stadt des Landes. Nach der Rückeroberung durch die Rote Armee mussten die dort lebenden Schweden, Finnen und Deutschen allerdings ihre Koffer packen.

Die „Fette Katharina"

Heute erinnern nur noch architektonische Zeugnisse an diese Epoche. Die 1293 fertiggestellte Burg dient als Museum, das die Geschichte der Region bewahrt. Vom Olafsturm bietet sich ein großartiger Blick über die Stadt. Als Teil der alten Verteidigungsanlagen aus dem 16. Jahrhundert ragt besonders die „Fette Katharina" hervor. In diesem Rundturm am Marktplatz befindet sich inzwischen ein Restaurant – ein beliebter Treffpunkt für Jung und Alt.

Der 1490 vollendete Uhrenturm verdankt sein Geläut der Zarin Katharina II. Romantisch präsentieren sich die Bürgerhäuser aus der finnischen Ära, und sowohl sprachlich als auch kulturell hat Wyborg einen gewissen skandinavischen Charme beibehalten können.

Das gotische Schloss ist Wahrzeichen der zwischen Finnischem Meerbusen und Ladoga-See gelegenen Stadt Wyborg (oben).

Wyborgs Schloss spielte bei der Verfilmung von Murnaus Nosferatu eine zentrale Rolle (unten links).

Im ausgehenden 19. Jahrhundert entstanden diese Bürgerresidenzen, die Wyborgs Wirtschaftsmacht symbolisieren (unten rechts).

Insulare Klosterschätze

Mit über 18 000 Quadratkilometern Fläche ist der **LADOGA-SEE** Europas größtes Binnengewässer.

LAGE:
Nordwestrussland

ÖFFNUNGSZEITEN:
zwischen Mai und September täglich bis Sonnenuntergang

ANFAHRT:
von St. Petersburg aus Zug- und Schiffsverbindungen

Blitze zucken über den wolkenverhangenen Himmel, jeden Moment scheinen die Wellen des aufgewühlten Gewässers das Boot mit drei Mann an Bord zu überrollen. Dass die Überfahrt dennoch glimpflich ausgeht, ist dem Steuermann zu verdanken. Mit der linken Hand hält der Schnauzbärtige fest das Steuer, mit der rechten bedeutet er den zwei ängstlich zusammengekauerten Begleitern, kräftig zu rudern.

So stellte der Maler K. K. Stein in seinem 1820 geschaffenen Ölgemälde eine besonders gefährliche Fahrt über den Ladoga-See dar. Und wenn man den Steuermann genau betrachtet, lässt sich eine Ähnlichkeit mit Zar Peter I., dem Retter in der Stunde der größten Not, nicht verkennen.

Mit über 18 000 Quadratkilometern Fläche ist der Ladoga-See im Süden Kareliens, unweit der Grenze zu Finnland Europas größtes Binnengewässer. In Nord-Süd-Richtung misst er knapp über 220 Kilometer Länge, seine Breite beträgt an den schmalsten Stellen 80 Kilometer.

Bis 1809 gehörte der See zum Königreich Schweden. Mit der Abtretung Finnlands an das Zarenreich kam der nordwestliche Teil an Russland. Nach dem Ende des sowjetisch-finnischen Winterkrieges von 1940 fiel der gesamte See zum Staatsgebiet der Sowjetunion.

Die Schlüsselburg

Auf der Newa flussaufwärts fahrend, gelangt man nach rund sechs Stunden zu einem besonders geschichtsträchtigen Monument, das im schwedisch-russischen Verhältnis eine große Rolle spielte: Die auf der Orech-Insel errichtete Schlüsselburg, die Peter I. den Schweden 1702 abnehmen konn-

Zentrales Gotteshaus auf der Insel Walaam ist die Christi-Verklärungs-Kathedrale, die man am besten über den Seeweg erreicht (oben).

Wer die symbolträchtige Festung Schlüsselburg gebaut hat, ist bis heute umstritten. Russische Geschichtsschreiber halten einen Prinzen von Nowgorod für den Gründer, die Schweden behaupten, dass die Insel erstmals 1299 von Torgils Knutsson befestigt wurde. Schlüsselburg spielte eine zentrale Rolle während des Nordischen Krieges, anschließend verlor sie ihre strategische Bedeutung. Im Zweiten Weltkrieg eroberte die Wehrmacht zwar die Stadt Schlüsselburg, an der Festung jedoch scheiterte sie (unten).

te. Danach als Verbannungsort verwendet, erlitt die Schlüsselburg während des Zweiten Weltkriegs große Schäden und ist seither eine Ruine.

Wahrzeichen Walaam

Zu den größten der felsigen Seeinseln zählt Walaam, Standort eines einstmals wichtigen Klosters. Als Pilgerziel früher sehr beliebt, erinnert noch die Kirche Andreas des Erstgerufenen mit ihrer goldglänzenden Kuppel an die Zeit, als dort noch große Mönchsgemeinschaften lebten. Drei der fünf noch erhaltenen Klausen dienen seit 1998 wieder Mönchen als Unterkunft.

Über den Klosterweg stößt man zum Zionsberg, unterhalb dessen die Gethsemane-Klause im Wald errichtet worden war. Den Berg Eleon hingegen schmückten die Mönche mit der Himmelfahrts-Kapelle, die durch ihr türkisfarbenes Helmdach auffällt. Die Verbindung von natürlicher Schönheit und von Menschenhand hinterlassenen Schöpfungen sorgt auf Walaam für eine eigentümliche Atmosphäre. Diese faszinierte früher besonders Dichter und Komponisten – viele fühlten sich geradezu magisch angezogen.

Nowaja Ladoga

Dort, wo der Fluss Wolchow in den Ladoga-See einmündet, liegt ein weiteres Juwel: Nowaja Ladoga, eine der ältesten Städte Russlands.

Die heutige Anlage der Stadt geht auf das 17. Jahrhundert zurück. Ihre Holzhäuser, mit Schnitzwerk verziert, zählen zu den schönsten Gebäuden dieser Art in Russland und werden Zug um Zug restauriert.

Ein Himmelstor aus Silber

Im 16. Jahrhundert war der Abt von Kloster **KIRILLOW-BELOSERSKI** Russlands größter Grundbesitzer. Heute steht hier ein Museum.

LAGE:
am Ufer des Siwerskoye-Sees in der Region Wologda

ÖFFNUNGSZEITEN:
zwischen Mai und September täglich bis Sonnenuntergang

ANFAHRT:
Von Wologda aus Busverbindung

Der Meister hatte gesprochen und unverzüglich setzte sein Schüler den weisen Ratschlag in die Tat um: Gegen Ende des 14. Jahrhunderts begab sich der Adelige Kirill von Belosero an die Gestade des nordrussischen Siwerskoye-Sees, wie es ihm Sergius von Radonesch empfohlen hatte. Nach dessen Anweisung erbaute er zunächst eine erste einfache Unterkunft, dann zimmerte er die Himmelfahrts-Kapelle. Als sich andere Mönche dem Eremiten anschlossen, errichtete man gemeinsam ein Wohnhaus. Das war die Geburtsstunde eines der wichtigsten Klöster in diesem Landesteil. Die Moskauer Herren maßen ihm in ihrem Kampf gegen das Fürstentum Nowgorod und für den Handel mit dem Norden eine wichtige Position zu.

Bereits im 16. Jahrhundert verfügte das Kloster, das stark an das Vorbild des Dreifaltigkeitsklosters bei Moskau angelehnt war, über gewaltigen Grundbesitz. Iwan der Schreckliche, der sich hier bisweilen aufhielt, schlief in seiner eigenen Mönchszelle. In den nachfolgenden Jahrhunderten verbannte man gerne unerwünschte Zeitgenossen hinter die sieben Meter dicken und 732 Meter langen Umfassungsmauern des Kirillow-Beloserski-Klosters.

Russlands größte Abteikirche

Dahinter befinden sich zwei getrennte Komplexe mit insgesamt elf Kirchen, wobei die meisten Gotteshäuser aus dem 16. Jahrhundert stammen. Die von den Meistern von Rostow-Weliki schon 1497 erbaute Auffahrts-Kathedrale war damals Russlands größte Abteikirche.

Die dort untergebrachte Ikonostase besitzt zahlreiche alte Ikonen, die in fünf Lagen oberhalb einer massiv silbernen Himmelstür angeordnet sind. Zar Alexis hatte dem Kloster 1645 das Meisterwerk geschenkt.

Die älteste Kirche im zweiten Priorat, das dem Heiligen Johannes dem Vorläufer geweiht wurde, hatte der Vater Iwans des Schrecklichen nach einem Besuch 1528 in Auftrag gegeben. In der Folgezeit zogen die Mönche allerdings den Unwillen Iwans des Schrecklichen auf sich, weil sie es gewagt hatten, über dem Grab des dorthin verbannten Prinzen Worotinski die Wladimirs-Kapelle zu errichten. So entstand Russlands erstes Familien-Mausoleum.

Einem französischen Baumeister verdankt das Kloster seinen Schutzwall, der mit zahlreichen Türmen verstärkt wurde. Nach der Enteignung durch die Sowjets wurde das Kloster in einen Museumsbezirk umgewandelt. In einem speziellen Raum zeigte man sogar Zeugnisse des alten Kunsthandwerks sowie der Handwerkskunst. Auch heute dient das Kloster noch in weiten Teilen als Museum für Kunst und Geschichte.

Von einer Schutzmauer umgeben, besteht das Kloster aus zwei Prioraten mit 11 Kirchen (oben).

Nach der Verstaatlichung der Klosteranlage wurde sie 1924 in ein Museum umgewandelt. Die Klosterbibliothek und weitere Kostbarkeiten schaffte man nach Moskau oder Leningrad. Erst 1998 durften die Mönche zurückkehren (unten).

Das Geschenk des Nilus

Das Nilow-Kloster auf einer Insel im **SELIGER-SEE** war Schauplatz düsterer Geschichte.

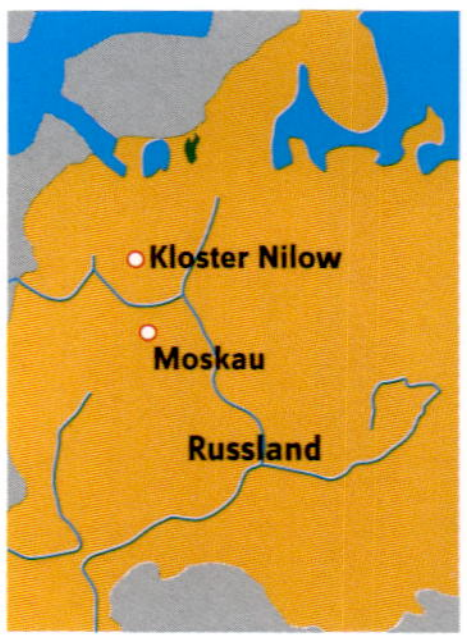

LAGE:
der Seliger-See liegt in der Region Twer

ÖFFNUNGSZEITEN:
zwischen Mai und September täglich bis Sonnenuntergang

ANFAHRT:
von der Stadt Ostaschkow aus mit dem Boot

Auf der Suche nach einem abgelegenen Ort stieß der später heiliggesprochene Nilus Ende des 16. Jahrhunderts auf eine einsame Insel in einem Gewässer, das heute Seliger-See heißt. Gänzlich unbekannt war der Ort indessen nicht: Die jetzt Stolbnyi genannte Insel hatte in der Geschichte der Christianisierung des Nordens schon zuvor eine Rolle gespielt. Zwei seiner früheren Bewohner, die Mönche Ostaschko und Temofeij, hatten schon lange vorher die Insel verlassen und auf dem Festland die Stadt Ostaschkow gegründet. Diese hat bis heute viel von ihrem altrussischen Charme bewahrt.

Unter der Leitung von Nilus entstand ein Klosterkomplex, der später neoklassizistisch umgestaltet wurde. Er zählt zu den größten seiner Art in diesem Teil Europas. Einige der Kirchen wurden im 17. Jahrhundert errichtet und 1812 fügte man einen eleganten Kai hinzu. Die große Kathedrale des Klosters war nach vierjähriger Bauzeit 1825 fertiggestellt. Bis zum Ausbruch der Oktoberrevolution verzeichnete man dort jährlich bis zu 40000 Pilger.

Als der damalige Moskauer Patriarch Tichon die Anlage ein Jahr später aufsuchte, diente Nilski Monastir bereits nicht mehr als Kloster. Gerüchten zufolge hatte der Priester die junge Romanow-Prinzessin Anastasia bei sich. Sie war angeblich als einziges Mitglied der Zarenfamilie der Ermordung in Ekaterinburg entgangen. Tichon soll sie in einem Raum unterhalb der Hauptkathedrale versteckt haben. Wo die Trennlinien zwischen Dichtung und Wahrheit liegen, wird man wohl nie herausfinden.

Als verbürgt gilt hingegen, dass der Patriarch, den die Musik stets fasziniert hatte, unverzüglich den Bau eines speziellen Gebäudes für die Musiker des Klosters anordnete. Die Künstler widmeten sich ausschließlich religiöser Musik und lebten mit ihren Familien im Kloster.

Andere Musiker wurden auf die Insel aufmerksam, ließen sich dort nieder und bald entstand dort eine neue Richtung, in der religiöse Elemente mit volkstümlichen Weisen und dem neu ins Land gekommenen Jazz verschmolzen.

Ein düsteres Kapitel begann mit Stalins Entscheidung, die abgelegene Insel in ein Lager für polnische Gefangene zu verwandeln. Während dieser Zeit wurden einige Baudenkmäler zerstört. Nachdem die Inhaftierten nach Kalinin, das früher Twer hieß, verlegt wurden, zerfiel die Anlage allmählich. Einer Gruppe Leningrader Musiker ist es zu verdanken, dass das Kloster Nilow von 1948 an wieder bewohnt und in Teilen wiederaufgebaut wurde. Sie gründeten das Musikerkollektiv Tichon und erfüllten das Kloster erneut mit Leben.

Mit Ausflugsbooten gelangt man während der Sommermonate auf die Stolbnyi-Insel im Seliger-See (oben links).

Viele der nach 1917 beschädigten Sakralgebäude des Klosters sind wie diese Kapelle vorbildlich restauriert worden (oben rechts).

Kloster Nilow zeichnet sich vor allem durch seine neoklassizistischen Baudenkmäler aus. Einige Gotteshäuser stammen aus dem 17. Jahrhundert (unten links).

Die Kathedrale des Klosters entstand zwischen 1821 und 1825 (unten rechts).

Der Neubeginn

Seit 1946 entstand an der Stelle der alten Stadt Königsberg das moderne **KALININGRAD**.

LAGE:
im russischen Teil Ostpreußens, Kaliningrader Region

BESTE REISEZEIT:
zwischen Mai und September

ANFAHRT:
von mehreren Flughäfen Westeuropas aus Direktflüge nach Kaliningrad

Als berühmtester Sohn der Stadt hat sich der Aufklärungsphilosoph Immanuel Kant am Ende seines Lebens gerühmt, Königsberg nie verlassen zu haben. In seiner geliebten Heimatstadt hat er so auch auf der nach ihm benannten Flussinsel seine letzte Ruhestätte gefunden. Sie liegt hinter dem Dom, der als einziges Gebäude an die einstmals dichte Bebauung der Handelsstadt an der Pregel erinnert. Ein Mitte des 19. Jahrhunderts geschaffenes Standbild des großen Philosophen, das 1945 verschwunden war, ist inzwischen als Kopie vor der Universität wieder aufgestellt worden.

Aufschwung nach 1871

Mitte des 13. Jahrhunderts gegründet, erlebte die Hauptstadt Ostpreußens nach der Reichsgründung 1871 ihren größten Wirtschaftsaufschwung. Seit 1920 fand dort regelmäßig die Ostmesse statt. Und hier nahm der erste Zivilflughafen Deutschlands seinen Betrieb auf.

Als erste Großstadt des untergehenden Dritten Reiches wurde die schon 1944 durch Luftangriffe stark zerstörte Stadt am 9. April von der Roten Armee eingenommen. Den aus den Stadtteilen Altstadt, Löbenicht

und Kneiphof bestehenden Kern hat man danach systematisch zerstört. Nichts sollte mehr an die einstigen Bewohner, die fast ausnahmslos in Richtung Westen abgeschoben wurden, erinnern.

Parks und Plätze im Zentrum

Seit 1946 heißt die Stadt, die in großem Maßstab mit Menschen aus allen Teilen der Sowjetunion besiedelt wurde, nach dem stalinistischen Politiker Michail Kalinin.

Bis heute weigert sich Moskau, den Stadtvätern die Erlaubnis zu geben, den alten Namen wieder einzuführen. Dafür sind historische, ideologische und politische Gründe ausschlaggebend. Das moderne Kaliningrad sollte demnach als großes Gemeinschaftswerk der sowjetischen Veteranen eine neue Epoche einläuten. Anstelle des Zentrums entstanden Parks, Plätze und breite Aufmarsch-Alleen.

Dennoch sind einige Baudenkmäler aus dem 19. Jahrhundert rekonstruiert worden, darunter die Alte Börse. Und der mit deutscher Hilfe restaurierte Dom dient heute als Kulturzentrum.

Kaliningrad ist die Hauptstadt des gleichnamigen Verwaltungsgebietes, umgeben von Litauen und Polen, das den südlichen Teil Ostpreußens zugesprochen bekam.

Russlands westlichste Stadt gilt als einer der wichtigsten Hochschulstandorte des Landes, auch die Kulturszene hat mittlerweile wieder einen hohen Stellenwert. Allerdings leiden die Menschen nach wie vor stark unter der chronischen Wirtschaftsmisere.

Nach umfassenden Renovierungsarbeiten dient der Dom auf der Kant-Insel heute als Kulturzentrum (oben links).

Zum 750-Jahr-Jubiläum wurde im Stadtzentrum die orthodoxe Christ-Erlöser-Kathedrale fertiggestellt (oben rechts).

Als Russlands westlichste Großstadt, die zudem Ostseezugang hat, verfügt Kaliningrad auch heute über einen Hafen (unten links).

Prächtige Gebäude aus der Gründerzeit findet man in den Villenvororten (unten rechts).

Die Wiege der Kultur

Selbstbewusst und stolz schaut **NOWGOROD** auf seine lange Stadtgeschichte und reiche Tradition zurück.

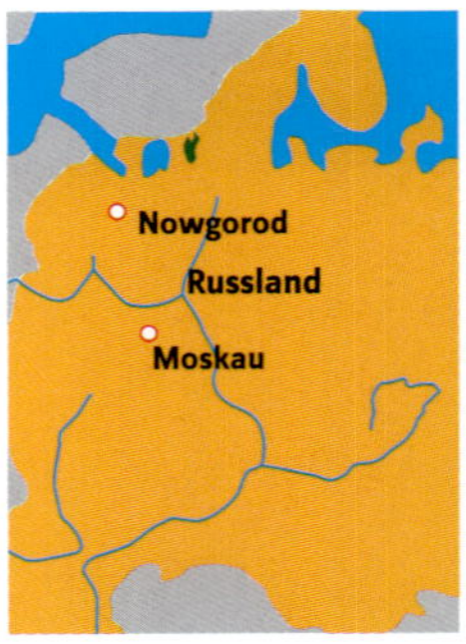

LAGE:
2,5 Autostunden südöstlich von St. Petersburg; an der Einmündung der Oka in die Wolga; Oblast Nischni Nowgorod

GRÖSSE:
ca. 1,3 Mio. Einwohner

ANFAHRT:
mit Bus oder Auto; organisierte Ausflüge ab St. Petersburg

An Selbstbewusstsein hat es den Bürgern von Nowgorod nie gemangelt. Schon 1136 verbannten die Bewohner, die ihrer Stadt den Übernamen „Gospodin Welikij Nowgorod" (Herr Groß-Nowgorod) verliehen hatten, ihren adligen Herrscher aus der Stadt. Der Vorwurf lautete, er habe seine Amtspflichten verletzt.

Schon vor diesem altrussischen Putsch war es den Nowgoroder Kaufleuten gelungen, die Fürstenmacht auf repräsentative und militärische Rechte zurückzustutzen. Der Wjetsche genannten Volksversammlung kam seit der Amtsenthebung die unumschränkte Regierungsgewalt zu.

Der Herrenrat hatte die Macht

Die Angehörigen des „Herrenrats", wie die Nowgoroder ihre Regierung tauften, wurden fortan von der Wjetsche bestimmt. Seit 1433 tagte der erlauchte Rat in den gotischen Gewölbesälen des Facettenpalasts. Wo früher feierliche Empfänge und Gerichtsverhandlungen stattfanden, werden heute kunsthandwerkliche Gegenstände ausgestellt.

Fast 350 Jahre lang lenkte die Bürgerversammlung das Schicksal der nördlichen Handels- und Hansestadt, die mit 150 Hektar Fläche nicht nur für altrussische Verhältnisse ungewöhnlich groß war.

Nowgorods Kaufleute, die als ausgesprochen risikofreudig galten, erweiterten das Einflussgebiet während der Blütezeit von den Küsten der Ostsee bis zum Ural und zum nördlichen Eismeer. Kaufmannsgilden stifteten großzügig Gotteshäuser, so etwa die 1130 vollendete Kirche Johannes des Täufers auf einem Felsen.

„Wo die heilige Sophia ist, da ist auch Nowgorod", lautete eine geflügelte Redewendung in der Stadt, deren ältestes Baudenkmal die Sophienkathedrale im Kreml (1045–62) ist. Nur wenige Jahre nach der Fertigstellung der gleichnamigen Kirche in Kiew begonnen, sollte das Nowgoroder Gegenstück – eine fünfschiffige Kreuzkuppelkirche mit fünf Kuppeln und drei Apsiden – dem Kiewer Vorbild an Pracht in nichts nachstehen.

Die Schule von Nowgorod

Die um 1360 vollendete Theodor Stratilates-Kirche am Bach steht als herausragendes Beispiel für den eigenständigen Nowgoroder Kirchenbaustil des 14. Jahrhunderts. Zur gleichen Zeit brachte die schon im 12. Jahrhundert ins Leben gerufene „Schule von Nowgorod" unter dem Einfluss des Ikonenmalers Theophanes dem Griechen ihre reifsten Leistungen hervor. Die Hauptstadt des „Reiches von Nowgorod" wird dank ihrer Malschule Altrusslands „Wiege der Kultur" genannt.

Dann erobert Moskau die Stadt. Der 1690 vollendete, mehrgeschossige Kokuj-Turm des Kremls beherbergt eine Ausstellung über die Restaurierung der Altstadt.

Baumeister aus Jaroslawl schufen bis 1688 im typischen Wolgastil die fünfkupplige Mariä-Erscheinungskirche. Das Gotteshaus besitzt umlaufende Galerien, prächtige Fensterrahmen und reichlich Keramikschmuck. Und Zarin Katharina II. ließ ihren mit zwei Seitenflügeln versehenen Reisepalast im Stil des Frühklassizismus errichten. In der Mitte des Kremlbezirks thront das 1862 zur Tausendjahrfeier Russlands enthüllte Monumentaldenkmal eines Engels, der eine knieende Frau segnet.

Die verheerenden Schäden, die in den Schlachten während des Zweiten Weltkriegs vor allem an der Christi-Verklärungskirche in Kowaljowo, dem Zehntkloster und der Erlöserkirche an der Nerediza entstanden waren, wurden inzwischen behoben. Von den ungewöhnlich schönen Fresken konnte jedoch nur ein kleiner Teil gerettet werden. Wenig blieb auch von den Baudenkmälern der glänzenden Kaufmannszeit, an die das moderne Nowgorod heute so gerne anknüpfen möchte.

Nowgorods Kreml schützte die Stadt immer wieder vor Zerstörung (oben links).

Die Mauern und große Teile der Anlage wurden vorbildlich restauriert (oben rechts).

Der Glockenturm innerhalb des Kremlgeländes ist eines der Wahrzeichen der Stadt (unten links).

Zu den gut erhaltenen Kulturdenkmälern gehören auch diese Holzkirchen (unten rechts).

Orient und Okzident

Aus guten Gründen wird **KASAN** als Perle unter den Wolga-Städten gepriesen. Die tausendjährige Stadt ist faszinierendes Zentrum des Islams in Russland – und ein Hort wertvoller Baudenkmäler.

LAGE:
Hauptstadt der Republik Tartarstan an der Wolga

BESTE REISEZEIT:
ganzjährig

ANFAHRT:
von Moskau aus mit dem Zug

Das tausendjährige Kasan verdient unter den Städten an der Wolga zu Recht den Übernamen architektonische Perle: Sie ist das Zentrum des Islams in Russland und vereinigt auf malerische Weise Orient und Okzident. Die heutige Hauptstadt der Autonomen Republik Tatarstan wurde im 10. Jahrhundert von Wolgabulgaren gegründet. Sie verschmolzen zwei Jahrhunderte später mit den Mongolen zur legendären und mächtigen Goldenen Horde. Ihre Fürsten, die Khane, residierten in den Khanaten Astrachan, Krim und Kasan.

Die Eroberung durch Iwan

Von jeher dem islamisch-sunnitischen Glauben verschrieben, konnten die Tataren ihre religiöse und kulturelle Identität über die Jahrhunderte erhalten. 1552 gelang es Iwan IV., dem Schrecklichen, nach mehreren Vorstößen das Khanat Kasan als erste nichtrussische Stadt zu erobern und in sein Reich einzugliedern. Der Triumph über diesen Sieg war Anlass zum Bau der Basilius-Kathedrale auf dem Roten Platz in Moskau.

Der Kreml als Weltkulturerbe

In Kasan zerstörte Iwan viele alte Bauwerke der Tataren und ließ einen Kreml errichten, der heute zum Weltkulturerbe gehört. Mit seiner fünf Meter dicken Kalksteinmauer, die mit 13 Türmen bewehrt ist, bildet er den historischen Stadtkern Kasans. Im Kreml-Zentrum befinden sich die Mariä-Verkündigungs-Kathedrale, der Tainizkij-Palast und das Haus des Gouverneurs, heute Sitz des Präsidenten von Tatarstan.

Wahrzeichen Kasans ist der 57 m hohe, aus rotem Backstein konstruierte Sjüjümbike-Turm. Der Legende nach erbaute Iwan IV. ihn für die gleichnamige, schöne Tatarenfürstin, die er für sich gewinnen wollte. Nach nur sieben Tagen Bauzeit ragte der schiefe Turm in den Himmel. Als Sjüjümbike von den Zinnen über ihr wundervolles Land blickte, beschloss sie, den Zaren nicht nach Moskau zu begleiten und wählte den Freitod.

Kampf um Selbstbestimmung

Während der Christianisierungsphase Peters I. entstand die Peter-Paul-Kathedrale um 1720. Doch gleichzeitig legte sich die Stadt auch neue Moscheen zu. Die Kasaner versuchten, trotz aller Unterdrückungsversuche über die Jahrhunderte, immer wieder ihr Selbstbestimmungsrecht zurückzugewinnen.

1992 erhielten sie endlich ein autonomes Gebiet mit 3,7 Millionen Menschen. Rund eine Million davon lebt in Kasan. Die meisten sind Tataren und Russen, aber auch Katholiken, Protestanten, Juden sowie verschiedene andere religiöse Minderheiten integrieren sich hier problemlos. Zur 1000-Jahr-Feier der Stadt nahm die Kasaner Metro ihren Betrieb auf. Zudem wurde die größte Moschee Europas eingeweiht.

Die neue Moschee von Kasan, rechtzeitig zur 1000-Jahr-Feier der Stadtgründung fertiggestellt, ist das größte Gebetshaus in Europa (oben links).

Iwan der Schreckliche ließ im 16. Jahrhundert den wuchtigen Kreml errichten. Seine Umfassungsmauer ist fünf Meter dick (unten links).

Die repräsentativen Wohnpaläste, die im Zentrum Kasans im 19. Jahrhundert entstanden, beherbergen heute auch Luxusgeschäfte (oben rechts).

Einer der 13 Wehrtürme, von denen aus der Kreml verteidigt werden konnte (unten rechts).

Kulturzentrum am Ural

EKATERINBURG an der Grenze von Europa zu Asien ist Industriemetropole und Kulturstadt zugleich.

LAGE:
viertgrößte Stadt Russlands; am Ural, 40 Kilometer von der imaginären Trennlinie zwischen Europa und Asien entfernt

GRÖSSE:
ca. 1,3 Mio. Einwohner

Der legendäre Dichter Maxim Gorki und der berüchtigte Mönch Rasputin verbrachten hier ihre Jugend. Doch auf ewig verbunden ist Ekaterinburg mit einem Massaker, das im 20. Jahrhundert immer wieder die Herzen der Menschen bewegte: Der letzte Zar, Nikolaus II., wurde mit seiner gesamten Familie 1918 in dieser Stadt von den Bolschewiken erschossen. Doch Ekaterinburg, das offiziell 1723 gegründet wurde, auf dieses traurige Ereignis zu reduzieren, greift viel zu kurz.

Zentrum der Eisenproduktion

Als viertgrößte Stadt der Russischen Föderation hat das rund 1,5 Millionen Einwohner zählende Ekaterinburg eine bewegte Geschichte hinter sich. Bereits im 11. Jahrhundert stießen Truppen des Nowgoroder Fürstentums in die Region am mittleren Ural vor, in der die Stadt liegt.

Nur wenige Kilometer von der gedachten Grenze zwischen Europa und Asien entfernt, entwickelte sich Ekaterinburg schnell zu einer Industriestadt. Schon im 17. Jahrhundert wurden hier die ersten Eisenhütten gegründet. Dadurch konnte sich die Stadt schnell zu einem wichtigen Zentrum in diesem Teil des Zarenreiches entwickeln. Nach und nach erhielt sie Universität, Theater, Oper und eine Reihe Museen.

Die schwärzeste Stunde, die Ermordung der Zarenfamilie, fiel in den Juli 1918. In einem Telegramm ordnete der Bolschewiken-Führer Jakow Swerdlow an, die kaiserliche Familie zu exekutieren. Sechs Jahre nach der grausigen Tat wurde die Stadt sogar zu Ehren des Zarenmörders in Swerdlowsk umgetauft. Erst 1991 entschloss man sich, den historisch korrekten Namen Ekaterinburg wieder anzunehmen.

Ekaterinburg entwickelte sich zu einem der größten industriellen, kulturellen und wissenschaftlichen Zentren der Sowjetunion. Wie wichtig die Stadt für die Kommunisten war, lässt sich allein schon daran erkennen, dass man hier den Bunker für die „Ersatzregierung" der Sowjetunion baute.

Die mit Abstand bekannteste Persönlichkeit ist der spätere russische Präsident Boris Jelzin, der am örtlichen Polytechnikum studiert hatte und seine ersten Karriereschritte in der kommunistischen Partei der Region machte.

Schöne Bausubstanz

Noch im 18. Jahrhundert bestand die Stadt überwiegend aus Holzgebäuden. Aus Stein errichtete man damals nur die repräsentativen Bauten, etwa das Verwaltungsgebäude der Minengesellschaften, wo sich heute der Sitz des Ural-Konservatoriums befindet.

Im späten 18. und Anfang des 19. Jahrhunderts erhielt die Stadt zahlreiche Gebäude im klassizistischen Stil. Die schönsten Ensembles findet man um den Platz auf dem Wosnesenskaja-Hügel, auf dem auch ein ausgedehnter Park liegt. Weiterhin sehenswert sind das Hauptpostamt sowie das Verlagshaus der „Uralski Rabotschi" (Arbeiter des Ural). Als modernes Wahrzeichen gab sich die Stadt einen gewaltigen Fernsehturm, der allerdings nach wie vor seiner Fertigstellung harrt. Heute ist die Stadt mit ihren 1,3 Millionen Einwohnern erfüllt von wirtschaftlichem und kulturellem Leben.

Rotunden entlang künstlicher Wasserläufe schmücken den Park Akropolis, Gegenentwurf zur hektischen 1,3-Millionen-Einwohnerstadt Ekaterinburg (oben).

Rot-weiße Rautenmuster schmücken das Dach dieses Nebengebäudes des Bahnhofs und verleihen ihm eine verspielte Note (unten links).

Treppenaufgang im städtischen Park Akropolis (unten rechts).

Eine Kirche zum Zaren-Gedenken

Am 17. Juli 1918 erschossen die Bolschewiken den letzten Zaren und seine Familie. **„AUF DEM BLUTE"** erinnert an **EKATERINBURGS** schändlichste Stunde.

Zum Gedenken an den letzten Zaren Russlands, Nikolaus II. und seiner Familie wurde die Kathedrale „Auf dem Blute" errichtet. Der Herrscher war im Sommer 1918 mit seiner Familie in Ekaterinburg ermordet worden.

Es gibt sie noch, und sie sind eine große Gemeinschaft: Die Anhänger des Zarentums in Russland. Auch über 100 Jahre nach dem Ende der kaiserlichen Herrschaft sehnen sie sich nach einem Monarchen, der Russland wie einst Peter der Große in eine neue, glorreiche Zukunft führen soll.

Verklärung der Vergangenheit

Auch wenn sie realpolitisch eine eher untergeordnete Rolle spielen: Die heutigen Zaristen, die sich bewusst als Gegenpol zu den aktuellen Machthabern im Kreml positionieren, sind populärer als man glauben mag. Denn ihre Verklärung der Vergangenheit und ihre Vision vom starken Führer finden vor allem bei den Verlierern der Sowjetzeit und denen der aktuellen Wirtschaftspolitik Russlands Widerhall.

Ihr Mekka liegt in Ekaterinburg: Die Kirche „Auf dem Blute", die an dem Ort steht, wo der letzte Zar Nikolaus II. und seine Familie am 17. Juli 1918 umgebracht wurden.

Erschossen und verscharrt

Die genauen Umstände der Hinrichtung gaben über viele Jahrzehnte immer wieder Anlass zu Spekulationen. Fest steht, dass die Zarenfamilie zunächst im Alexanderpalast von Zarskoje Selo arrestiert wurde. Später deportierte man Nikolaus II., seine Frau und ihre Kinder mitsamt der Dienerschaft nach Ekaterinburg. Auf Befehl des Bolschewikenführers Jakow Swerdlow wurden die letzten Romanows im so genannten Ipatiev-Haus zunächst gefangen gehalten und dort später im Keller erschossen. Anschließend verscharrte man ihre Leichen.

Die falsche Tochter

Ungeklärt blieb lange die Frage, ob nicht doch eine Zarentochter das Massaker überlebt hatte. Seit den 20er Jahren behauptete eine in Berlin aufgetauchte Frau, sie sei Anastasia. Obwohl sie kein Russisch sprach, glaubten sogar der Zarenfamilie nahestehende Personen ihre Geschichte.

Mehrere Verfilmungen beflügelten noch zusätzlich die Fantasie der Menschen. Als Anna Anderson, wie sich die Frau später nannte, 1984 eines natürlichen Todes starb, bewiesen allerdings DNA-Analysen, dass sie keine Angehörige der Romanows gewesen war, sondern eine Polin namens Franziska Schankowska.

Nach zahlreichen Untersuchungen der Leichen aus dem Ipatiev-Haus geht man heute davon aus, dass alle Familienmitglieder hier den Tod fanden und niemand überlebte.

Letzte Ruhe in St. Petersburg

Doch anders als es die Bolschewiken wollten, endet die Geschichte der Zaren damit nicht. 80 Jahre später werden die Gebeine der Ermordeten – mit Ausnahme der unauffindbaren Leichen von Thronfolger Alexej und Tochter Maria – nach St. Petersburg überführt. Im Rahmen einer Staatsfeier setzt man Zar Nikolaus und die letzte Romanow-Familie in der Peter-und-Paul-Festung bei.

Politisch ermöglicht hat dies ausgerechnet Boris Jelzin, der in den 70er Jahren als Parteisekretär Ekaterinburgs den Abriss des Ipatiev-Haus verantwortet hatte.

An dieser Stelle hat man 2003 ein neues Gotteshaus errichtet: die „Kirche auf dem Blute", die auch Blut-Erlöser-Kirche genannt wird. Majestätisch streckt sich das Gotteshaus, das im Stil altrussischer Kathedralen errichtet wurde, auf einem Hügel in die Höhe. Der Bau ist dabei mehr als nur eine Kirche: Es ist eine steinerne Entschuldigung des modernen Russlands für den Romanow-Mord.

ЧЕСТНА ПРЕДЪ ГОСПОДЕМЪ СМЕРТЬ ПРЕПОДОБНЫХЪ ЕГО

Relikte sakraler Pracht

In keiner Stadt haben die Sowjets mehr Kirchen zerstört als in **EKATERINBURG**. Die verbliebenen sechs **GOTTESHÄUSER** zeugen von großer Kirchenbaukunst.

55 Meter ragt der Glockenturm der nicht mehr vorhandenen Kathedrale von Ekaterinburg in die Höhe (oben links).

Fünf vergoldete Kuppeln bilden den Dachschmuck der Kapelle der Märtyrerin Katharina (oben Mitte).

Mit fast fünfzig Gotteshäusern besaß Ekaterinburg ehemals eine beachtliche Zahl sakraler Meisterwerke, die dem Stadtbild ein malerisches Aussehen verliehen.

Sowjetischer Zerstörungswahn

In keiner anderen russischen Stadt sind die kommunistischen Herrscher nach dem Sieg ihrer Revolution radikaler gegen die russisch-orthodoxe Kirche vorgegangen als in Ekaterinburg. In den 1930er Jahren haben die neuen Machthaber nahezu alle Kirchen dem Erdboden gleichgemacht. Jede Form von Relikten, die an eine überwunden geglaubte Vergangenheit erinnerten, sollte aus der Welt geschafft werden.

Gerade mal ein halbes Dutzend Kirchen haben den Zerstörungswahn der Sowjets überlebt, darunter die bekannteste von ihnen: die im 19. Jahrhundert errichtete Swjato-Wosnesenski-Kathedrale.

Ein Werk aus der ersten Hälfte des 18. Jahrhunderts ist hingegen die kleine „Bergkanzlei". Außerhalb des Zentrums überlebte die Dreifaltigkeits-Kathedrale, an der Grigori Jefimowitsch Rasputin einst als Mönch gewirkt hatte. Gegenüber diesem Gotteshaus, das im Laufe der Zeit langsam zerfallen ist, erhebt sich heute die neue Blutkathedrale zum Gedenken an die in Ekaterinburg ermordete Zarenfamilie.

Nach dem legendären Nowgoroder Fürsten Alexander-Newski-Kirche benannt, ließen die Bolschewiken auch von diesem beeindruckend großen Ekaterinburger Gotteshaus die Finger.

Die historische Figur des Prinzen Newski, der Russland von den Tataren befreite, spielte in den Jahren vor Ausbruch des Zweiten Weltkriegs eine wichtige Rolle. Die stalinistischen Ideologen spannten den Nationalhelden vor ihren Karren. Mit seinem Namen ließen sich nämlich die Menschen für die Verteidigung des Vaterlandes mobilisieren. Ebenfalls verschont wurden neben der Kirche Johannes des Täufers die Auffahrts-Kirche und die Kirche der heiligen Märtyrerin Katharina, die der Stadt schließlich ihren Namen gab. Sie war die Schutzpatronin der Bergleute.

Dieses Gotteshaus stellt sogar ein Kuriosum dar: Hatten die Machthaber Gottesdienste in den noch vorhandenen Kirchengebäuden verboten, blieb die Märtyrerinnen-Kirche während der gesamten Sowjetära für die Gläubigen geöffnet. Niemand wurde davon abgehalten, dort zu beten.

Warum diese Ausnahme zugelassen wurde, ist nicht eindeutig zu erklären. Vielleicht lag es daran, dass sich in der Kirche eine kostbare Ikone der Gottesmutter befindet – und dieser wird eine Wunderwirkung nachgesagt.

So viele Kirchen die Sowjets auch zerstört haben – erreicht haben sie ihr Ziel, den russisch-orthodoxen Glauben zu vernichten, damit nicht. Im Gegenteil: Auch in Ekaterinburg gibt es heute wieder ein aktives christliches Leben. In den Kirchen werden wieder regelmäßig Gottesdienste gefeiert. Und vor allem auch unter jungen Leuten erlebt die Orthodoxie wieder einen regen Zulauf.

Mit Sternen übersäte Zwiebelkuppeln zieren die Kathedrale Johannes des Täufers (oben rechts).

Im klassizistischen Stil errichtet und mit einer vergoldeten Kuppel versehen, kontrastiert die Dreifaltigkeits-Kathedrale mit dem neuen Ekaterinburg (unten rechts).

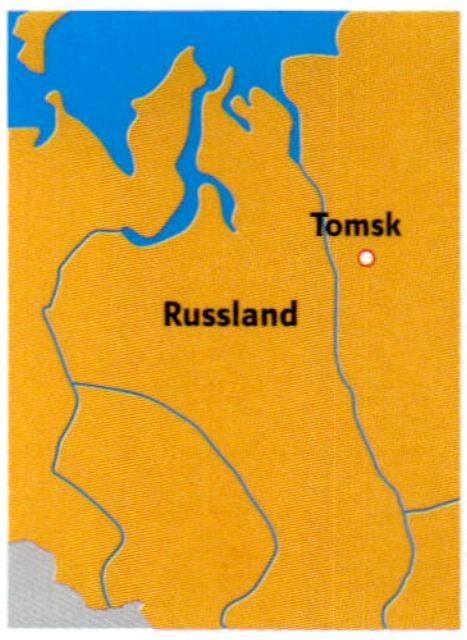

Stadt mit sibirischem Flair

TOMSK besitzt viele reich verzierte Holzhäuser und gibt sich heute als zukunftsorientierte Universitätsstadt.

LAGE:
Sibirien, Region Tomsk

BESTE REISEZEIT:
Mai bis September

ANFAHRT:
Flüge von Moskau

Gerade sind nochmals leise kleine Schneeflocken gerieselt, dann ist kurz Regen gefallen, bevor ganz unvermittelt die warme Jahreszeit Einzug hält: Mit diesen Wetterlaunen im Mai sind die Sibirier seit jeher gut vertraut. Sie haben sich daran gewöhnt, dass ihr Riesenland neun Monate unter einer kompakten Schneeschicht begraben liegt und sich der Sommer schon im August nach wenigen warmen Tagen verabschiedet.

Die Bodenverbundenheit der Einwohner mit diesem rauen Land ist legendär. Und das verspürt man besonders in Tomsk, das schon 1604 auf Geheiß des Zaren Boris Godunow an den Ufern des gleichnamigen Flusses als Festung gegründet wurde.

Erfolg an der Transportstraße

In den zwei nachfolgenden Jahrhunderten stieg der Stern von Tomsk, baute man doch dort die berühmte Transportstraße, die Sibirischer Trakt genannt wird. Bis 1830 wuchs Tomsk als Handelszentrum rasant an. Als in der Umgebung auch noch Edelmetall entdeckt wurde, kam in der Ortschaft zusätzlich Goldgräberstimmung auf.

Mit dem Bau der transsibirischen Eisenbahn freilich verlor Tomsk, das heute eine halbe Million Einwohner zählt, seine führende Stellung. Die Regierung in Sankt Petersburg hatte entschieden, für den Trassenverlauf eine Brücke über den Fluss an einem Ort mehrere hundert Kilometer weiter südlich zu wählen. Damit schlug die Geburtsstunde der Stadt Nowosibirsk; Tomsk war nur noch durch eine Stichstrecke an die legendäre Transsib angeschlossen.

Wirklich wichtig wurde die Stadt erst wieder während des Zweiten Welt-

krieges. Als die deutsche Wehrmacht auf Moskau vorstieß, verlagerte die Regierung rund dreißig wichtige Betriebe aus dem europäischen Teil der Sowjetunion dorthin. Und im Kalten Krieg diente Tomsk als Ort, an dem zahlreiche Produktionsstätten die Rote Armee mit Material versorgten.

Die geheime Stadt

Ausländer hatten dort nichts zu suchen. Unweit von Tomsk entstand 1949 Tomsk 7, eine geheime Stadt, die man unter der Abkürzung Postfach 5 verschlüsselte, um dort ein Atomkraftwerk zu konstruieren.

Erst 1970 erinnerte man sich daran, dass Tomsk ein für sibirische Verhältnisse alter Ort war. Man ernannte Tomsk zur historischen Stadt und lenkte damit die Aufmerksamkeit vor allem auf die städtische Holzbaukunst, die an zahllosen Villen und Handelshäusern, reich mit Schnitzwerk verziert, zum Ausdruck kommt.

Tomsk besitzt eine der ältesten Bibliotheken Sibiriens und auch Gotteshäuser aus Stein. Das wichtigste Sakralgebäude ist die Peter-und-Paul-Kathedrale. Weiterhin legte sich die Stadt eine katholische Polenkirche zu. Aber auch der Islam ist hier vertreten und so hat man auch eine Moschee in der sibirischen Stadt gebaut.

Heute gibt sich Tomsk wieder als zukunftsorientierte Universitätsstadt, die auf Maschinenbau, Holzverarbeitung und Chemie setzt. Seit 1967 besitzt die Stadt einen Flughafen und auch die wichtige Staatsstraße M 53 „Baikal“ von Nowosibirsk nach Irkutsk führt durch Tomsk.

Die ersten Kirchen von Tomsk bestanden aus Holz, später wurden mehrere Gotteshäuser aus Stein erbaut. Im 19. Jahrhundert entstand die Epiphanias-Kathedrale (oben links).

In Tomsk wurde im 19. Jahrhundert die erste Universität Sibiriens eröffnet (oben Mitte).

Fassadenschmuck aus der Zeit des sozialistischen Realismus an einem öffentlichen Gebäude (oben rechts).

Holz spielte beim Hausbau in Tomsk früher eine zentrale Rolle. Bis heute beherrschen die Handwerker diese Technik meisterhaft, wie diese Passage beweist (unten rechts).

Als größte Stadt an der Wolga war Nischni Nowgorod einst eine bedeutende Messestadt. In der von 1932 bis 1991 nach dem Schriftsteller Maxim Gorki benannten Stadt wurden vor allem Rüstungsgüter produziert (oben links).

Zu den reifsten architektonischen Leistungen zählt die im Stroganow-Barock des 17. Jahrhunderts gestaltete Kirche der Smolensker und Wladimirer Muttergottes (rechts).

Kultur auf Schritt und Tritt

Über 600 Geschichts- und Kulturdenkmäler sichern **NISCHNI NOWGOROD** den Platz in der Unesco-Liste des Weltkulturerbes.

LAGE:
Region Nischni Nowgorod

BESTE REISEZEIT:
zwischen Mai und September

ANFAHRT:
von Moskau aus mit dem Zug

Dieser majestätisch über dem ganzen Osten Russlands stehende Ort hat mich absolut fasziniert. Wie bezaubernd ist seine unüberschaubare Größe! Mit diesem Satz brachte bereits der meisterhafte Maler Ilja Repin zum Ausdruck, was die meisten Menschen hier empfinden, in Nischni Nowgorod.

Keine andere Stadt außerhalb der zaristischen Machtmetropolen Moskau und St. Petersburg hat mehr Kulturerbe bewahren können als diese Wolga-Metropole, die mit 1,3 Millionen Einwohnern die viertgrößte Stadt des Landes ist.

Der Weg zur Metropole

Juri II., der Großfürst von Wladimir, hat sie 1221 gegründet. Die Stadt überstand die folgende 200-jährige Tataren-Herrschaft nahezu unbeschadet und etablierte sich – dank seiner ehrgeizigen Fürsten – sogar zu einem der politischen Zentren Russlands.

Im 14. Jahrhundert erhielt Nischni Nowgorod als Hauptstadt des Fürstentums Susdal eine mächtige Festung mit 13 Türmen und mehreren Kathedralen. Zu verdanken hat die Stadt dies dem damals regierenden Großfürsten Dimitri Konstantinowitsch. Dieser war von dem Ehrgeiz besessen, seine „Untere Neustadt", wie man den Stadtnamen übersetzt, so prachtvoll wie Moskau auszustatten.

Inzwischen zum Fürstentum Moskau gehörend, kam der gut befestigten Stadt dann im 16. Jahrhundert im Kampf gegen die Kasaner Tataren eine entscheidende Rolle zu. Der mächtige Kreml mit seinen Festungstürmen hielt mehrfach Angriffen stand. Und fast 100 Jahre später stellte der der Nischni Nowgoroder Kaufmann Kusma Minin eine Landwehr auf, die unter Führung des Fürsten Dimitri Posharski die polnischen Truppen aus Moskau vertrieb.

Die Stroganow-Schule

Eine besondere kulturelle Blüte kam im 17. Jahrhundert: Die Stroganows, eine der reichsten russischen Kaufmannsfamilien, ließen sich in Nischni Nowgorod nieder. Sie unterhielt eigene Kunstwerkstätten, in denen auch herausragende Ikonenmaler arbeiteten. Die damals entstandenen Werke gingen als Stroganow-Schule in die Kunstanalen ein.

Doch damit nicht genug: Die Familie Stroganows gab Ende des 17. Jahrhunderts auch das Geld für barocke Kirchen. Sie erbauten die Maria-Geburts-Kirche – den Auftraggebern zu Ehren auch Stroganow-Kirche genannt – und die „Kirche der Smolensker und Wladimirer Muttergottes". Beide zeichnen sich durch einen einzigartigen Baustil aus.

Im Folgenden entwickelte sich die Stadt zu einem blühenden Handelszentrum. Die Sowjets, die die Stadt in Gorki umbenannten, bauten hier ihre Rüstungsindustrie auf – die Mig-Abfangjäger werden hier gebaut.

Aber Nischni Nowogord kann nicht nur stolz auf sein historisches Erbe, sondern auch auf sein aktuelles kulturelles Leben sein: Interessierte Bürger und Besucher finden hier mehrere Theater- und Konzerthallen,

30 Museen, diverse Galerien und weitere Kulturstätten. Darunter befindet sich auch das Privathaus von Andrej Sacharow, das man besichtigen kann. Nach „Gorki" hatte man den Friedensnobelpreisträger 1980 verbannt, als er sich nicht nur öffentlich gegen die Atompolitik Russlands, sondern auch gegen die Invasion in Afghanistan aussprach. Heute ehrt man den nach Maxim Gorki berühmtesten Bewohner der Stadt mit einem eigenen Kultur- und Musikfestival.

Triumph des Vaterlandes

Auf einem Hügel von **WOLGOGRAD**, wie Stalingrad bis 1961 hieß, erhebt sich Europas größte Statue.

LAGE:
Südrussland, Region Wolgograd

BESONDERHEITEN:
Panorama-Museum der Schlacht von Stalingrad, Uliza Marschala Tschuikowa 2

ANFAHRT:
Von Moskau aus mit dem Zug

Eroberungen, Belagerung und Zerstörung: Die Stadt Wolgograd hat viele Schicksalsstunden erlebt und ist bekannter unter ihrem sowjetischen Namen Stalingrad.

1589 wurde hier in der Steppenlandschaft am Ufer der Wolga, 400 km nördlich vom Kaspischen Meer, eine Festung errichtet. Sie sollte zum Schutz vor Nomadenstämmen aus dem Süden dienen und erhielt den Namen Zarizyn, tatarisch für gelber Sand. Im 17. und 18. Jahrhundert von Mongolen und Tataren eingenommen, galt Zarizyn als Stammland der Goldenen Horde.

Kohle und Erdölverarbeitung

Wie fast alle Städte an der Wolga, entwickelte sich die Stadt zu einem bedeutenden Zentrum für den Handel mit Rom, Konstantinopel und Griechenland. Im 19. Jahrhundert gewannen der Kohleabbau und die Erdölverarbeitung zunehmend an Bedeutung.

Doch die elenden Lebens- und Arbeitsbedingungen der Bevölkerung trieben Tausende von ihnen in die Revolution. Im Bürgerkrieg 1917–1920 fanden in Zarizyn erbitterte Kämpfe statt, da sich hier die Transportwege für Lebensmittel auf dem Weg nach Moskau und St. Petersburg kreuzten. Die Rotarmisten unter Stalin schlugen die Weißen Truppen aus Zarizyn jedoch vernichtend, die Stadt wurde in Stalingrad umbenannt.

Unter diesem Namen wurde sie zum Schauplatz einer der grausigsten Schlachten des Zweiten Weltkriegs. Mit der Eroberung wollte sich Hitler den Zugang zu den Ölquellen zwischen Kaspischem Meer und Ural sichern.

Als Stalingrad nach wenigen Wochen bereits einem Trümmerfeld glich, setzte die Gegenoffensive ein. Doch die Wehrmacht hatte den Befehl, durchzuhalten. So fanden über 200 000 deutsche und 250 000 russische Soldaten sowie 300 000 Zivilisten hier den Tod.

Mutter Heimat auf dem Hügel

Auf dem schwer umkämpften Mamajew-Kurgan (Hügel) befindet sich die Gedenkstätte „Mutter Heimat“, die an die Opfer, aber auch an den Sieg bei Stalingrad erinnert. Diese größte Statue Europas ist 85 m hoch, ein Monument des Triumphes und des Nationalstolzes der Sowjetunion. Nach dem Krieg wurde Stalingrad mit der Bezeichnung Heldenstadt geehrt.

Der Wiederaufbau erfolgte nach den Idealen sozialistischer Staatsarchitektur. Auf über sechzig Kilometern Länge erstreckt sich die Stadt entlang des Flusses. Eine Million Einwohner dürfen ihre Heimat seit 1961 wieder Wolgograd nennen.

Sowjetrealismus pur: Eine typische Heldendarstellung aus der Stalinzeit an der Gedenkstätte der Schlacht von Stalingrad (oben links).

Auf dem Mamajew-Hügel erinnert Mutter Heimat, deren Schwert alleine 12 Meter lang ist, an den Sieg über die Wehrmacht (rechts).

Blick in die Haupthalle der Gedenkstätte, an der regelmäßig Kränze niedergelegt werden (unten links).

ЗАВЕТАМ ВЕЛИКОГО ЛЕНИНА НЕ ЩАДЯ СИЛ И ЖИЗНИ, ЗАЩИЩАЛИ ОНИ

Bollwerk des Glaubens

Die spätere Hansestadt **PSKOW** gab sich schon früh eine freiheitlich geprägte Verfassung. Als populäres Pilgerzentrum zog sie zudem die Gläubigen an.

LAGE
Nordwesten, am gleichnamigen See

BESTE REISEZEIT
Mai bis September

ANFAHRT
von Sankt Petersburg aus mit der Bahn

Die westlichste Stadt des heutigen russischen Kernlands ist zugleich auch eine der ältesten. Vom Stamm der Kriwitschen gegründet und 903 erstmals erwähnt, wurde Pskow bereits damals schon als „lange existierend" bezeichnet. Jahrhundertelang übernahm die später der Hanse angehörende Stadt die Rolle eines militärischen Vorpostens.

Selbstständiges Fürstentum

Unter Fürstin Olga, genannt „die Heilige", begann im 10. Jahrhundert die Christianisierung. Vom 13. Jahrhundert an wurde Pskow zu einem selbstständigen Fürstentum. Dessen Verfassung, die den Menschen viele Freiheiten zusicherte, war für damalige Verhältnisse außergewöhnlich. In der Wetsche, der Volksversammlung, hatten Kaufleute und Handwerker starken Einfluss auf politische Entscheidungen.

Die selbstständige Stadtrepublik blieb zwar von Einfällen der Tataren verschont, doch hatte sie wegen ihrer günstigen Lage andere Feinde.

Als „Beistadt" von Nowgorod war Pskow für die Verteidigung der Grenzen zuständig und stetig mit der Erneuerung und dem Ausbau von Festungen beschäftigt. Zu den beharrlichsten Gegnern gehörte der Deutsche Orden, der schließlich von Alexander Newski 1242 am Peipus-See geschlagen wurde. Der kriegerische Fürst von Nowgorod war bereits zwei Jahre zuvor zum Nationalhelden aufgestiegen, als er die Schweden besiegte.

Eroberungsgelüste

Auch Litauer und Polen versuchten immer wieder, Pskow zu erobern. Im 15. Jahrhundert wehrte man 26 Angriffe erfolgreich ab. Gleichzeitig florierte innerhalb der Hanse ein eifriger Handel zwischen russischen und deutschen Kaufleuten. In den zahlreichen Klöstern blühten die Kunst und das geistliche Leben.

Seit 1510 Teil des Großfürstentums Moskau und 200 Jahre später von Peter I. nochmals ausgebaut, verlor Pskow dennoch zunehmend an Bedeutung.

Im Zweiten Weltkrieg hatte die Stadt viele Opfer zu beklagen. In der Umgebung wurden ganze Dörfer zerstört, rund 300000 Menschen verloren bei den deutschen Angriffen ihr

Die Wehrmauer des Pskower Kremls unterstreicht die Rolle der Stadt als militärischer Vorposten (oben und unten links).

Typisch für Pskow sind seine Pfarrkirchen mit zahlreichen Anbauten (unten Mitte).

Die Dreifaltigkeits-Kathedrale im Kreml wurde im 17. Jahrhundert stark verändert (unten rechts).

Leben und viele wurden vertrieben. Während der Sowjetherrschaft folgte die Schließung oder Zerstörung bedeutender Klosteranlagen.

Eigener Baustil

Erst seit der Perestroika kann die Heimatstadt Alexander Puschkins wieder aufatmen. Die eindrucksvollen, mittelalterlichen Werke der Pskower Baumeister und Ikonenmaler erstrahlen in neuem Glanz.

Die mächtige Kreml-Anlage aus dem 15. Jahrhundert mit der Dreifaltigkeitskirche zeigt sich heute in gut renoviertem Zustand. Eine mit Türmen befestigte Mauer umgibt die Festung aus dem 15. Jahrhundert.

Populäres Pilgerzentrum

Wichtigstes Gotteshaus im Erlöser-Mirosch-Kloster ist die bedeutende Christi-Verklärungs-Kathedrale aus dem 12. Jahrhundert. Weiterhin erbaute man damals eine Vielzahl von Pfarrkirchen und die für Pskow typischen Glockenwände. Es dauerte nicht lange, bis Pskow in der Baukunst seinen eigenen Weg fand und sich vom Nowgoroder Vorbild emanzipierte.

Heute ist die 200000 Einwohner zählende Stadt zwischen Sankt Petersburg und Lettland erneut dabei, zu seiner einstigen Rolle als populäres Pilgerzentrum zurückzufinden.

Mittelpunkt Russlands

Die kleine Nikolaus-Kapelle in NOWOSIBIRSK markierte einst den Mittelpunkt des russischen Zarenreiches.

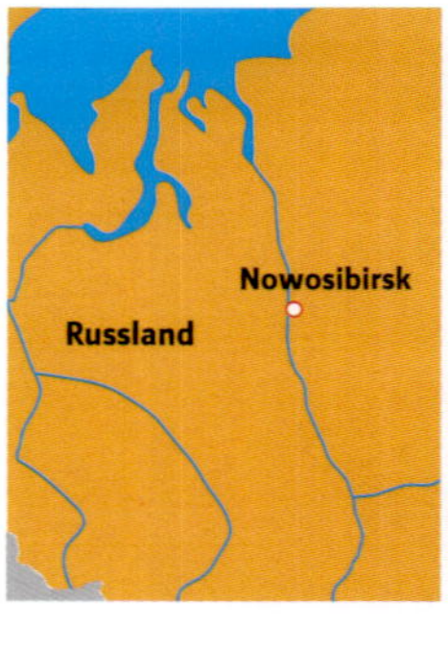

LAGE
in der gleichnamigen Region am Ob

BESTE REISEZEIT
Mai bis September

ANFAHRT
Flüge von Moskau

Sie ist klein und etwas unscheinbar, aber sehr prominent gelegen: die Nikolaus-Kapelle in Nowosibirsk. Hier, im Herzen Sibiriens, wurde sie Ende des 19. Jahrhunderts errichtet, um den geografischen Mittelpunkt des Zarenreiches zu markieren.

Die Grenzen Russlands haben sich seitdem mehrfach verschoben. Ein Mittelpunkt ist Nowosibirsk trotzdem geblieben, nämlich der des kulturellen und wirtschaftlichen Lebens in Sibirien. Deshalb bezeichnet man diese Stadt auch gern als „Hauptstadt Sibiriens“.

Vom Dorf zur Metropole

Ende des 19. Jahrhunderts kaum mehr als ein Dorf in der weiten Taiga, stieg Nowosibirsk, das frühere Nowonikolajewsk, in wenigen Jahrzehnten zur wichtigsten Stadt Sibiriens auf. Die Grundlage dafür schuf die vor über einem Jahrhundert fertiggestellte Brücke über den Ob. Über sie führt die Trasse der Transsibirischen Eisenbahn. Das historische Bahngebäude, eine der Sehenswürdigkeiten Nowosibirsks, und die große Brücke sind daher die symbolträchtigsten Bauten in der heute rund 1,4 Millionen Einwohner zählenden Metropole.

Da die Stadt erst relativ spät gegründet wurde, besitzt sie natürlich nur wenig historische Bausubstanz. Zu den sehenswertesten der wenigen Kirchen zählt die 1894 errichtete Alexander-Newski-Kathedrale, eines der größten Gotteshäuser in diesem Teil Sibiriens. Besonders beeindruckend ist das große Opernhaus, der kulturelle Mittelpunkt der relativ wohlhabenden Stadt.

Diese besitzt vor allem als akademisches Zentrum landesweit einen herausragenden Ruf. Als größter Verkehrsknotenpunkt jenseits des Uralgebirges besaß die Stadt schon zu So-

wjetzeiten einen großen Stellenwert auf dem Gebiet der Forschung. Dazu erbaute man die bis vor wenigen Jahren streng von der Außenwelt abgeschirmte Kunstsiedlung „Akademgorodok", das Städtchen für Akademiker.

Forschungszentrum der Elite

Der Ort war den größten wissenschaftlichen Koryphäen des Landes vorbehalten. Die sozialistische Mangelwirtschaft, unter der die Menschen ständig lebten, war auf dieser „Insel der Glückseligen" ein Fremdwort. Die Geschäfte von Akademgorodok waren stets gut ausgestattet. Die Monatslöhne für die Wissenschaftler, die dort mit ihren Familien ein für Sowjetverhältnisse bequemes Leben führten und für den militärisch-industriellen Komplex arbeiteten, lagen deutlich über dem nationalen Durchschnitt. Heute noch gibt es dort drei Akademien, 43 akademische Forschungsinstitutionen und gut einhundert Fachforschungseinrichtungen.

Daran kann der ganze Verwaltungsbezirk, der 500 Quadratkilometer groß ist, heute wieder erfolgreich anknüpfen. Investitionen, die nun wieder verstärkt nach Russland fließen, gehen immer auch nach Nowosibirsk. Dank neu entstandener Fertigungsbetriebe liegt die Arbeitslosenquote dort spürbar niedriger als im Rest der Föderation. Und das kulturelle Leben blüht.

Wichtige Beiträge zum kulturellen Leben liefert das Opernhaus von Nowosibirsk (oben links).

Sorgsam renoviert wurde die im Zentrum errichtete Nikolaus-Kapelle (oben rechts).

Gleichfalls wieder hergestellt hat man die Alexander-Newski-Kathedrale (unten).

Orientalische Wohlgerüche

Moscheen und Gotteshäuser erinnern an mehrere Kulturen, die **ASTRACHAN** zu einem wichtigen Handelszentrum entwickelten.

LAGE:
Südrussland, in der gleichnamigen Region

BESTE REISEZEIT:
Mai bis Oktober

ANFAHRT:
Zugverbindungen und Flüge von Moskau

Schon der Name der Stadt klingt exotisch und weckt orientalische Assoziationen. Vor dem inneren Auge sieht man leuchtende persische Stoffe, nimmt exotische Gewürze und wohlriechende Parfums wahr. Die Stadt hält, was der Name verspricht, denn sie sammelte über die Jahrhunderte die Einflüsse vieler Kulturen in ihren Mauern. Im Delta der Wolga gelegen, ist Astrachan – ähnlich wie Sankt Petersburg – auf zahlreichen Inseln erbaut. Diese sind durch Brücken miteinander verbunden. Hier mündet der große Strom ins Kaspische Meer.

Sitz eines Tataren-Khanats

Durch diese geografische Lage wurde die Hafenstadt bereits vom 6. Jahrhundert an zum Umschlagplatz für Waren aus dem Mittleren Osten und Südwestasien. Handelsschiffe steuerten Indien und China an, fuhren aber auch Richtung Westen in europäische Gefilde. Menschen und Waren aus aller Herren Länder trafen in Astrachan zusammen, hinterließen ihre Spuren und verliehen der Stadt ihre besondere Atmosphäre.

Im 13. Jahrhundert von den Tataren besiedelt, lag hier eine der Hauptstädte des Tatarenreichs der Goldenen Horde: das untergegangene Sarai.

Die Mariä-Himmelfahrts-Kathedrale ist der Mittelpunkt im Kreml von Astrachan. Die zweistöckige, nach byzantinischen Vorgaben gestaltete Kirche steht auf einem erhöhten Plateau und besitzt fünf Kuppeln. Ihre gegenwärtige Form geht auf das beginnende 18. Jahrhundert zurück (oben).

Astrachan ist der letzte Wolga-Hafen vor dem Kaspischen Meer rund 1500 Kilometer von Moskau entfernt (unten links).

Die Gotteshäuser von Astrachan sind heute wieder in Besitz der Kirche (unten rechts).

An diese Zeit erinnern die Sammlungen des Tatarenmuseums, und auch die Weiße und die Schwarze Moschee sind vor diesem Hintergrund entstanden.

Seit 1554 gehörte Astrachan zum Zarenreich. Aber erst unter Peter dem Großen setzte der Aufschwung der Stadt ein. Zu Beginn des 18. Jahrhunderts schuf man den Weißen Kreml mit der fünfkuppeligen Dreifaltigkeits-Kathedrale und der Mariä-Entschlafens-Kathedrale. Der Baumeister des 1698 fertiggestellten Gotteshauses war übigens ein Leibeigener.

Neben dem russisch-barocken Stil finden sich in der Stadt pseudomaurische, klassizistische und im Neo-Renaissance-Stil gehaltene Baudenkmäler. Kaufmannshäuser und zahlreiche Kirchen und Moscheen geben Zeugnis der bewegten Vergangenheit Astrachans ab.

Besondere Aufmerksamkeit verdient die 1859 errichtete persische Moschee. Im Museum des Zweiten Weltkriegs wird hingegen ein dunkles Kapitel der Zeitgeschichte dokumentiert.

National-romantische Werke

Eine weitere Ausstellung ist dem einheimischen Maler Boris Kustodiew (1878–1927) gewidmet. Er schuf national-romantische Werke von leuchtender, intensiver Farbkraft. Heute zählt Astrachan 500 000 Einwohner und ist noch immer eine lebhafte Hafenstadt, die Handel sowohl mit Europa als auch mit den Anrainerstaaten am Kaspischen Meer betreibt.

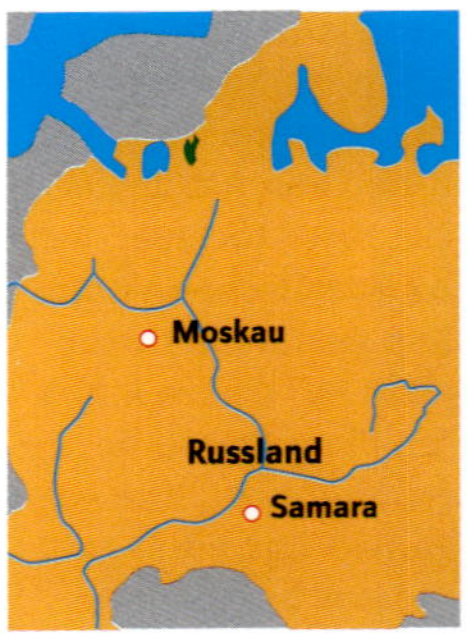

Reise in die verbotene Stadt

Seit dem Zweiten Weltkrieg wichtiges Rüstungszentrum, ist **SAMARA** heute wieder eine Stadt, die jeder besuchen darf.

LAGE:
an der Wolga, Region Samara

BESTE REISEZEIT:
Mai bis September

ANFAHRT:
mit dem Zug von Moskau

Einem alten Volkslied nach soll es in Samara die schönsten Mädchen Russlands geben. Möglicherweise war das einer der Gründe, warum viele bedeutende Künstler sich hier ansiedelten. Maxim Gorki bekam bei der „Samarer Zeitung" seine erste Anstellung, der Maler Ilja Repin lebte und arbeitete in der Stadt, und Leo Tolstoi legte sich hier ein Landgut zu. Aber sicherlich haben nicht nur die schönen Frauen von Samara die Maler und Dichter inspiriert, sondern vor allem auch die herrliche Umgebung und die berühmte Stadt selbst.

Von Venedig an die Wolga

Der kleine Fluss Samara mündet hier und gab der Siedlung ihren Namen. Einige Jahre später fanden venezianische Kaufleute den Weg hierher. Ähnlich wie in Wolgograd entstand um 1590 eine Festung zum Schutz vor Eindringlingen aus der Steppe. Doch auch hier war das tatarische Heer von Stepan Rasin im Jahre 1670 erfolgreich und eroberte die Siedlung. Außerdem nahmen zwei Bauernaufstände in dieser Stadt ihren Anfang.

Neben lebhaftem Handel mit Kolonialwaren, wurde Samara im 19. Jahrhundert zum wichtigsten Zentrum für den Weizenanbau und die Getreideverarbeitung im gesamten russischen Reich.

Nach dem engen Stalin-Vertrauten Kujbyschew umbenannt, wurde die Stadt 1941 Auffanglager für den Fall, dass der Wehrmacht die Eroberung Moskaus gelingen sollte. Vor der Schlacht um Moskau bekamen das diplomatische Korps sowie die gesamte militärische Verwaltung hier vorübergehend ihren Sitz. Stalin richtete sich einen Bunker ein, der heute als Museum dient.

Die geschlossene Stadt

Bis 1991 war die Stadt ein geschlossener Bereich. Weder Sowjetbürger noch Besucher durften diesen wichtigen Rüstungsstandort aufsuchen. Inzwischen nennt sie sich wieder Samara und besitzt neben großen Industriebetrieben mehrere renommierte Hochschulen. Auch kulturell hat Samara einiges zu bieten.

Sehenswert ist auf jeden Fall das staatliche Raumfahrtmuseum, daneben besitzt Samara vier Theater und zahlreiche Ausstellungen mit kostbaren Sammlungen.

Nur ein kleiner Teil des Architekturerbes hat die Zeitläufe überstanden. Einige neoklassizistische Wohngebäude und Jugendstilhäuser belegen den einstigen Wohlstand Samaras, das seinen Aufschwung der Landwirtschaft verdankte.

Das Denkmal der Werktätigen der Luft- und Raumfahrtindustrie dominiert den Platz des Ruhmes in Samara (links).

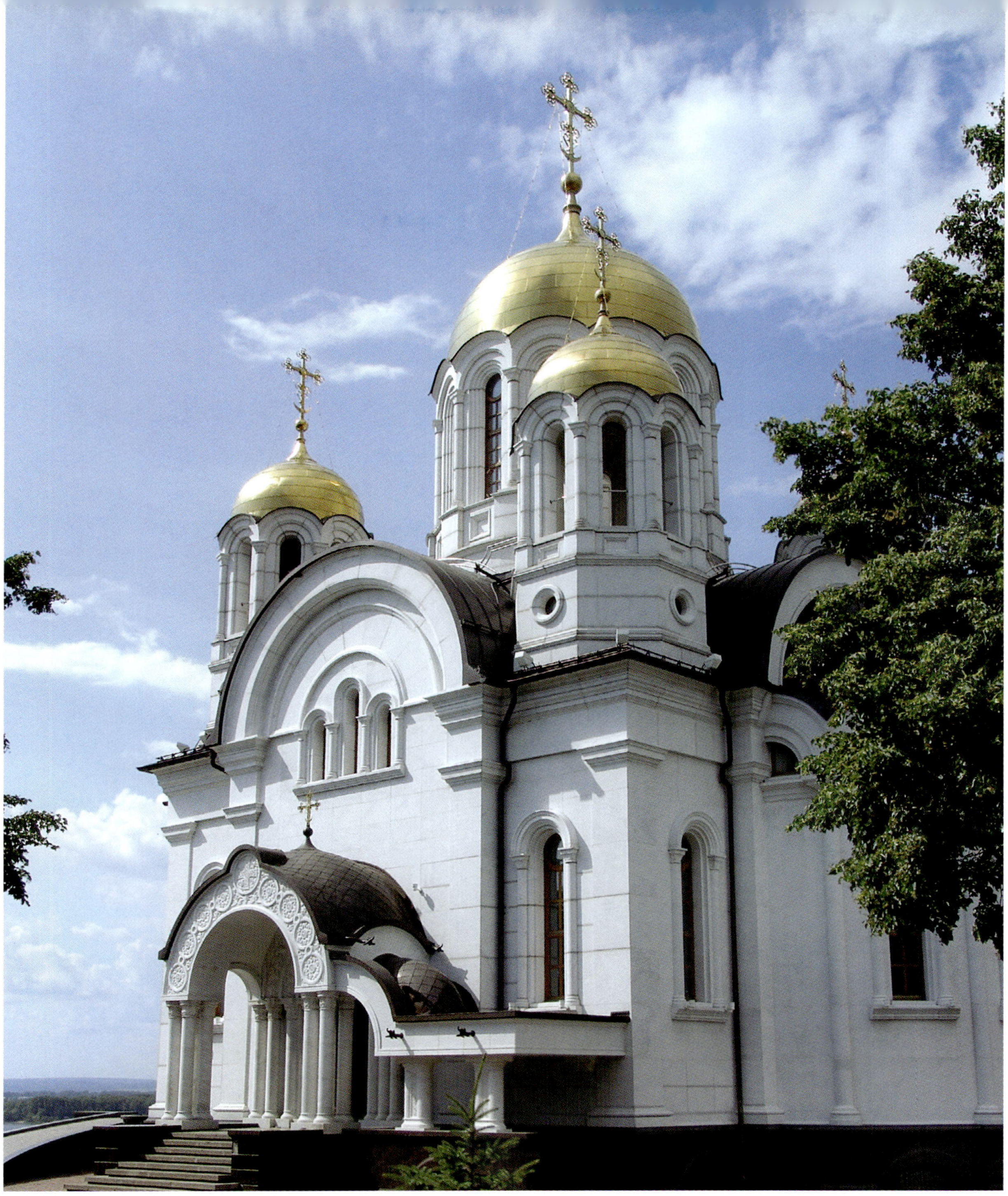

Von den einst 40 historischen Gotteshäusern Samaras sind nur wenige übriggeblieben. Der 2006 geweihte Dom von Samara ist eine Andachtsstätte zu Ehren des Märtyrers Georgij des Siegbringers (oben rechts).

Figurengruppe in einem Fries an der Oper von Samara, einem der wichtigsten Kulturzentren der Stadt (unten rechts).

Zu den beliebtesten Freizeitvergnügen der Männerwelt von Sotschi zählen fraglos Angelpartien an der Uferpromenade (oben links).

Blick auf den Passagierhafen von Sotschi (unten links).

Sotschi war schon immer der beliebteste Kurort Russlands. Im Sommer laden schattige Parkalleen zu ausgedehnten Spaziergängen ein (oben rechts).

Im Kaukasusgebirge nahe Sotschi kommen Gipfelstürmer auf ihre Kosten (unten rechts).

Die russische Riviera

Der Badeort **SOTSCHI** ist das beliebteste Ferienziel Russlands und Austragungsort der Olympischen Winterspiele 2014.

LAGE:
Südrussland, Region Krasnodar am Schwarzen Meer

BESTE REISEZEIT:
April bis Oktober

ANFAHRT:
von Westeuropa aus Direktflüge

Seit dem 5. Juli 2007 ist Sotschi weltbekannt: An diesem Tag fiel nämlich die Entscheidung des Olympischen Komitees, die beliebteste Ferienregion Russlands zum Austragungsort der Olympischen Winterspiele 2014 zu benennen. Dabei steht Sotschi noch nicht einmal wegen seiner Langlauf- und Abfahrtspisten auf der Beliebtheitsskala des Landes ganz oben. Man schätzt es besonders als traditionsreichstes Seebad am Schwarzen Meer.

Ähnlich wie am Mittelmeer herrschen hier zwischen Mai und September beste Badebedingungen. Unter den zahlreichen Kurorten sticht Sotschi dabei als schönste und beliebteste Stadt heraus: Vier Millionen Touristen aus dem In- und Ausland verbringen hier jedes Jahr ihren Urlaub. Die ursprünglich georgische Stadt, die im Mittelalter zum Osmanischen Reich gehörte, zählt heute über 300000 Einwohner.

Das Klima, die Landschaft und die Architektur wollen dabei gar nicht so recht ins Bild Russlands passen: Bunte, duftende Blütenpracht erfreut das Urlauberherz, Palmen wachsen in den blauen Sommerhimmel. Sogar Zitrusfrüchte und Bananen reifen unter der südlichen Sonne. So atmet der Badeort im Süden Russlands sogar einen Hauch Karibik. Zudem bieten heilende Mineralquellen wohltuende Entspannung.

Unweit der Stadt erheben sich die Gebirgszüge des Kaukasus. Hier in der Region Krasnodar nahe der Grenze zu Georgien liegen hohe Berge, Wald und Wasser unmittelbar beieinander. Felsschluchten, Höhlen und Wasserfälle zeichnen dabei ein wild-romantisches Bild. Hier sind Fauna und Flora zum Teil noch unberührt, vor allem im so genannten Kaukasische Biosphären-Reservat in der Nähe von Sotschi, das seit 1999 sogar zum Weltnaturerbe zählt.

Während man in der warmen Jahreszeit im Kaukasus nur vereinzelt auf Wanderer trifft, ist das küstennahe Gebirge im Winter ein begehrtes Skigebiet. Die Austragung der Olympischen Spiele ist Präsident Wladimir Putin zu verdanken. Der Präsident erhob Sotschis Olympiabewerbung zur Chefsache. Seit der Benennung verändert sich die gesamte Region, die sich über 100 Kilometer am Meer entlang zieht von Grund auf: Allerorts werden neue Sportstätten errichtet sowie die Infrastruktur modernisiert.

Und auch Sotschi selbst profitiert von dem sportlichen Wettkampf: Insgesamt werden rund 10 Milliarden Dollar in die Stadt und die Region investiert.

Spielball der Kriegsmächte

Kaum eine andere Stadt erlebte das Trauma des Krieges so oft wie **SMOLENSK** – dennoch hat es sich seine Schönheit bewahrt.

LAGE:
im Westen Russlands nahe der Grenze zu Weißrussland, am Dnjepr

GRÖSSE:
ca. 350 000 Einwohner

Begehrt und umkämpft, erobert und zerstört: Kaum eine andere russische Stadt hat im Laufe ihrer Geschichte so viele Herrscher kommen und gehen sehen wie Smolensk. Doch wie viel Leid die Stadt auch über sich ergehen lassen musste, stets hat sie sich erholt und ihre faszinierende Schönheit erhalten können.

863 wird die Siedlung am Oberlauf des Dnjepr zum ersten Mal urkundlich erwähnt. Damit gehört sie zu den ältesten Städten Russlands.

Auf dem Handelsweg zwischen dem Baltikum und Konstantinopel gelegen, wird Smolensk schnell zu einem wichtigen Zentrum kaufmännischen Treibens. Die angrenzenden Länder im Westen sowie die Goldene Horde aus dem Osten blicken deshalb schon bald begehrlich auf die wohlhabende Stadt mit ihrer strategisch günstigen Lage.

Ursprünglich ein unabhängiges Fürstentum, wird Smolensk 1238 zunächst von den Mongolen erobert. 1404 fällt es an Litauen, um 100 Jahre später dann vom Großfürstentum Moskau einverleibt zu werden. Während der polnisch-russischen Kriege im 17. Jahrhundert ist das Gebiet wiederum heiß umkämpft, wird dann aber dem russischen Reich zugehörig.

Das Trauma der Zerstörung

1812 kurzfristig von Napoleon eingenommen, macht 1918 Weißrussland Besitzansprüche geltend. Nur ein Jahr später gründet sich hier die Weißrussische Sowjetrepublik. Im Zweiten Weltkrieg setzt sich für die Einwohner das Trauma fort. In der Kesselschlacht bei Smolensk wird die Stadt fast vollständig zerstört. Die Rote Armee kann nur noch einen Trümmerhaufen zurückerobern.

Liebevoll restauriert

Der umfangreiche Wiederaufbau hat jedoch die ehemalige Schönheit der Handelsmetropole neu erblühen lassen. Die historische Altstadt, umgeben von dicken Festungsmauern, lädt zum Bummeln ein. Die Wehranlage wurde bereits Ende des 16. Jahrhunderts errichtet. Sehenswert sind auch die Peter-und-Paul- sowie die Erzengel-Michael-Kirche, beide noch aus dem 12. Jahrhundert. Die Auferstehungs-Kathedrale stammt aus dem 17. Jahrhundert.

Smolensk kann mit zahlreichen Museen glänzen. Seit 2006 hat hier sogar eine Abteilung der Eremitage in St. Petersburg ihre Pforten geöffnet. Weltbekannt ist die Künstlerkolonie Talaschkino vor den Toren der Stadt mit der prachtvollen Heilig-Geist-Kirche, die reich mit Fresken und Mosaiken geschmückt ist.

Mit dem Bau der Wehrmauer, die die sehenswerte Altstadt umschließt, wurde bereits Ende des 16. Jahrhunderts begonnen (oben).

Der Blick über den Stadtkern von Smolensk zeigt, dass die alte Handelsmetropole heute wieder zu den schönsten Reisezielen Russlands gezählt werden kann (unten links).

Ihr letztes Kriegstrauma erlebte die Stadt im Zweiten Weltkrieg: Sie wurde dem Erdboden nahezu gleichgemacht. Heute erstrahlen alte Stadtvillen und Handelshäuser wieder in neuem Glanz (unten rechts).

Bildnachweis

S. 122 ru: Agencyby; S. 111 u: Aleksandra Belikova; S. 95, 205 r: Alex Zarubin; S. 88/89 lo, 88/89 u, 90 u, 91 o, 91 u, 98/99 Mo, 99 ro, 118 o, 121 o, 123 u, 174/175 o, 175 u: Alexander Avdeev; S. 196/197 o: Alexander Chelmodeev; S. 17, 26 o: Alexander Loskutov; S. 94 u, 96/97 lo, 169 o, 169 u, 193 u : Alexander Maximov; S. 124 lo: Alexander Potapov; S. 182/183 Mo: Alexandr Anastasin; S. 125 u, 166/167 o, 166/167 Mu, 167 u: Alexei Zaycev; S. 166 lu: Alexey Bushtruk; S. 107 ro: Andre Pogodin; S. 168 u: Andrew Kladov; S. 182/183 lu: Andrew Veretennikoff; S. 102/103 u: Andrey Ivanov; S. 60/61 o: Andrey Khrolenok; S. 29 u: Andrey Stepanov; S. 43 ru: Antonio Ballesteros; S. 74 u: Chelnokova Anna; S. 156 u: Cliff Lloyd; S. 113 o Constantine Guryanov; S. 108 lu, 138 l, 151 u, 152 u, 158 o: Dainis Derics; S. 57 u, 196 ru: Darko Dozet; S. 179 o: Denis Babenko; S. 189 o, 188 r: Denis Selivanov; S. 165 u: Dmitriy Repin; S. 181 u: Dmitry Eljuseev; S. 56 lu: Dmitry Galanternik; S. 180/181 Mo: Dmitry Maslov; S. 122 lu, 128 lu, 136/137 lo: Dmitry Nikolaev; S. 203 o, 99 ru: Elen; S. 98 lu: Elena Dobrova; S. 72 u, 72/73 o, 73 u: Elena Solodovnikova; S. 168 o: Eugeny Shevchenko; S. 75 u: Fedor Sidorov; S. 40 o: Galina Barskaya; S. 142, 157 ro, 157 u, 160/161 o: Galina Moiseeva; S. 192/193 lo George Politsarnov; S. 14 u: Grigory Kubatyan; S. 200 lo, 200/201 ro, 201 u, 200 u: Igor Murtazin; S. 67 o, 67 u, 121 u, 172/173 u, 173 r, 196 lu, 197 u: Irina Zubareva; S. 194 o, 194 u, 195: Ivan Chuyev; S. 89 ro: Jakich; S. 46 lu: Julia Shepeleva; S. 183 u: Kirill Zdorov; S. 119: Konstantin Kalishko; S. 11 u: Konstantin Karchevskiy; S. 203 u, 202. Kuzma; S. 28 u: Lali Kacharava; S. 120/121 lo, 124/125 ro, 127 o, 127 u: Ludmilla Gridina; S. 92 o: Lukjanov Michael; S. 183 ro: Marat Kuchkaev; S. 117 ro, 131 ru: Marek Slusarczyk; S. 76 lu, 93 o, 94 o, 97 ro, 97 u: Max Bolotnikov; S. 193 ro: Maxim Amelin; S. 137 u: Maxim Guryev; S. 145 ro, 149 o, 150, 170 u, 171 u, 172/173 o: Maxim Malevich; S. 152 o: Michael Dooney; S. 12/13 o: Michael Mihin; S. 54 lu, 68/69 o, 69 o, 69 u: Mikhail Blajenov; S. 60 ru Nadezda Pyastolova; S. 181 o: Nadezhda Bolotina; S. 90 o, 93 u: Nagornyy Alexander; S. 170/171 o: Nikolay Sereda; S. 128/129 u, 115 ru: Oleg Seleznev; S. 188 l, 189 u: Paulpaladin; S. 34/35 o, 50 o: Pavel Losevsky; S. 56/57 o: Pavel Parmenov; S. 62/63 u: Pavel Sazonov; S. 107 u, 148: Pavel Vlasov; S. 130/131 o, 130/131 Mu, 132 u, 115 lu, 116/117 lo, 118 u: Pavlenko Evgeniy; S. 122/123 o: phototniles; S. 143 o, 147 u: Pristyazhnyuk S.A.; S. 100: Roman Rodin; S. 8 lu Romanchuck, Dmitry; S. 74/75 lo, 74/75 ro, 101 l: Salazkin Vladimir; S. 184 u, 184/185 o, 185 u, 187, 186, 198/199 lo, 190, 191 lo,191,u,146/147,o,Sergey Anatolievich Pristyazhnyuk; S. 65 lu, 76/77 o: Sergey Danilin; S. 204 u, 205 l: Sergey Emelyanov; S. 180 u: Sergey Khachatryan; S. 110 lu, 138/139 o, 139 u: Sergge; S. 191 ro: Stanisa Martinovic; S. 126 o: Summer Garden; S. 179 u: Svetlana Chistyakova; S. 102 lo, 102 ro: Svetlana Privezentseva; S. 117 u: Tatiana Edrenkina; S. 145 u: Tatiana Parfenova; S. 178 o, 178 u: Vadim Samarkin; S. 66: Vadim Zholobov; S. 105 u, 106/107 lo, 108/109 Mu, 114/115 o, 132/133 lo, 161 u, 162/163 ro, 163 u: Valentin Mosichev; S. 204 o: Valery Shanin; S. 164/165 o: Vasil Ishmatov; S. 198/199 u, 199 ro, 30/31 o: Vasiliy Koval; S. 101 r: Vera Kornilova; S. 162 lo: Vitali Selivanov; S. 176 u, 176/177 Mo, 177 ro, 177 ru: Vladimir Salazkin; S. 140, 141: Yury Asotov (alle: dreamstime.com)

S. 110/111 o: Adrian Beesley; S. 133 r: Adrian Beesley; S. 129 o: Aglaya Jacobson; S. 149 u Dainis Derics; S. 153 o: Grant Dougall; S. 164 l: Irina Rotmanova; S. 109 r: Korabel; S. 151 o: Marek Slusarczyk; S. 146 lu: WorldWideImages; S. 135 u: Yury Asotov (alle: iStock.com)

S. 158 u, 159 o, 159 u: Alexander Konovalento; S. 50 u, 51 o: Dave Morgan; S. 63 ro: Grantien Jonixs; S. 144/145 lo: James Gateley; S. 51 u: Karen L. Straube; S. 136 u, 137 ro: Len Schneyder; S. 109 lo, 130 lu, 153 u, 155 u: Lyn Gateley; S. 112 u: Toshio Kishiyama; S. 104/105 o: Ville Miettinen

S. 154 u, 154/155 lo, 155 ro: eon-Ruhrgas, Essen; S. 60 lu: Holger Schneider, Sputnik Travel Berlin; S. 143 u, 160 u, 207 o: Thomas Veser; S. 206/207 lu, 207 u: Vladimir Isatschkin, Smolensk, Russland; alle anderen: Medien Kommunikation, Unna